TOEIC® LISTENING AND READINGテスト
おまかせ730点!

石井洋佑 著

TOEIC is a registered trademark of Educational Testing Service (ETS).
This publication is not endorsed or approved by ETS.

はじめに

　正直に書きます。ぼくは最初本書のタイトルにある「おまかせ」という言葉を使うべきか、とても悩みました。そもそも外国語学習に終わりはなく、どのような勉強方法にも大概は長所と欠点があるもので、これ1冊で、この勉強方法だけでOKとするのはどうだろうか、学習者に不誠実になってしまうことはないだろうか、と考えたからです。

　しかし同時に、それなりに努力をしているにも関わらず、スコアが思うように上がらない、英語力が伸びた気がしないというTOEIC600点前後の学習者がかなり多いことにも気付き、そういった方がスコアの停滞から大きく抜けられる方法をきちんと示す必要があるようにも感じていました。

　英語力が伸びない、スコアが上がらない原因は、極めて簡単です。それは、**自分の英語のOS（処理システム）をアップデートしていない**から。第2言語習得理論（SLA）の考え方によると、学習者にとって外国語の能力とはただ単にネイティブスピーカーをまねするだけにとどまらず、自分の知識に応じて絶えずアップデートを繰り返すシステムのようなものだそうです。それはまた、コンピューターのOSのように、新たなアプリケーションを追加することで、より使いやすいものになります。そして、そういうアップデートを怠っていると、新たな作業には対応できなくなるのも、コンピューターのOSと同じです。

　これは案外見落とされがちなことですが、実はTOEIC600点というスコアは、決して英語ができない人のスコアではないのです。おそらく、今まで勉強してきて、基礎的な英語力はすでに備わっているはずです。ただ、その英語力を正しく利用できていないために、600点あたりのスコアにおさまるパフォーマンスに終わってしまいます。つまり、先ほどの「アップデートしていないOS」の状態になってしまうのです。

　2016年5月から、テスト形式に新しいものが加わりました。それ以降、TOEICテストはますます、英語の知識がどれだけ実際の言語使用に近い形で整理され、処理できるかを問う試験になっています。新形式に合わせて、皆さんの英語のOSをアップデートするべく、本書もアップデートしました。600点前後の人が730点に到達する実力を手にするために必要と思われることを詰め込んだので、なんとか「おまかせ」と言えるだけのものになったと思っています。皆さんの目標達成を心より祈っています。

2016年10月
Yosuke Ishii

推薦の言葉

　これは実話です。

　数年前、ボク（ヒロ前田）は関西のある大学で3日間のTOEIC対策講座を担当しました。その大学で教えるのはその年が初めてではなく、先方の担当者から「今年は使用教材を変えてほしい」と依頼されました。前の年に参加した学生のうち、数人がリピート参加することになっているから、というのです。

　そこでボクは大型書店に行き、TOEIC総合対策書の品定めをしました。そのとき、たまたま手に取ったのが本書の著者、石井洋佑さんの本でした。一読して受けた衝撃を今でも覚えています。その本は、明らかに「プロの作品」でした。会話や文書のトピックの選定、選択肢の作り方、トラップの仕掛け方など、すべてに感心しました。TOEICテストをきちんと研究した人だけが実現できるクオリティーだったのです。偶然にも、講座に参加する学生が目指すレベルと、その本のレベルが一致していたので、迷う余地はありませんでした。ボクはその本を講座で使い、参加者に約束しました。「とにかくこの1冊をモノにすれば大丈夫」と。

　実は、その本が、この本です。

　あのときにボクが出合った本、『TOEIC® TEST おまかせ！650点』（ユーキャン刊）は、数年の流れを経て、『TOEIC® テスト おまかせ730点！』として生まれ変わりました。それはさらにTOEICテストの新形式に合わせ、アップデートされました。それを今、あなたが手にしています。以前よりさらに充実した内容となった本書の発刊を、とてもうれしく思っています。また、本書がTOEICスコアを高める努力をしている皆さんに貢献できることもまた、この上ない喜びです。

　本書のクオリティーの高さはボクが保証します。めったに巡りあえない良書ですから、他の本を買う必要はありません。本書にハマってください。中身を100パーセント吸収してください。石井さんより詳しくなるまで復習してください。そうすれば、必ず730点をクリアできます。応援しています。

ヒロ前田

本書の構成

本書はTOEIC® Listening and Readingテストで現在スコアが600点程度の方が、730点に確実に到達できるよう、パート別に出題ポイント、解くための思考回路作りを説明しています。各パートの構成は、以下の通りです。

パートの概要
問題形式と出題・解答の流れ

各パートの問題形式や所要時間、サンプル問題を紹介しています。また、そのパートの全般的な傾向と対策についてもまとめています。

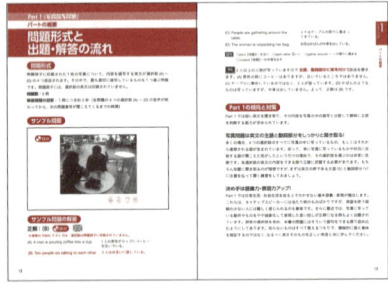

Q&A形式で学ぶ攻略ポイント
おまかせ！730点を目指すあなたのお悩み相談室

730点を達成するために各パートで留意すべきことを質疑応答形式で紹介しています。各パートの日常学習方法に関する「対策法についてのお悩み」、当日に試験に取り組む際の「解答法についてのお悩み」、また、TOEICテストを実際の英語使用シーンにつなげる「実用性についてのお悩み」に分かれています。

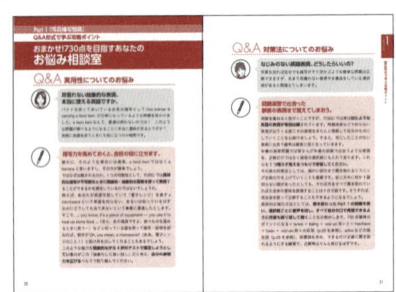

Units
おまかせ！730点を達成するための パート攻略方法

各Unitでは、730点獲得に必要なスキルを出題パターン別に学習します。

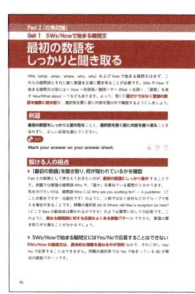

●例題
頻出パターンの問題を紹介しています。力試しのつもりで取り組んでみましょう。

●解ける人の視点

730点超レベルの人なら、どのように問題を処理し、解答にたどり着くのかを説明しています。彼らが問題のどこに目をつけるのかを学び、正解を確実に選ぶことができる力を身に付けましょう。

●文法メンテナンス

730点を目指すのに文法知識の基礎固めは不可欠です。TOEICテストで狙われやすいポイントに絞り、そのUnitで扱った問題と関連する文法事項を解説しています。

●思考回路トレーニング

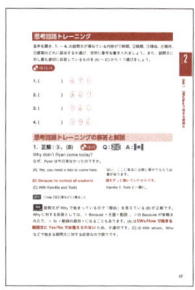

ここまでで学んだ出題パターンと、それに対する適切な解き方をしっかりと覚えましょう。問題には必ずしもTOEICテスト形式ではないものがありますが、解答につながる思考を意識して取り組んでください。

模擬問題
おまかせ！演習問題

Unitでの学習内容を踏まえ、模擬問題を解いてみましょう。難易度は本番のTOEICテストと同等です。

模擬問題の解答と解説
おまかせ！演習問題解説

模擬問題の解答と解説です。解説では、正答の根拠だけでなく、正答にたどり着くための筋道や、引っ掛かりやすいポイント、類題にも応用できる知識などがまとめられています。

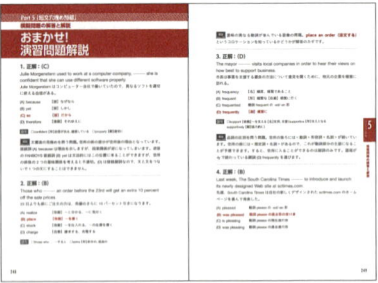

Vocabulary List
おまかせ！重要語句リスト

該当パートでよく使われる語句をまとめました。関連表現も一緒に覚えていきましょう。

●CDについて

付属のCDには、学習に必要な音声が収録されています。CDを使用する箇所には次のようなマークでトラック番号が記されています。

 CD-01 ：CDのトラック1

なお、英語のナレーションは米・英・カナダ・豪のナレーターがほぼ均等の割合で行っています。各問題の担当ナレーターは、次のように表しています。

　　：米　　　　：英　　　　：カナダ　　　　：豪

※弊社制作の音声CDは、CDプレーヤーでの再生を保証する規格品です。
※パソコンでご使用になる場合、CD-ROMドライブとの相性により、ディスクを再生できない場合がございます。ご了承ください。
※パソコンでタイトル・トラック情報を表示させたい場合は、iTunesをご利用ください。iTunesでは、弊社がCDのタイトル・トラック情報を登録しているGracenote社のCDDB（データベース）からインターネットを介してトラック情報を取得することができます。
※ＣＤとして正常に音声が再生できるディスクからパソコンやmp3プレーヤー等への取り込み時にトラブルが生じた際は、まず、そのアプリケーション（ソフト）、プレーヤーの製作元へご相談ください。

●ダウンロードセンターのご案内

CDに収録されている全音声と、重要語句リストに掲載されている表現を読み上げた自習用コンテンツを、アルクのホームページからダウンロードしていただくことができます。

ALC DOWNLOAD CENTER
URL　http://www.alc.co.jp/dl/

上記サイトから、『TOEIC® LISTENING AND READING テスト おまかせ730点！』を選択、応募フォームにご入力いただくと、メールにてダウンロード専用ページのご案内が届きます。

※ダウンロードセンターで本書を探す際、商品コード（7016079）を利用すると便利です。
※スマートフォンで利用できる無料アプリ「語学のオトモ ALCO」もご案内しています。
※本サービスの内容は、予告なく変更する場合がございます。あらかじめご了承ください。

CONTENTS
目次

はじめに ――――――――――――――――――――――――――― 002
本書の構成 ―――――――――――――――――――――――――― 004
TOEIC® Listening & Reading テストの概要 ――――――――――― 012
「英文法用語」これだけは押さえよう! ―――――――――――――― 014

Part 1　写真描写問題　Photographs ――――― 017
問題形式と出題・解答の流れ ――――――――――――――――― 018
おまかせ! 730点を目指すあなたのお悩み相談室 ―――――――― 020
Unit 1　主語と動詞部分、写真中の「目立つもの」に注意 ――― 022
Unit 2　受け身形のbe動詞を正確に聞き取る ―――――――――― 029
おまかせ! 演習問題 ――――――――――――――――――――― 033
おまかせ! 演習問題解説 ――――――――――――――――――― 035
おまかせ! 重要語句リスト ―――――――――――――――――― 038

Part 2　応答問題　Question-Response ── 041

問題形式と出題・解答の流れ ── 042
おまかせ！730点を目指すあなたのお悩み相談室 ── 044
Unit 1　最初の数語をしっかりと聞き取る ── 046
Unit 2　＜助動詞＋主語＋動詞＞を聞き、選択肢は最後まで聞く ── 052
Unit 3　notと付加部分をないものと扱う ── 058
Unit 4　ひねった応答の正解パターンも押さえる ── 061
おまかせ！演習問題 ── 068
おまかせ！演習問題解説 ── 069
おまかせ！重要語句リスト ── 074

Part 3　会話問題　Short Conversations ── 077

問題形式と出題・解答の流れ ── 078
おまかせ！730点を目指すあなたのお悩み相談室 ── 081
Unit 1　話題の「提供」「展開」「終了」を意識する ── 084
Unit 2　「話題」「応答」「関連行動・新情報」が基本構造 ── 091
Unit 3　ステージ1の「具体的情報」に注意 ── 097
Unit 4　「名前・用件」「話し合い」「未来の行動」が基本構造 ── 101
Unit 5　会話の基本構造を押さえ、人間関係を整理 ── 109
Unit 6　表面的な意味ではなく、文脈を意識 ── 113
Unit 7　「見る」と「聞く」の同時進行に慣れる ── 117
おまかせ！演習問題 ── 125
おまかせ！演習問題解説 ── 129
おまかせ！重要語句リスト ── 146

Part 4　説明文問題　Short Talks ─────── 149

問題形式と出題・解答の流れ ───────── 150
おまかせ！730点を目指すあなたのお悩み相談室 ───── 153
Unit 1　トークの「目的」「説明」「終了」を聞き取る ───── 155
Unit 2　冒頭で「話し手は誰か」「目的」を聞き取る ───── 161
Unit 3　「概要」「詳細」「指示・要求」が基本構造 ───── 167
Unit 4　「何の商品か」「特徴」「利用方法」が基本構造 ───── 172
Unit 5　「変更点」「注意点」「禁止事項」に注意 ───── 177
Unit 6　「人物は誰か」「過去の業績」「未来」を聞き取る ───── 182
Unit 7　「何の番組」「すべきこと」「いつ」などに注意 ───── 186
Unit 8　表現が使われている文脈を意識 ───── 190
Unit 9　グラフィックを意識し過ぎない ───── 194
おまかせ！演習問題 ───────── 198
おまかせ！演習問題解説 ───────── 201
おまかせ！重要語句リスト ───────── 213

Part 5　短文穴埋め問題　Incomplete Sentences ─── 217

問題形式と出題・解答の流れ ───────── 218
おまかせ！730点を目指すあなたのお悩み相談室 ───── 220
Unit 1　各品詞の「入るべき位置」「語尾」を押さえる ───── 222
Unit 2　1文中にある2つの文のかかり方を考える ───── 229
Unit 3　原形、-ing形、-ed/-en形の使用パターンを押さえる ───── 233
Unit 4　文法の知識と他の語との関係で解く ───── 239
おまかせ！演習問題 ───────── 244
おまかせ！演習問題解説 ───────── 248
おまかせ！重要語句リスト ───────── 260

Part 6 長文穴埋め問題　Text Completion ── 263

- 問題形式と出題・解答の流れ ── 264
- おまかせ！730点を目指すあなたのお悩み相談室 ── 266
- Unit 1　文の「つながり」に注意する ── 268
- Unit 2　構成や論理展開の基本パターンから推測する ── 275
- おまかせ! 演習問題 ── 283
- おまかせ! 演習問題解説 ── 285
- おまかせ! 重要語句リスト ── 289

Part 7 読解問題　Reading Comprehension ── 291

- 問題形式と出題・解答の流れ ── 292
- おまかせ！730点を目指すあなたのお悩み相談室 ── 295
- Unit 1　「受け手」「送り手」「用件」をまず確認する ── 297
- Unit 2　「項目名」を確認して、必要な情報を探し出す ── 302
- Unit 3　構造と要点をつかみながら読む ── 307
- Unit 4　冒頭で「話題」、さらに関係する「概要」「詳細」を把握 ── 312
- Unit 5　最初の文書を読み、ストーリーを押さえる ── 318
- Unit 6　文書同士の関係を押さえながら読む ── 325
- おまかせ! 演習問題 ── 333
- おまかせ! 演習問題解説 ── 343
- おまかせ! 重要語句リスト ── 358

おわりに ── 361

TOEIC®Listening&Readingテストの概要

●どんなテストなの?

　TOEIC（Test of English for International Communication）は英語によるコミュニケーション能力を測るテストです。2016年5月より、そのうちで英語のListening（聞く）とReading（読む）の2技能を測定するテストが「TOEIC Listening & Reading Test」（略称：TOEIC L&R）に名称変更されました。本書では、このテストについて扱っています。世界各国で実施されていて、日本では年間240万人もの人が受験しています（2014年度）。テストはアメリカの非営利テスト開発機関である Educational Testing Service（ETS）によって開発・制作されています。日本での運営は財団法人国際ビジネスコミュニケーション協会（IIBC）が行っています。約3,400の企業・官公庁・学校などの団体（2014年度）で英語の運用力などの評価に採用されています。受験の目的やスコアの用途はさまざまで、企業では昇進・昇格の要件や、海外出張や駐在の基準などに、学校では、授業の効果測定、英語課程の単位認定、推薦入試基準などに用いられています。

●どのように評価されるの?

　テストはリスニングセクションとリーディングセクションに分かれていて、各セクションが5〜495点、計10〜990点というスコアで評価されます。スコアは1問何点×正答数ではなく、特別な換算方法で算出されます。偏差値のようなもので、受験者の実力が変わらない限りスコアも一定に保たれるように設計されています。IIBC発表によるTOEICのスコアとコミュニケーション能力レベルの関連は次の通りです。

スコア	コミュニケーション能力
900〜990	・自分の専門分野の高度な専門書を読んで理解できる。 ・英語を話す人たちが行っている最近の出来事・事件についての議論を聞いて内容を理解することができる。
800〜895	・英語で書かれたインターネットのページから、必要な情報・資料を探し収集できる。 ・職場で発生した問題点について議論をしている同僚の話が理解できる。
700〜795	・会議の案内等の社内文書・通達を、読んで理解できる。 ・自分の仕事に関連した日常業務のやりかたについての説明を理解できる。
600〜695	・自分宛てに書かれた簡単な仕事上のメモを読んで理解できる。 ・ゆっくりと配慮して話してもらえば、目的地までの順路を理解できる。
500〜595	・電車やバス、飛行機の時刻表を見て理解できる。 ・打ち解けた状況で、"How are you?""Where do you live?" "How do you feel?"といった簡単な質問を理解できる。
400〜495	・看板を見てどんな店か、どういったサービスを提供する店かを理解することができる。

（出典：TOEIC®Listening and Reading テスト公式サイト「TOEIC® Listening & Reading スコアとできることの目安」）

●テストの構成は?

リスニング（約45分間・100問）、リーディング（75分間・100問）、合計約2時間、200問に答えるマークシート方式のテストです。テストは英文のみで構成されています。

リスニングセクション(約45分間・100問)		リーディングセクション(75分間・100問)	
Part 1	写真描写問題　6問	Part 5	短文穴埋め問題　30問
Part 2	応答問題　25問	Part 6	長文穴埋め問題　16問
Part 3	会話問題　39問	Part 7	読解問題　54問
Part 4	説明文問題　30問		

問題は簡単なものから難易度の高いものまで幅広く出題され、題材は、一般的な日常生活やビジネスでのコミュニケーションの場面がほとんどです。特殊な専門用語や、特定の国や地域の歴史や文化などの知識がないと正解できないような問題は、出題されません。

●いつ・どこで受験できるの?

TOEICテストの受験方法は2種類あります。1つは、企業や学校など団体が主催するIPテストです。IPテストでは、写真と自署名付きの公式認定証は発行されませんが、スコアの有効性は公開テストと同等です。IPテストの開催日、会場は、その団体の都合で決まります。

もう1つが、公開テストです。開催回数は年によって異なります。ちなみに、2015年は10回（1月、3月、4月、5月、6月、7月、9月、10月、11月、12月）でした。全国80都市で受けられますが、回によっては試験会場が設定されない都市もあります。TOEIC公式サイトで受験地別スケジュールを確認してください。

●公開テストの受験申し込み方法は?

インターネット上の会員サイト（PC・携帯用）、TOEIC® SQUAREか、コンビニエンスストア店頭の情報端末で申し込むことができます。受験料は5,725円（税込み）です。支払いは、クレジットカード決済か、コンビニ店頭で行います。

TOEIC® SQUAREでの申し込みが断然お勧めです。「テスト結果インターネット表示」サービスを利用すれば、公式認定証の発送より1週間も早く、オンラインでスコアを確認できますよ。

TOEICテストの受験についての問い合わせ先

一般財団法人　国際ビジネスコミュニケーション協会
　　　IIBC試験運営センター　TEL:03-5521-6033
　　　名古屋事業所　　　　　TEL:052-220-0286
　　　大阪事業所　　　　　　TEL:06-6258-0224
　　　（土・日・祝日を除く　10:00〜17:00）

TOEICテスト公式サイト　　　http://www.toeic.or.jp/
TOEICテスト公式携帯サイト　http://m.toeic.or.jp/
TOEIC SQUARE　　　　　　　http://square.toeic.or.jp/

「英文法用語」これだけは押さえよう!

　英語を理解するためには、意味だけでなく文構造を正しくつかむことが大切です。特に、それぞれの語の品詞を見分け、英文中でどのような働きをしているのか見極めることが必要です。英文法用語を覚えることは必須ではありませんが、押さえておくとより解説が理解しやすくなります。ここでは「10品詞とその働き」と「英文の構造を説明する言葉」を一覧にしました。本編の文法事項で不明な箇所が出てきたら参照してください。

※本書の語注では【　】内の呼び方で省略しています。

●10品詞とその働き

名詞【名】
人・ものの名前および、概念などの「もの（物事）」や「こと（事柄）」などを表します。
例 company（会社）、entertainment（娯楽）、action（行動）、improvement（改善、改良）

代名詞【代】
名詞の代わりに使われます。
例 it、her、them、one、which

形容詞【形】
名詞（時に代名詞）にかかって、説明します。
例 an important meeting（重要な会議）
　 The presentation was informative.（そのプレゼンはためになった）

動詞【動】
原則として主語となる名詞の後ろに続き、その動作・状態を表します。直後に名詞を目的語として取るものを他動詞【他動】、それ以外のものを自動詞【自動】と呼びます。

助動詞
can、could、may、might、must、should、will、would などのように、多くは＜助動詞＋動詞の原形＞の形で動詞にニュアンスや意味を付け加えます。原則として形は時制や主語によって変化しませんが be going to（…する予定である）、have to（…しなければならない）のように似たような機能を持つ表現もあります。疑問文・否定文を作る do、受け身形を作る be、完了形を作る have を助動詞と呼ぶこともあります。

副詞【副】
動詞・形容詞・他の副詞・文全体など名詞要素以外のものにかかります。
例 often（よく）、quite（すっかり）、wholly（全体的に）

接続詞【接】
語・句・節をつなぐ働きをします。FANBOYS 接続詞（p.63 を参照）、かかってつなぐ接続詞、名詞節を作る接続詞の 3 つがあります。

前置詞
＜前置詞＋名詞（代名詞）＞で意味のかたまりを形成します。このかたまりは通常、副詞や形容詞のように働きます。
例 by e-mail（E メールで）、a lady in a white dress（白いドレスの女性）

冠詞
不特定かつ単数で数えられる名詞の前につく a/an、前に言及されたり、意味上、特定されたりする名詞（単数・複数に関係なく）につく the です。his や her のような所有形容詞、this や that などの指示形容詞、some、other、another、every、each のような語と合わせて限定詞（p.25 を参照）と呼ぶこともあります。

間投詞
感情・呼び掛けなどを表す語です。ah、oh、say（驚き・注意の喚起）、well（会話の切り出し・驚き）、uh、um、er（ためらい）などがあります。

●英文の構造を説明する言葉

主語
英文が「誰（人）」「何（もの・こと）」についてのものかを示す名詞（に相当する語句）。同氏で表す動作の主体か、描写・説明をする対象を表す。
例 Karen plays tennis.（Karen はテニスをする）
The meeting ended at noon.（会議は正午に終わった）

動詞部分
英文の核となる動作・状態を表す部分。1 語の動詞だけでなく、look at, fill out のように＜動詞＋前置詞／副詞＞など 2 語以上で構成されることもあります。

目的語
動詞が表す動作・状態の対象となる名詞（に相当する語句）。前置詞の後ろに来る名詞（に相当する語句）も前置詞の目的語と呼ばれます。
例 She's using <u>a computer</u>.（彼女はコンピューターを使っている）　with <u>a pen</u>（ペンで）

原形
動詞の基本形。変化しない元の形。文中では＜to ＋原形＞のかたまりで使われることが多いですが、単独で使われることもあります。

句
2つ以上の語から成る意味のあるかたまり。働きによってそれぞれ名詞句、動詞句、副詞句、形容詞句と分類できます。

節
文の主語と動詞部分とは別に、主語と動詞部分を含む語のかたまり。関係代名詞・関係副詞による形容詞節（形容詞の働きをする）、かかってつなぐ接続詞による副詞節（副詞の働きをする）、that、if、whether などが作る名詞節（名詞の働きをする）などがあります。
例 Emi needs somebody <u>who listens to her</u>.
　（Emi には自分の話を聞いてくれる人が必要です）＜形容詞の働き＞
　<u>When Ken was in high school</u>, he played soccer.
　（高校生のとき Ken はサッカーをしていた）＜副詞の働き＞
　I think <u>that Jenny is nice</u>.（Jenny はいい人だと思う）＜名詞の働き＞

-ing 形
動詞の変化形の1つ。進行形を作る、名詞にかかる、名詞の役割をするという3つの働きがある。
例 They are <u>talking</u>.（彼らは話をしている）　<u>soaring</u> cost（高騰するコスト）
　Beth likes <u>speaking</u>.（Beth は話すのが好きだ）

-ed/-en 形
動詞の変化形の1つ。＜be ＋ -ed/-en 形＞で受け身を作る、＜have ＋ -ed/-en 形＞で完了形を作る、名詞にかかるという3つの働きがあります。
例 Emi is <u>loved</u> by everyone.（Emi はみんなから愛されている）
　I have <u>contacted</u> her.（彼女に連絡した）　<u>unfinished</u> work（終わっていない仕事）

Part 1
写真描写問題
Photographs

Part 1「写真描写問題」
パートの概要

問題形式と
出題・解答の流れ

問題形式

問題冊子に印刷された1枚の写真について、内容を描写する英文が選択肢 (A) ～ (D) の4つ放送されます。その中で、最も適切に描写しているものを1つ選ぶ問題です。問題冊子には、選択肢の英文は印刷されていません。

問題数：6問

解答時間の目安：1問につき約5秒（各問題の4つの選択肢 (A) ～ (D) の音声が終わってから、次の問題番号が聞こえてくるまでの時間）

サンプル問題

サンプル問題の解答

正解：(B)

※実際の TOEIC テストでは、選択肢は問題冊子に印刷されていません。

(A) A man is pouring coffee into a cup.　　1人の男性がカップにコーヒーを注いでいる。

(B) Two people are talking to each other.　　2人はお互いに話している。

(C) People are gathering around the table.　　人々はテーブルの周りに集まってきている。
(D) The woman is unpacking her bag.　　女性はかばんの中身を出している。

語句　□pour【他動】〜を注ぐ　□each other 互いに　□gather around 〜 〜の周りに集まる
□unpack【他動】〜の中身を出す

解説　2人以上の人物が写っていますので**主語、動詞部分に気を付けて**放送を聞きます。(A) 男性の前にコーヒーはありますが、注いでいるところではありません。(C) テーブルに集合しているのではなく、2人が座っています。(D) かばんのようなものは写っていますが、中身は出していません。よって、正解は (B) です。

Part 1の傾向と対策

Part 1では短い英文を聞き取り、その内容を写真の中の描写と比較して瞬時に正誤を判断する能力が求められています。

写真問題は英文の主語と動詞部分をしっかりと聞き取る!

多くの場合、4つの選択肢のすべてに写真の中に写っているもの、もしくはそれから連想される語が含まれています。従って、単に写真に写っているものや状況に合致する語が聞こえた気がしたというだけの理由で、その選択肢を選ぶのは非常に危険です。各選択肢の英文の内容をできる限り正確に把握する必要があります。もちろん完璧に聞き取るのが理想ですが、まずは英文の幹である主語 (S) と動詞部分 (V) に注意を払って聞く練習をしてみましょう。

決め手は語彙力・表現力アップ!

Part 1では日常生活・社会生活を送る上で欠かせない基本語彙・表現が頻出します。これらは、ネイティブスピーカーには当たり前のものばかりですが、英語を使う経験の少ない人には難しく感じられるのも事実です。さらに最近では、写真に写っている動作やものをやや抽象化して表現した言い回しが正解になる例もよく出題されています。誤答の選択肢を含め、本書の問題にはそういう語句をできる限り詰め込むようにしてあります。知らないものはすべて覚えるつもりで取り組んでください。機械的に語と意味を暗記するのではなく、なるべく英文ごとに正しい発音と写真のイメージを結びつけながら学習するとよいでしょう。

Part 1「写真描写問題」
Q&A形式で学ぶ攻略ポイント

おまかせ！730点を目指すあなたの
お悩み相談室

Q&A 実用性についてのお悩み

耳慣れない抽象的な表現、本当に使える英語ですか。

バナナを持って歩いている女性の描写として One woman is carrying a food item. が正解になっているような問題を見かけました。a food item なんて、普通は使わないのでは？ このような問題が解けるようになることに本当に意味があるんですか。実際に英語を使うときにも役に立つのか疑問です。

描写力を高めておくと、会話の役に立ちます。

確かに、そのような場合には通常、a food item ではなく a banana と言いますし、その方が簡単でしょう。

では、なぜ出題されるのか。1つの可能性として、TOEIC では**具体的な描写が不可能なときに間接的・抽象的な語彙を使って表現**することができるかを測定しているのではないでしょうか。

例えば、あなたが英語を話していて「電子レンジ」を表す a microwave という単語を知らない、あるいは知っているはずなのにどうしても出て来ないという事態に遭遇したとします。そこで、... you know, it's a piece of equipment — you use it to heat up some food ...（ほら、あの道具ですよ、食べものを温めるときに使う…）などと知っている語を使って描写・説明を試みれば、相手が Oh, you mean, a microwave?（ああ、電子レンジのこと？）と助け舟を出してくれることもあるでしょう。

このような能力を**間接的ながら4択のテストで測定しようとしている**のがこの「抽象化した言い回し」だと考え、**自分の表現力を広げる**つもりで取り組んでください。

Q&A 対策法についてのお悩み

なじみのない英語表現、どうしたらいいの?

写真を見れば自分でも描写がすぐ浮かぶような簡単な問題は正解できますが、あまり耳慣れない表現や文構造をしている選択肢があると間違えてしまいます。

問題演習で出会った誤答の表現まで覚えてしまおう。

受験を重ねると気付くことですが、TOEICでは実は**似たような英語の表現が毎回出題**されています。問題演習などで知らない表現が出てくる度にその表現をきちんと理解して自分のものにしていくことを心掛けましょう。すると、耳にしたことのない表現に出合う確率は確実に低くなっていきます。

本書の演習問題では皆さんが本番の試験で出合うような表現を、正解だけではなく誤答の選択肢にも入れてあります。これらを**1つ残らず覚えるつもりで学習してください。**

その他の対策法としては、細かい部分まで聞き取れるリスニング全般の力を上げていくことも重要です。仮に文中に何か1語知らない語があったとしても、それ以外をすべて聞き取れていれば文全体の意味を推測することは十分可能です。そうすれば、消去法を使って正解することもできるようになるでしょう。

具体的な強化方法としては、**解き終わったPart 1の問題を使い、選択肢ごとに音声を流し、すべて自分の口で再現できるように何度も繰り返して聞く**ことをお勧めします。730点獲得のポイントになる< is/are + being + -ed/-en 形 >と< has/have + been + -ed/-en 形 >の区別（p.29を参照）、a/theなどの限定詞（p.25を参照）、前置詞を含め、できるだけ正確に聞き取れるようにする練習で、正解率はぐんと伸びるはずです。

Part 1「写真描写問題」
Unit 1　人物中心の写真

主語と動詞部分、写真中の「目立つもの」に注意

写っている人物が1人の場合、文の主語はどの選択肢でも同じなので、写真から読み取れる「どこで」「何を」しているのかを、各選択肢の動詞部分と聞き比べます。2人以上の人物の写真の場合は、各選択肢の英文の主語が異なるので、a、one、some などの限定詞とそれに続く名詞もしっかり聞き取ることが必要です。いずれの場合も、**人物と写真中の目立つものとの関係に注意すること**が大切です。

例題

まず、写真をしっかり見て**目立つもの**を探してください。次に、**主語と動詞部分を意識**しながら音声を聞いてください。写真を最も適切に描写している選択肢を選び、きちんと聞き取れたかどうか、スクリプトを見て確認しましょう。

CD-02

22

解ける人の視点

▶「人物」が1人なら動詞部分に集中、複数なら主語にも注意
例題は1人の人物の写真なので、主語がすべて同じです。従って、動詞部分の聞き取りに集中します。2人以上が写っている場合は、one、some、all (of the) などの**限定詞に注意**しながら、主語もしっかり聞き取らなければいけません。

▶「目立つもの」と「人物」の関係、動詞部分に注目
写真中の**「目立つもの」と「人物」の関係を考えながら正誤を判断**します。例題では本棚と男性にすぐに目が行くでしょう。(A) 足元にあるのは男性のかばんのようですが、のぞき込んではいません。(C) 本棚は男性の前にありますが、手を伸ばす様子はありません。(D) 長いすに座っていますが、動かしてはいません。

▶「抽象度の高い語句」は要注意
通常ならば男性が読んでいるものは a book(本)と表現されますが、この例題の選択肢では some reading material(読み物)という**抽象的な語句**になっています。pens が (office) supplies(事務用品)、a banana が a food item(食品)と表現されるなどの言い換えは Part 1 に多く見られますので注意が必要です。

例題の解答

正解:(B) CD-02

(A) The man is looking into his bag.　男性はかばんの中をのぞき込んでいる。
(B) The man is flipping through some reading material.　男性は何か読み物をめくっている。
(C) The man is reaching for something on the shelf.　男性は棚にある何かに手を伸ばしている。
(D) The man is moving a long chair.　男性は長いすを動かしている。

語句　□look into ~ ~をのぞき込む　□flip through ~ ~をめくってざっと見る
□reach for~ ~に手を伸ばす

おまかせ！文法メンテナンス
Part 1 頻出文法①

現在進行形

The man is looking at his reflection in the glass.
（男性はガラスに映った自分の姿を見ている）

Part 1 では、人物写真の選択肢の英文はほとんどが＜主語（人）＋ is/are ＋動詞の -ing 形＞の形をしています。従って、**写っている動作が確認できなければ正解ではありません**。

また、現在進行形には動詞の -ing 部分の動作が準備段階にあるときなど＜ be going to ＋動詞の原形＞に似た**近い未来**を表す用法もあります。Part 2、Part 3 でこの用法に出合うことは珍しくありません。また、Part 5、Part 6 でもこの時制の知識が出題される可能性がありますので知っておいた方がよいでしょう。

What are you doing this weekend?
— **I'm staying home on Saturday. I have a test on Sunday.**
（週末はどうするの？―土曜日は家にいるよ。日曜日にテストがあるんだ）

この質問は What are you going to do this weekend? とほぼ同義です。応答の I'm staying ... も近い未来を表しています。

Kimie is coming to the company picnic as well.
（Kimie も会社のピクニックに来る）
（= **Kimie is going to come to the company picnic as well.**）

Kimie は実際にピクニックの会場に向かっているわけではなく、ピクニックに来る予定であることを話し手は述べています。

限定詞

The man is glancing at some reading material.
A man is glancing at some reading material.
（男性は何か読み物に目を通している）

話し手と聞き手の間に了解があり、対象が特定される場合は the を、そうでない場合は単数のときに a/an、複数のときに some を使います。例題の場合、写真の男性は1人なので、英文の話し手と聞き手であるあなたの間で男性を特定できると考えれば The man と言えますし、男性をあなたの知らない不特定の他者と考えれば、A man とも言えます。

写真に複数の人間が写っている場合、限定詞に習熟していることが正解・不正解の判断に影響することもあります。**the や both（どちらの〜も）、all（すべての）の後に複数名詞が続く場合は、動詞部分が写真のすべての人物の動作や状態に一致している必要があります。**

One of the men is holding a cup of coffee.
（男性のうち1人はカップに入ったコーヒーをつかんでいる）→ 男性1人

Both (of the) women are wearing glasses.
（女性は2人ともメガネを掛けている）→ 女性全員

All (of the) people are facing a blackboard.
（すべての人が黒板の方を向いている）→ 全員

Some (of the) people are getting off their motorcycles.
（何人かの人がバイクから降りている）→ 全員ではないが複数

思考回路トレーニング

音声を聞き、英文の主語 (**S**)、動詞 (**V**) に当たる部分を書き取りましょう。続いて、5 つの選択肢 (A) 〜 (E) について、写真を正しく描写している文には○を、間違っているものには×をつけましょう。正解は必ずしも１つとは限りません。

CD-03

1.

(A) **S** (　　　　　　) **V** (　　　　　　) ☐
(B) **S** (　　　　　　) **V** (　　　　　　) ☐
(C) **S** (　　　　　　) **V** (　　　　　　) ☐
(D) **S** (　　　　　　) **V** (　　　　　　) ☐
(E) **S** (　　　　　　) **V** (　　　　　　) ☐

【写真提供：ページ － 問題番号】
p.22-例題／ p.27-2.　© 松井正紀

2.

(A) S (   ) V (   ) ☐
(B) S (   ) V (   ) ☐
(C) S (   ) V (   ) ☐
(D) S (   ) V (   ) ☐
(E) S (   ) V (   ) ☐

思考回路トレーニングの解答と解説

1. CD-03 🇺🇸

(A) S(A woman) V(is facing) a computer screen. ○
(B) S(The man) V(is looking at) his reflection. ×
(C) S(One woman) V(is adjusting) a window frame. ×
(D) S(They) V(are sitting) across from each other. ×
(E) S(A man) V(is putting on) a jacket. ○

(A) 女性はコンピューターの方を向いている。
(B) 男性は反射した自分の姿を見ている。
(C) 女性は窓枠を調節している。
(D) 彼らは向き合って座っている。
(E) 男性は上着を着ようとしているところだ。

27

語句 □face【他動】〜の方を向く　□reflection【名】反射　□adjust【他動】〜を調節する
□window frame 窓枠　□across from 〜 〜の真向かいに（= opposite）

解説 (A) 写真の右側にいる女性が、コンピューターの画面の方に体を向けているのが分かります。(B) 写真には男性が写っていますが、鏡などを見ている様子はありません。(C) 女性は窓に触っていません。(D) 対面している2人は確認できません。(E) 男性が上着を着ようとしているのが見えるので正解です。

2. CD-04

(A) ᔆ(He) ⱽ(is securing) his bike to a pole.　　　　○
(B) ᔆ(The man) ⱽ(is opening) his backpack.　　　　×
(C) ᔆ(Pedestrians) ⱽ(are crossing) a sidewalk.　　　×
(D) ᔆ(One of the women) ⱽ(is examining) a vehicle.　×
(E) ᔆ(A man) ⱽ(is unloading) some boxes from a truck.　×

(A) 男性は自転車を柱にくくりつけている。
(B) 男性はリュックサックを開けている。
(C) 歩行者は歩道を渡っている。
(D) 女性の1人は車を調べている。
(E) 男性はトラックから積み荷を降ろしている。

語句 □secure【他動】〜を固定する
□bike【名】自転車（= bicycle　≠ motorcycle【名】オートバイ）
□pole【名】柱　□pedestrian【名】歩行者　□sidewalk【名】舗道
□examine【他動】〜を調べる（= go through 〜、go over 〜）　□vehicle【名】車、乗り物
□unload【他動】〜（荷など）を降ろす

解説 (A) 自転車をくくりつける様子が見えるので適切です。(B) 男性はリュックサックを背負っていますが、開いていません。(C) 歩行者の姿は見えないので不適切です。(D) 女性の姿も車を調べている人も見えません。(E) トラックはありますが、積み荷を降ろす動作は見えません。

Part 1「写真描写問題」
Unit 2　風景中心の写真

受け身形のbe動詞を正確に聞き取る

最近の TOEIC では、**ものが主役の写真に人物が写っている**ことが増え、選択肢の文構造もかなりバラエティーに富んでいます。最も多いのは**主語が「もの・こと」で動詞が＜ be 動詞＋ -ed/-en 形＞という受け身**のパターンです。主語と動詞部分を聞き取る際、be 動詞の部分が**進行形の is/are being なのか現在完了形の has/have been なのか特に注意が必要**です。

例題

まず、写真をしっかり見て**主語と動詞部分**を意識しながら音声を聞いてください。さらに**受け身のときの be 動詞**に注意しましょう。写真を最も適切に描写している選択肢を選び、きちんと聞き取れたかどうか、スクリプトを見て確認しましょう。

🎧 CD-05

解ける人の視点

▶主語と動詞部分をしっかりと聞き取る

まずは主語の部分からしっかり聞き取りましょう。例題では (A) 主語の A buffet (バイキング) に該当するものは見られません。(C) キッチンの the top drawer (一番上の引き出し) は写っていますが、left open (開いたまま) ではありません。このようにして候補を絞り込んでいきます。

▶「進行中の動作」か「現在の状態」かを確認

受け身の現在進行形＜ is/are ＋ being ＋ -ed/-en 形＞を見つけたら、写真の中に動作がはっきり確認できなければなりません。例題の (D) ではフライパンの上に肉が見えますが、切られている最中ではありません。**受け身の現在完了形＜has ＋ been ＋ -ed/-en 形＞は動作が行われた後の結果**を指します。(B) はコンロの上にすでにフライパンなどの調理器具が置かれているので正解です。(C) 引き出しは開いていないので不正解です。

▶「具体的な語」に惑わされて「抽象的な語」を見逃さない

例えば例題の (D) にある meat (肉) は明らかに写真内に見えますので、この語が聞こえた時点で選びたくなるかもしれません。しかし、TOEIC ではむしろ、このような**具体的な語よりも抽象的な語が正解の選択肢に入っている**場合が少なくありません。kitchen utensils は調理に使う道具一般を指す語ですが、a (frying) pan (フライパン)、pots (なべ) もその意味に含むことができます。

例題の解答

正解：(B)

(A) A buffet has been prepared on the table.
バイキング料理がテーブルの上に用意されている。

(B) Kitchen utensils have been positioned on the stove.
調理器具がコンロの上に置かれている。

(C) The top drawer has been left open.
一番上の引き出しは開いたままだ。

(D) Meat is being cut into pieces.
肉は細かく刻まれているところだ。

語句 □buffet【名】ビュッフェ、バイキング　□position【他動】〜を置く
□cut 〜 into pieces 〜を細かく刻む

おまかせ！文法メンテナンス

Part 1 頻出文法②

現在完了形

1. Jiro Takeda **has been** a professor of Technology University since 1993.
   （Jiro Takeda 氏は 1993 年から科学技術大学の教授をしている）
2. Addison **has traveled** to the Philippines more than ten times.
   （Addison は 10 回以上フィリピンに旅行をしたことがある）
3. I**'ve** already **eaten** lunch today.
   （私は今日はもう昼食を済ませてしまった）

学校で習う英語では、< has/have ＋ -ed/-en 形 > の形をした上記の例文を **1.**「継続」**2.**「経験」**3.**「完了」と現在完了の 3 つの用法として学びますが、この分類そのものにあまり意味はありません。ネイティブスピーカーは、**過去に起きたことを現在の問題として扱うときには現在完了形を、「もう終わった」過去のことであると感じているときは過去形**を使います。

1. は過去に教授として採用された状態が今でも有効である、**2.** は「旅行した」という過去の事実が、その地についてよく知っているなど現在に影響を与えている、**3.** は「食べたばかりなので、もう食べることができない」といったニュアンスを含んでいます。これらを伝えるために現在完了形を使っています。

以上を理解すれば、なぜ**現在完了形は明確に過去を表す語句と一緒に使うことができない**かが分かるはずです。例えば **1.** の場合も、同じ情報であっても話し手の意識が過去にある場合は過去形が使われます。

1'. Jiro Takeda **joined** Technology University as a professor <u>in 1993</u>.
   （Jiro Takeda 氏は 1993 年に科学技術大学の教授になった）

受け身形

<動作の主体＋動詞部分＋動作の対象＞を＜動作の対象＋be＋-ed/-en形（＋by＋動作の主体）＞と書き換えることで受け身形を作ることができます。英語で簡単に **Who Does What** から **What Is Done By Whom** に変えると覚えておくと分かりやすいでしょう。

Lupin stole the princess's heart.（Lupin は王女さまの心を盗んだ）

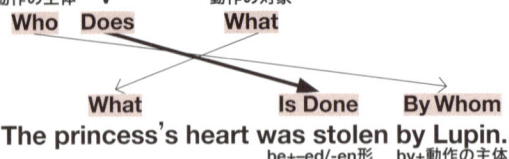

The princess's heart was stolen by Lupin.
（王女さまの心は Lupin によって盗まれた）

この形の書き換えは時制が現在進行形になっても同様です。
A woman is using the copier.（女性はコピー機を使っている）
→ **The copier is being used by a woman.**
（コピー機は女性によって使われている）

また、以下のような動作主を強調させたい場合を除き、**＜by＋動作主＞は省略**されます。

Back to the Future was directed by Robert Zemeckis.
（『Back to the Future』は Robert Zemeckis によって監督された）

TOEIC に登場するようなオフィスの場面でも、動作主がさほど重要でない場合には以下のように表現されます。

This copier is being used.（このコピー機は使用中だ）
This copier is used every day.（このコピー機は毎日使われている）

これは、受け身の文がもともと持つ、-ed/-en 形を使って主語の状態を描写・説明する感覚で使われるという性質のためです。例えば、次の 2 文のような例もネイティブスピーカーにとってはほぼ同じ感覚で使われています。

The audience was happy with Gracie's performance.
The audience was pleased with Gracie's performance.
（観客は Gracie の演技に喜んだ）

Part 1「写真描写問題」
模擬問題にチャレンジ

おまかせ！
演習問題

🔴 CD-06〜09

4つの文 (A) 〜 (D) を聞き、**1.** 〜 **4.** の写真をそれぞれ描写するものとして最も適切なものを選んで解答欄にマークしてください。

1.

Ⓐ Ⓑ Ⓒ Ⓓ

2.

Ⓐ Ⓑ Ⓒ Ⓓ

3.

Ⓐ Ⓑ Ⓒ Ⓓ

4.

Ⓐ Ⓑ Ⓒ Ⓓ

Part 1「写真描写問題」
模擬問題の解答と解説

おまかせ！
演習問題解説

1. 正解：(D)

(A) One of the men is holding a mug.
(B) One woman is writing on a notepad.
(C) A man is delivering some documents.
(D) They are having a discussion.

男性の1人はマグカップをつかんでいる。
1人の女性はメモ帳に書き物をしている。
男性は書類を配っている。
彼らは話し合いをしている。

語句 □mug【名】マグカップ（英語ではmug cupとは言わない） □notepad【名】メモ帳 □deliver【他動】～を配る（= give out）

解説 (A) マグカップはテーブルの上にありますが、手を付けている人はいないので不適切です。(B) 手前の女性はペンを持っていますが、書く動作は見られないので誤りです。(C) 誰かが配りものをしている様子はありません。(D) 話し合いをしている様子が見られるので、これが正解です。

【写真提供：ページ - 問題番号】
p.33-1.　©fotolia/gpointstudio
p.33-2./p.34-4.　© 松井正紀

2. 正解：(C)

(A) Some audience members are sitting on the ground.　　聴衆の中には地面に座っている人もいる。
(B) All the chairs are covered with clothes.　　すべてのいすは布で覆われている。
(C) They are performing outside.　　彼らは屋外で演奏している。
(D) Instruments are being moved.　　楽器が移動されている。

語句　□audience【名】聴衆　□perform【他動】〜を演奏する
　　　　□outside【副】屋外で　□instrument【名】器具、楽器（= musical instrument）

解説 (A) 地面に座っている人は写っていません。(B) いすはありますが人が座っていて、布は掛かっていません。(C) これが正解です。(D) は They're playing (musical) instruments. であれば正解でしたが、場所を動かす様子は見られません。

3. 正解：(D)

(A) People are stepping into water.　　人々は水に入っていく。
(B) The road curves in one direction.　　道路はある方向に曲がっている。
(C) A skyscraper is overlooking the hill.　　超高層ビルが丘を見渡している。
(D) A boat is floating near the bridge.　　橋の近くにボートが浮かんでいる。

語句　□step into 〜　〜に入る　□curve【自動】曲がる　□direction【名】方角
　　　　□skyscraper【名】超高層ビル　□overlook【他動】〜を見渡す　□float【自動】浮かぶ

解説 (A) 人の姿は見えません。(B) 道路は曲がっていません。(C) 高い建物や丘は見当たりません。(D) ボートが橋の近くにあるのが確認できるので、これが正解です。

4. 正解：(A) CD-09

(A) Some people are resting outside. 　何人かの人が屋外で休んでいる。
(B) Chairs have been arranged on a platform. 　いすは台の上に並べられている。
(C) A ladder is casting a shadow. 　はしごが影を落としている。
(D) They are gathering around a piano. 　彼らはピアノの周りに集まってきている。

語句 □rest【自動】休憩する　□platform【名】台、壇　□ladder【名】はしご
□cast a shadow 影を落とす　□gather around ～ ～の周りに集まる

解説 (B) いすは写真の中に多数見受けられますが台の上に並べられてはいません。(C) 少し影が見えますが、これは木の影であり、はしごではないため不適切です。(D) すでに小さなテーブルの周りに集まって座っています。また、ピアノは見当たりません。

Part 1「写真描写問題」
Vocabulary List
おまかせ！重要語句リスト

Part 1 攻略のカギになる名詞（主語を構成する）と動詞・動詞句（動詞部分を構成する）です。効率的に覚えられるように、似た音（音）や同じような意味（類）の語をセットにしました。

DL-01
名詞

- **shelf** 棚
  - → 複 shelves
- **cupboard** 食器棚
- **basket** かご、バスケット
- **rack** （列車などの）棚、台
  - 音 track 競技用トラック
  - 音 truck （車の）トラック
- **(eating) utensil** 食器
- **sink** 流し台
- **platform** プラットホーム
  - 音 home 家
- **balcony** ベランダ
- **car** 車
  - → 複 cars
  - 音 card カード → 複 cards トランプ遊び
- **audience** 聴衆、観客
- **pedestrian** 歩行者
- **cashier** レジ係
- **crosswalk** 横断歩道
  - 音 cross 〜を横切る → crossing 交差（点）
  - 音 cloth 布 → clothes、clothing 衣服

- **equipment** 装置
- **bath** 風呂
  - 音 bus バス
- **dock** ドック、波止場、桟橋
  - 音 document 書類
- **glasses** メガネ
  - 音 grass 草
- **pile** 積み重ね、山
  - 音 pail バケツ (= bucket)
  - 音 file ファイル
- **counter** カウンター、受付
  - 音 account 口座

DL-02
動詞・動詞句

- **pull** 引っ張る
  - 音 pool プール
- **board** 〜(乗り物) に乗る
  - 音 boat ボート
- **prepare** 〜を準備する
- **tidy** 片付ける
- **attach** 〜をつなぐ、〜をくっつける
  - 音 touch 〜を触る
- **point at 〜** 〜を指さす
- **lean** 傾く、〜を傾かせる
  - → lean against 〜 〜によりかかる、lean over 〜 〜に身を乗り出す
- **leave** 出発する、〜から離れる
  - 音 live 生きる、生活する
- **decorate** 〜を装飾する
- **stare at 〜** 〜をじっと見る
- **page through 〜** 〜にざっと目を通す
- **gaze at 〜** 〜を見つめる
- **examine** 〜を調べる
  - 類 inspect 〜を点検する

- **try ~ on** 〜を試着する
- **adjust** 〜を調節する
- **sweep** ほうきで掃く
  - 音 sleep 眠る
- **pass** 通る
  - 音 path 小道
- **park** 駐車する
  - 音 pack 〜(荷物など)を詰める
- **place** 〜を置く、〜を位置させる
  - 類 situate 〜を位置させる
  - 類 locate 〜を位置させる
- **fold** 〜をたたむ
  - 音 hold 〜をつかむ

Part 2
応答問題
Question – Response

Part 2「応答問題」
パートの概要

問題形式と出題・解答の流れ

問題形式

1つの質問または発言と、それに対する別の人物の応答の選択肢が (A) ～ (C) の3つ放送されます。その中から、最も適切な応答を1つ選ぶ問題です。問題冊子には、質問および選択肢は印刷されていません。

問題数：25問

解答時間の目安：1問につき約5秒（各問題の3つの選択肢 (A) ～ (C) の音声が終わってから、次の問題番号が聞こえてくるまでの時間）

サンプル問題

CD-10

Mark your answer on your answer sheet.　　　Ⓐ　Ⓑ　Ⓒ

サンプル問題の解答

正解：(B) CD-10　**Q:** 🇨🇦　**A:** 🇺🇸

※実際の TOEIC テストでは、英文は問題冊子に印刷されていません。

When will your promotion become effective?
いつからあなたは昇進するのですか。

(A) He wants to promote it more effectively.　　彼はもっと効果的に進めることを望んでいます。
(B) Within a couple of months.　　数カ月以内に。
(C) Probably, I'm going to Helsinki.　　おそらく私は Helsinki に行くことになるでしょう。

語句　□promotion【名】昇進 (promote【他動】～を促進させる、～を進める)
　　　　□effective【形】効力をもつ、効果的な (effectively【副】効果的に)

解説 設問文の冒頭の When（いつ）から、「時」について答える問題であると判断します。(A) には promote、effectively と設問文に似た単語が含まれていますが、内容はまったく違います。(B)「数カ月以内」と「時」を答えているのでこれが正解です。(C) Where will you be this summer?（今年の夏はどこに行きますか）のように場所を問われているときの応答であり、不適切です。

Part 2の傾向と対策

Part 2 では、最初に放送される質問や発言と、その後に放送される 3 つの選択肢の内容とを比較し、正誤を判断する能力が求められます。

ポイントを押さえて聞く！

陥りがちなミスの 1 つに「選択肢を聞くときには設問文の内容を忘れてしまっていた」というのがあります。これを避けるために、それぞれの選択肢が流れる直前に設問文の内容を頭の中で振り返ることを習慣付けましょう。また、設問文と選択肢で同じような音が聞こえたからという理由だけで正解と判断するのは早計です。それは、出題者が仕掛けた音のワナかもしれません。設問文も選択肢も 1 語 1 句を完璧に聞き取るというのは難しいことですが、「なんとなく」ではなく、尋ねられているポイント、応答の内容を的確に捉えられるリスニング能力が、正解率を上げるために不可欠です。

対策は正解・不正解のパターンを知ること！

Part 2 は設問とその応答の組み合わせのパターンがある程度決まっているため、正しい応答パターンを身に付けることが正解へのカギとなります。しかし、近年ではそういったパターンでは対応しづらい出題も増えています。そこで、誤答の選択肢のパターンもある程度知っていると、仮に聞き逃した選択肢があっても、消去法で対応できるようになります。頻出の誤答パターンは「設問文とは異なる疑問詞を使った設問に対する応答」、「5Ws/How で始まる疑問文に Yes/No で応答」、「同じ音・似た音による引っ掛け」、「時制が違っているもの」などです。

短い英文を記憶に残す練習をしておく！

普段からやっておくとよい練習としては、短い英文を正確に聞き取り、頭の中に残しておくのが有効です。解き終わった問題を活用し、設問文・選択肢を聞いてそのまま正確に口に出す練習を何度も繰り返してください。

Part 2「応答問題」
Q&A形式で学ぶ攻略ポイント

おまかせ！730点を目指すあなたの
お悩み相談室

Q&A 対策法についてのお悩み

Part 2の正解率を上げたいです。

Part 2 は問題が 25 問もあるので、どうしても途中で取りこぼしてしまいます。なんとなくは聞き取って、選んでいるはずなのですが…。しっかり、確実に正解するためには、どういう対策をしたらよいでしょうか。

より「正確に」「最後まで」聞き取る練習を。

730 点を取るには、これまで求められていたレベルよりも 1 段上のリスニング力が必要です。

例えば、5Ws/How で始まる疑問文（p.48 を参照）であれば、「まずは冒頭の 1 語を聞き取る」という方法で正解を選んでいた人も、さらに 2 語 3 語、できれば最後まで全部聞き取れる力を付けましょう。最初の 1 語だけでは判断できない設問も正解することができるようになります。

より正確に聞き取れるようになるには、以下のような練習が有効です。解き終わった問題について、**①設問文・選択肢を聞く、②聞こえたまま口に出す、③スクリプトを見て英文をチェックする、④言い間違えたところを意識してもう 1 度聞く**、という 4 つのステップです。これを繰り返し行いましょう。正確に英文を再現できるくらいまで、何度も行ってください。

また、取りこぼしやすいひねった応答のパターン（p.61 を参照）に対しては、**①設問を聞く、②何が問われているかを確認し、応答を予測する、③選択肢を聞く**、というようにステップを細分化し、より時間をかけて取り組んでもよいでしょう。

Q&A 実用性についてのお悩み

応答パターンを覚えるって、実際の会話に本当に役立ちますか。

Part 2 の設問と応答はほとんどパターン化されていると聞きました。スコアを上げるためにはそれらのパターンを覚えるのが有効なのは理解できます。ただ、それでは実際に英語を使うときの役には立たないのではないでしょうか。

日常会話にも「よくある流れ」があるはず。TOEICでは、それを「パターン」と呼んでいるだけです。

皆さんが日本語を使う日常で、「こう言われたらこう返すのが普通」ということはありませんか。英語でもそれは同様で、実際のコミュニケーションの多くに How are you doing?（調子はどう？）— Pretty good, and you?（いい感じだよ、あなたは？）のような、**場面・状況によって反射的な答え方が存在**します。これがいわゆる「パターン」です。

こういった場面や状況に適切な表現を使うことで、スムーズに会話を続けることができます。逆に、会話の流れからあまりに外れた言い回しを使うことは、聞き手に必要のない誤解を与えることもあり、相手との関係をまずくしてしまうこともありますので注意しましょう。

また、会話の途中で**パターンを使うことで、自分の言いたいことを伝える表現を工夫する時間を稼ぐ**こともできます。

その他、本書でも扱う、May I 〜 ? / Could you 〜 ? などの助動詞を使った表現とその応答は TOEIC に頻出ですが、これを習得することなしに会話でのコミュニケーションはできないと言っても過言ではありません。

TOEIC で出題されたときに、瞬時に選択できるよう覚えることは、実際の会話でもその表現が口をついて出てくるようになるためのステップです。会話の基礎を作るものとしてしっかりマスターしてください。

Part 2「応答問題」
Unit 1　5Ws/Howで始まる疑問文

最初の数語を
しっかりと聞き取る

5Ws（what、when、where、who、why）およびHowで始まる疑問文はまず、これらの疑問詞とそれに続く数語を正確に聞き取ることが必要です。5WsやHowで始まる疑問文の形には＜How＋形容詞／副詞＞や＜What＋名詞＞、「提案」を表すHow/What about ～？などもあります。よって、常に**1語だけではなく冒頭の数語を確実に聞き取り**、選択肢を聞く前に内容を頭の中で確認するようにしましょう。

例題

最初の数語をしっかりと聞き取ることと、**選択肢を聞く前に内容を振り返る**ことを忘れずに、正しい応答を選んでください。

🎧 CD-11

Mark your answer on your answer sheet.　　Ⓐ　Ⓑ　Ⓒ

解ける人の視点

▶「最初の数語」を聞き取り、何が問われているかを確認

Part 2 の鉄則として押さえておきたいのが、**最初の数語にしっかり集中**することです。例題では冒頭の疑問詞 Who で、「誰か」を尋ねている質問だと分かります。気を付けたいのは、疑問詞 Who には Who are you working for? — A publisher.（どこにお勤めですか―出版社です）のように、人物ではなく会社などのグループで答える場合があることです。例題の選択肢 (A) は Where will Alex's reception be held?（どこで Alex の歓迎会は開かれるのですか）のような質問に対しての応答です。このように、**異なる疑問詞に対する応答はよくある誤答パターン**ですから、冒頭の聞き取りが大事なことが分かるでしょう。

▶5Ws/Howで始まる疑問文にはYes/Noで応答することはできない

5Ws/How の疑問文は、具体的な情報を尋ねるのが目的なので、それに対し Yes/No で応答することはできません。例題の選択肢では Yes で始まっている (B) が頻出の誤答パターンです。

▶「引っ掛け」に注意

設問のポイントを的確に聞き取っていないと選んでしまいたくなるように、誤答の選択肢にはいくつかの引っ掛けが用意されています。(A) の banquet hall（宴会場）は reception（歓迎会）から連想できる語句を使った引っ掛けです。また、(B) では設問文にも出てきた Alex という人名が再び使われています。これらの引っ掛けに惑わされないようにするには、設問文に出てくる1つの語や表現ではなく、**尋ねられていること全体を的確に理解**する意識を持ちましょう。

例題の解答

正解：(C)　CD-11　Q:🇬🇧　A:🇦🇺

Who's coming to Alex's reception?
誰が Alex の歓迎会に来るのですか。

(A) In the banquet hall.　　　　　　　　宴会場でです。
(B) Yes, this is Alex Reid speaking.　　　はい、私が Alex Reid です。
(C) Everyone in the accounting　　　　経理部の全員です。
　　department.

語句　□reception【名】歓迎会　□banquet hall 宴会場
　　　　□this is ～ speaking 「はい、～です」(電話での決まり文句)
　　　　□accounting department 経理部

おまかせ！文法メンテナンス
Part 2 さまざまな疑問文

5Ws/Howで始まる疑問文が尋ねる内容

- When ... ? / What time ... ?　　　　　時間
- How ... ?　　　　　　　　　　　　　手段・方法
- How soon [late] ... ? / By [until] when ... ?　期限
- How long ... ?　　　　　　　　　　　期間
- What ... ?　　　　　　　　　　　　　もの・こと
- Who ... ?　　　　　　　　　　　　　人物・グループ（組織）
- Where ... ?　　　　　　　　　　　　場所
- Why ... ? / How come ... ?　　　　　 理由

　Why are you here so early today?
　= **How come you're here so early today?** （なぜ今日はこんなに早いの？）
　→ How come ... ? は後ろに＜ S + V ＞と、疑問文ではなく平叙文の語順で続くことに注意

- How many [much] ... ?　　　　　　　数量
- How far ... ?　　　　　　　　　　　　距離
- How often [frequently] ... ?　　　　　頻度

疑問文の形をした提案表現

形の上では 5Ws/How に見えますが、提案・勧誘を表す表現があります。これらの表現に対しては、Sounds great.（いいですね）のような決まり文句で答えることが多いですが、Yes/No で答えることもできます。

- Why don't you 〜？（〜してはどうですか）
- Why don't we 〜？（〜しませんか）
　Why don't we take a short break?
　— **Yes, let's go to the café on the corner.**
　（ちょっと休憩でもしない？ — いいね、角の喫茶店に行こう）
- How/What about 〜？（〜はどうですか）
- What do you say to 〜？（〜はいかがですか）

思考回路トレーニング

音声を聞き、**1.** 〜 **4.** の設問文が尋ねている内容が①時間、②期間、③理由、④場所、⑤提案のどれに該当するか選び、空所に番号を書き入れましょう。また、設問文に対し最も適切に応答しているものを (A) 〜 (C) から1つ選びましょう。

🎧 CD-12~15

1. (　　　) Ⓐ Ⓑ Ⓒ

2. (　　　) Ⓐ Ⓑ Ⓒ

3. (　　　) Ⓐ Ⓑ Ⓒ

4. (　　　) Ⓐ Ⓑ Ⓒ

思考回路トレーニングの解答と解説

1. 正解：③、(B)　🎧 CD-12　Q:🇬🇧　A:🇨🇦

Why didn't Ryan come today?
なぜ、Ryan は今日来なかったのですか。

(A) Yes, you need a ride to come here.　　はい、ここに来るには車に乗せてもらう必要があります。

(B) Because he worked all weekend.　　週末ずっと働いていたからです。

(C) With Kamilla and Todd.　　Kamilla と Todd と一緒に。

語句　□ride【名】(車などに) 乗ること

解説　設問文が Why で始まっているので「理由」を答えている (B) が正解です。Why に対する応答としては、< Because + 主語 + 動詞 ... > の Because が省略されたり、< To + 動詞の原形 > になったりすることもあります。(A) は **5Ws/How で始まる疑問文に Yes/No では答えられない**ため、不適切です。(C) は With whom、Who などで始まる疑問文に対する応答なので誤りです。

2. 正解：④、(B) 　CD-13　Q: 🇬🇧　A: 🇦🇺

Where can I find a post office?
郵便局はどこにありますか。

(A) Sayla has been offered the post.　　　　Sayla さんはその地位を提案されました。
(B) Next to the hospital.　　　　　　　　　　病院の隣です。
(C) Our office is still closed at seven.　　　　事務所は 7 時にはまだ閉まっています。

語句　□post office 郵便局　□offer【他動】〜を提供する
　　　　□post【名】地位（【他動】〜を展示する、〜を掲載する）

解説　「場所」を尋ねる質問に答えている (B) が正解です。(A) の post や (C) の office など、**設問文と同じ単語を使うことによって誤答を誘っています**が、尋ねられた内容への応答になっていないため、どちらも不適切です。

3. 正解：②、(B) 　CD-14　Q: 🇦🇺　A: 🇺🇸

How long have you been working in this industry?
どのくらいこの業界で働いているのですか。

(A) I always walk to the office.　　　　　私はいつも歩いて会社に行きます。
(B) About seven and a half years.　　　　約 7 年半です。
(C) In the long run, I think.　　　　　　　最終的には、と思います。

語句　□industry【名】産業　□in the long run 長い目で見れば、結局は（＝eventually）

解説　「期間」を尋ねる How long に対する応答なので、(B) が正解。(A) は手段を尋ねる How に対する応答です。また、walk は設問文の work との音の引っ掛け。(C) は設問文と同じ long という単語が入っていますが、問われた内容に合わないため不適切です。

4. 正解：⑤、(A)　CD-15　Q: 🇬🇧　A: 🇨🇦

Why don't we eat lunch at the park today?
今日は公園でお昼を食べませんか。

(A) Yes, it'll be nice on such a beautiful day.　　はい、こんなお天気の日にはいいですね。
(B) Because the parking lot was full.　　駐車場が満車だったからです。
(C) They're launching a new project.　　彼らは新しいプロジェクトを立ち上げようとしています。

語句
□parking lot 駐車場
□launch【他】〜（会社・プロジェクトなど）を立ち上げる、〜を打ち上げる（＝embark on 〜）
□project【名】計画、課題

解説 Why don't we 〜? で始まり、「お昼を食べませんか」と提案しています。これに賛成している (A) が正解です。(B) は最初の Why だけしか聞き取れないと選んでしまいそうですが、誤りです。park/parking を使った同じ音の引っ掛けです。(C) も launch/lunch という似た音で誤答を誘っています。

Part 2 「応答問題」
Unit 2 ＜助動詞＋主語＞で始まる疑問文

＜助動詞＋主語＋動詞＞を聞き、選択肢は最後まで聞く

Does she ～?、Could you ～? など＜助動詞＋主語＞で始まる疑問文は次に続く動詞部分まで聞き取りましょう。このタイプの疑問文は Yes/No で答えることもできますが、TOEIC では Yes/No を含まない応答の選択肢が正解になる方が多いため、最後まで注意深く聞く必要があります。特に、**依頼・提案の表現は決まり文句による応答が正解になるパターンが主流**です。

例題

＜助動詞＋主語＋動詞＞のかたまりをしっかり聞き取ることと、**選択肢を最後まで注意深く聞く**ことを意識し、正しい応答を選んでください。

🔘 CD-16

Mark your answer on your answer sheet.   Ⓐ Ⓑ Ⓒ

解ける人の視点

▶ ＜助動詞＋主語＋動詞＞を聞き取る

例題は「許可」を表す May I ～? で始まっています。動詞部分に当たる talk to まで聞き取れば、誰かと話してよいか尋ねていることが分かります。＜ May I talk to ＋人？＞という表現は電話での決まり文句ですから、覚えておくと状況がすぐに想像できるでしょう。

▶ 選択肢は最後まで聞く

文法的には Yes/No を尋ねている疑問文でも、その応答として Yes/No で始まる選択肢が正解とは限りません。また、**設問文に関連のある語や表現が使われているというだけで選択肢の正誤を判断するのは非常に危険**です。例題では (A) の discuss が talk と同じ「話す」系の動詞であり、later も電話の最後によく使う語です。しかし、全体としては May I talk to ～? の応答と考えるには不自然です。(B) の leave a message（メッセージを残す）も電話に関係した頻出フレーズですが、これらはすべて引っ掛けです。

52

▶「決まり文句」の応答が正解になることが多い

Yes/No の代わりに、応答における**決まり文句が含まれたものが正解になる**ことがよくあります。例題の (C) で使われている sure（かしこまりました）も了承を伝える定番表現です。また、Would you care to hold?（そのままお待ちいただけますか）も電話でよく聞くフレーズです。

例題の解答

正解：(C) CD-16   Q：🍁 A：🇬🇧

May I talk to Ms. Menard?
Menard さんをお願いします。

(A) We'll discuss it later.　　　　　　それについては後でお話ししましょう。
(B) Yes, I'll leave a message.　　　　はい、メッセージを残しておきます。
(C) Sure, would you care to hold?　　かしこまりました、そのままお待ちいただけますか。

語句　□discuss【他動】〜について話し合う（＝talk about 〜）
□Would you care to 〜? 〜していただけますか？（＝Would you like to 〜?）
□hold【自動】（電話を切らずに）待つ

おまかせ！文法メンテナンス

Part 2 助動詞の役割と「許可」「依頼」「提案」の表現

can、would、have to などの助動詞（的表現）は動詞部分の「おまけ」のように教えられることも多いですが、話し手の相手に対する気遣いや態度を表し、英語のコミュニケーションでは非常に重要な役割を果たします。

▍許可（～していいですか）　May I ～/Can I ～?

May I ～? の方が丁寧ですが、これに対して Yes, you may. / No, you may not. は少し横柄に聞こえるので注意しましょう。

Can I use your computer for a while? ― Sure, go ahead.
（少しの間、パソコンを借りてもいい？―いいよ、どうぞ）

▍依頼（～してくれませんか）
　Will [Would] you ～?/Can [Could] you ～?

Will you ～? は他の表現よりも少しニュアンスがきつく、相手が断れ（ら）ないときや親しい間柄のとき、please ＋原形と同じく命令に近い調子で使われることが多いです。

Will you send Ms. Ishikawa an e-mail for me, please? ― I'll do it.
（Ishikawa さんにメールを代わりに出しておいてくれる？―わかった）

アメリカやカナダでは丁寧な依頼の表現として、Would you like to ～?（ややインフォーマルには Do you want to ～?) も使われます。

Would you like to open the window for fresh air? ― Sorry, I feel cold.
（新鮮な空気を入れるために、窓を開けませんか―すみません、寒いんです）

▍提案（～しましょうか、～しませんか）
　Should [Shall] I ～?, Should [Shall] we ～?

should を使うのはアメリカ英語で多く、TOEIC にも頻出します。

Should we take a short cut? ― Sounds like a plan.
（近道しましょうか―いいですね）

思考回路トレーニング

音声を聞き、設問文の空所に入る助動詞を書き込みましょう。また、応答として最も適切なものを (A) 〜 (C) から 1 つ選びましょう。

CD-17~20

1. (　　　　) you been to Saudi Arabia before?　Ⓐ Ⓑ Ⓒ

2. (　　　　) I e-mail that information to you?　Ⓐ Ⓑ Ⓒ

3. (　　　　) you help me with this chart?　Ⓐ Ⓑ Ⓒ

4. (　　　　) you mind me closing this door?　Ⓐ Ⓑ Ⓒ

思考回路トレーニングの解答と解説

※空所に入る助動詞はスクリプトの下線を参照

1. 正解：(C)　CD-17　Q: 🇺🇸　A: 🇬🇧

(Have) you been to Saudi Arabia before?
サウジアラビアに行ったことがありますか。

(A) Before 3 P.M.　　　　　　　　　午後 3 時より前です。
(B) No, a trash bin is outside.　　　いいえ、くず入れは外にあります。
(C) Yes, actually I've lived there.　はい、実はあちらに住んでいました。

語句　□trash bin くず入れ

解説　Have you been to 〜？で「〜に行ったことがありますか」という質問なので (C) が正解です。(A) の before は質問文にもある単語を使った引っ掛け。(C) been は a trash bin の bin と同じ発音で誤答を誘っています。**部分的に同じ音が聞こえたという理由だけでは選ばないようにしましょう。**

2. 正解：(A)　CD-18　Q:🇨🇦　A:🇬🇧

(Should) I e-mail that information to you?
その情報をあなたにメールで送りましょうか。

(A) That's very kind of you.　　　　ご親切にどうも。
(B) I'll do it right away.　　　　　　すぐにやります。
(C) Go to the information desk.　　受付にいらしてください。

語句　□right away すぐに（= immediately）　□information desk 受付

解説　「メールをしましょうか」という提案に対してお礼を言っている (A) が正解です。(B) は Could you e-mail ～? のように「依頼」している設問文であれば適切な応答です。(C) には information という設問文中にある単語が使われています。「提案」の文に対しては命令文で答えることも可能ですが、今回は内容がかみ合わないので不適切です。

3. 正解：(A)　CD-19　Q:🇦🇺　A:🇺🇸

(Could) you help me with this chart?
この表を手伝っていただけますか。

(A) Let me finish writing this e-mail first.　このメールを書いてからね。
(B) We will charge you later.　　　　　　　後ほど請求いたします。
(C) Yes, I appreciate your help.　　　　　はい、ご協力感謝いたします。

語句　□charge【他動】〜に請求する、〜に負担させる
　　　　□appreciate【他動】〜を感謝する、〜を高く評価する

解説　Could you ～? で始まる依頼の文です。(B) は charge と chart の似た音による引っ掛け。(C) I appreciate your help. は何かしてくれたことに対するお礼の決まり文句ですから、依頼に対する応答としては不適切です。「**先にメールをさせてください（＝終わったら手伝います）**」と答えている (A) では会話が自然に流れているため、これが正解です。

4. 正解：(B) 🎧 CD-20 Q: 🇬🇧 A: 🇨🇦

(Would) you mind me closing this door?
このドアを閉めても構いませんか。

(A) The store is closed. 　　店は閉まっています。
(B) Sorry, I need fresh air. 　すみません、新鮮な空気が必要なんです。
(C) Yes, I did. 　　　　　　　はい、やりました。

語句　□Would you mind my/me –ing? ～しても構いませんか (Would you mind –ing? ～していただけますか)　□fresh【形】新鮮な

解説 **Would you mind me ～？（～しても構いませんか）の mind は「～を気にする」という意味**なので、ドアを閉めてよい場合は No、閉めてほしくない場合は Yes が適切な答えになると押さえておきましょう。実際の会話では Yes/No を使わず、(B) のように (I'm) sorry, but ... などの決まり文句で応答することもあります。(A) は closing/closed の音の引っ掛けです。(C) は過去のことを答えているので不適切です。

Part 2「応答問題」
Unit 3　否定疑問文と付加疑問文

notと付加部分を
ないものと扱う

Didn't you ～? Aren't you ～? などの否定疑問文、... , don't you? ... , isn't he? などの付加疑問文は一見難しいような気がしますが、not（省略形のn't）や、**文末の付加部分をないものと考えれば、ただの Yes/No 疑問文**です。このタイプは答え方も比較的シンプルなものが多いので慣れてしまえば扱いやすい問題と言えます。

例題

not と付加部分はないものと考え、正しい応答を選んでください。

🔴 CD-21

Mark your answer on your answer sheet.　　　Ⓐ Ⓑ Ⓒ

解ける人の視点

▶ <（助動詞＋）主語＋動詞>を聞き取る

否定疑問文の場合も、最初の<助動詞＋主語＋動詞>までを確実に聞き取ります。例題では Aren't you participating in までということですね。付加疑問文は助動詞では始まりませんので、**文頭の主語と動詞がしっかり聞き取れれば十分**です。

▶ notと付加部分は無視する

応答を考える際の鉄則は not と付加疑問を無視することです。例題では、Are you participating in the seminar tomorrow? と聞かれているのと同じというわけです。すると、(A) では Yes と答え、「出席します」と続いているため自然な応答です。逆に、Yes と答えているのに、「歯医者の予約がある」と言っている (B) はおかしいと分かります。日本語の「はい／いいえ」の論理に引きずられなければ何も迷うことはありません。

例題の解答

正解：(A) CD-21   Q: 🍁   A: 🇬🇧

Aren't you participating in the seminar tomorrow?
明日は研修会に参加するんじゃないんですか。

(A) Yes, I'm planning to attend.　　　　　はい、参加します。
(B) Yes, I got a medical appointment.　　はい、医者の予約があります。
(C) I found the seminar quite informative.　研修会はとてもためになったと思いました。

語句　□participate in ～ ～に参加する　□informative【形】ためになる、有益な

おまかせ！文法メンテナンス
Part 2 否定疑問文と付加疑問文

否定疑問文

普通の Yes/No 疑問文と応答の仕方は同じです。聞き手の返答を予測し、その内容に確信がある場合に確認を取るようなニュアンスで用いられます。

Aren't you taking a guitar lesson today?
（＜肯定的な確信＞今日はギターのレッスンがあるんじゃないの？）
—**Yes,** I go there after work. （ありますよ、仕事の後で）

Don't you feel all right?
（＜否定的な確信＞具合が悪いんじゃないの？）
—**No,** I think I should see a doctor.
（よくないかも、お医者さんに診てもらわないと）

付加疑問文

付加疑問文も一定の答えを予測・期待しているときに使われますが、確信の度合いによって付加部分のイントネーションが異なります。

The meeting starts at two, doesn't it? (↗)
（＜確信が低い＞会議は2時からですよね）

It's a fine day, isn't it? (↘) （＜確信が高い＞いい天気ですね）

否定文の付加疑問文の形も押さえておきましょう。

We don't have another choice, do we? （他に選択肢はありませんよね）

答える際には not と付加疑問の部分を無視して意味を押さえましょう。
また、日常会話では次のように right を文末に置く付加疑問文も使われます。

The meeting starts at two, right? （会議は2時からですよね）

Part 3 の会話の中などにも登場しますから、覚えておきましょう。

Part 2「応答問題」
Unit 4　選択疑問文・陳述・その他

ひねった応答の
正解パターンも押さえる

「AかBか」を尋ねる選択疑問文は**「A、Bのどちらかを選ぶ」**、**「どちらでもいい」**、**「どちらも選ばない」**、疑問文ではない陳述の場合は**「同意する」**、**「反対する」**、**「自分の感想を述べる」**というのが、典型的な応答パターンです。さらに、今まで学習したパターンの設問文も含めて、**「分からない」**など回答を拒否する可能性もあり得ることを頭に入れておきましょう。

例題

ひねった応答のパターンに注意して、正しい応答を選んでください。

🎧 CD-22

Mark your answer on your answer sheet.　　　Ⓐ　Ⓑ　Ⓒ

解ける人の視点

▶何が問われているかを把握する
選択疑問文では「AかBか」が尋ねられているので、**A、B両方の内容を必ず聞き取りましょう**。例題では、「今連絡するのか、後まで待つのか」が問われていました。

▶応答パターンを確認する
選択疑問文の解答ではAかBかのどちらかを答えるのが普通です。「今か」、「後か」を尋ねられた例題では「今」と答えていた (C) が正解です。しかし、この他にもパターンとしては**「回答を拒否する」、「返事を保留する」といった可能性もある**ことを頭に入れていると、柔軟に対応できます。

▶消去法を使う
選択疑問文や陳述の問題では、やや長めの聞き取りにくい選択肢も少なくありません。Part 2 で大切なのは、会話として最も適切な応答を選ぶことです。そのためには、明らかに違っているものを排除するのも1つの手段です。ここでは、(A) と (B) が No で始まっていますが、選択疑問文に対して Yes/No で答えることはできないため、どちらも不適切と分かります。

例題の解答

正解：(C) CD-22　Q:🇺🇸　A:🇨🇦

Should we contact Ms. Silverstone right away or wait till Thursday?
Silverstoneさんに今電話しましょうか、それとも木曜日まで待った方がいいですか。

(A) No, it's Thursday today.　　　　　　　いいえ、今日は木曜日です。
(B) No, these contracts are still in process.　いいえ、これらの契約は進展中です。
(C) Could you do it now?　　　　　　　　今すぐにやっていただけますか。

語句　□right away すぐに　□contract【名】契約　□still【副】今も、まだ
　　　　□in process　進行中である

おまかせ！文法メンテナンス
Part 2 頻出文法

FANBOYS接続詞

FANBOYS というのは、接続詞 for（というのは）、and（そして）、nor（～もまた…ない）、but（しかし）、or（あるいは）、yet（それでも）、so（だから）の頭文字です。これらの接続詞は2つ（以上）の**文法的に同じ要素の間をつなぐ**働きをします。

●語をつなぐ

Would you like to have coffee or tea?
（コーヒーか紅茶はいかがですか）

Michael plans to visit Chicago and Cleveland, but not Los Angeles.
（Michael は Chicago と Cleveland を訪れる予定だが、Los Angeles に行く予定はない）

●句をつなぐ

Felix dropped by the office and greeted us in a calm manner.
（Felix は事務所に立ち寄り、そして私たちに穏やかにあいさつした）

You can take the train to Boston or fly there.
（Boston には電車で行くこともできますし、飛行機でも行けます）

●節や文をつなぐ

Jennifer was a beautiful woman, yet not so many people like her.
（Jennifer はきれいな女性だったが、彼女を好きな人はあまりいない）

Madeline didn't attend the meeting, nor did she come to the office.
（Madeline は会議に出席しなかったし、会社にも来なかった）

My wife got mad at me, so she stopped talking to me.
（妻は怒って、私と口をきくのをやめた）

用法をマスターすべき限定詞

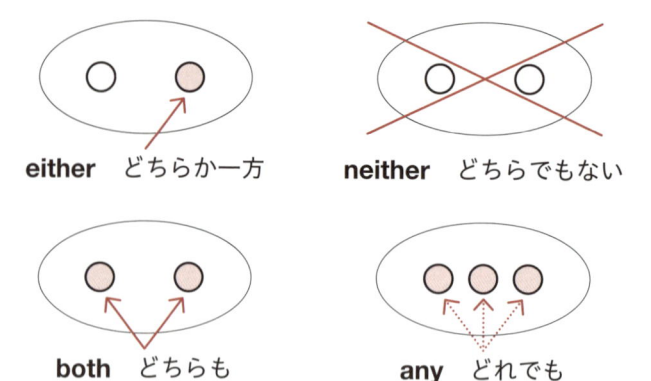

either どちらか一方

neither どちらでもない

both どちらも

any どれでも

either（どちらか一方）、neither（どちらでもない）、both（どちらも）、any(thing)（どれでも）には代名詞、形容詞の用法があります。

Either (option) is acceptable.（どちらが選ばれても受け入れられる）
Both (options) are acceptable.（両方とも受け入れられる）

Any option / **Any** of those options is acceptable.
（どれでも大丈夫だ）
Neither (option) is acceptable.（どちらも受け入れることができない）

Part 2 では、否定の陳述に対する同意を表す neither の用法も重要です。

I can't eat sushi.（私はすしが食べられません）
– **Neither can I.**（私も食べられません）
– ≪略式≫ **Me, neither.**（私もです）

あわせて肯定文に対する同意も確認しましょう。

I love spaghetti.（スパゲティが大好きです）
– **So do I.**（私も大好きです）
– ≪略式≫ **Me, too.**（私もです）

思考回路トレーニング

音声を聞き、設問文が①「選択疑問文」、②「陳述」、③「その他」のどれに該当するか選び、空所に番号を書き入れましょう。また、その設問文に対する応答として最も適切なものを (A) ～ (C) から1つ選びましょう。

CD-23~26

1. (　　　　) Ⓐ Ⓑ Ⓒ

2. (　　　　) Ⓐ Ⓑ Ⓒ

3. (　　　　) Ⓐ Ⓑ Ⓒ

4. (　　　　) Ⓐ Ⓑ Ⓒ

思考回路トレーニングの解答と解説

1. 正解：③、(C)　CD-23　Q：🇦🇺　A：🇺🇸

Where can I get a refund?
どこで返金を受けることができますか。

(A) Yes, you found the right one.　　はい、正しいものを見つけましたね。
(B) For ten days, I believe.　　10日間だったと思います。
(C) Let me check on that for you.　　調べさせてください。

語句　□refund【名】(商品やサービスの) 払い戻し、返金（経費の払い戻しは通常 reimbursement）
　　　　□check on ～　～について確認する

解説　5Ws/How で始まる疑問文です。具体的な場所を答える選択肢はなく、**回答を保留**していた (C) が正解です。**聞かれたことに対し、「（自分は分からないので）誰かに聞く、調べる」という返答は、比較的よく出題されるひねった応答パターン**です。5Ws/How の疑問文に対して Yes/No で答えることができないため、(A) は不適切。(B) は Where で聞かれているのに期間を答えています。よって正解以外の選択肢は質問に対する答えとして明らかに誤りで、すぐに消去できます。正解の応答自体が難しい場合には、このように消去法も併用しましょう。

65

2. 正解：②、(B) 　CD-24　Q: 🇬🇧　A: 🇦🇺

I think I have a cold.
どうやら風邪をひいたみたいです。

(A) Give me a call tonight.	今夜電話をください。
(B) That's too bad.	それはいけませんね。
(C) Can I leave early today?	今日早退してよろしいですか。

解説 陳述文です。この形に多い応答パターンは**「同意する」、「反対する」、「自分の感想を述べる」**の3つですが、ここでは「風邪かも」という発言に対し、感想を述べています。感想を述べる際も決まり文句があり、(B) の That's too bad. は頻出です。(A) は cold/call の音の引っ掛けです。(C) は話し手が述べるべき内容であり、不適切です。

3. 正解：①、(C) 　CD-25　Q: 🇨🇦　A: 🇺🇸

Do you have a pen or a pencil?
ペンか鉛筆を持っていませんか。

(A) Yes, I will.	はい、私がやります。
(B) Thanks for your help.	ご親切にありがとうございます。
(C) I don't have either.	どちらも持っていません。

解説 選択疑問文なので、(A) のように Yes/No で答えることはできません。(B) は質問した人がペンか鉛筆を貸してもらった後に言うはずの言葉ですから不適切です。否定文の後に either が続くと「どちらもダメ」を表し、(C) が正解です。**A or B を問う選択疑問文に対する答えには、「どちらもダメ」、「どちらも OK」などの応答パターンもある**と準備しておきましょう。either の2つの発音は話し手の国籍によって異なりますが、どちらも対応できるようにしましょう。

4. 正解：②、(B) CD-26   Q: 🇬🇧   A: 🇨🇦

We ought to review our safety measures.
安全対策を見直した方がいいと思います。

(A) It's an excellent view.　　　　　　それは素晴らしい眺めですね。
(B) I couldn't agree with you more.　　あなたの意見にまったく賛成です。
(C) It's my pleasure to be here.　　　　ここに来られてうれしいです。

語句　□ought to *do* 〜した方がいい（＝should *do*）　□agree【自動】同意する
　　　　□(That's) my pleasure. どういたしまして。（＝ You're welcome. / Don't mention it.）

解説　We ought to review 〜を聞いた時点で、「見直すべきだ」と言っている陳述文であり、「同意」、「反対」などの応答パターンがあることを予想して選択肢を聞きます。「同意」や「反対」には決まり文句がありますから、それを押さえておきましょう。(A) は review/view による音の引っ掛け。答えている内容がまったく違うので不正解です。「**あなたにこれ以上賛成することができない（＝まったくあなたの意見に賛成だ）**」と答え、「同意」を示している (B) が正解。(C) はスピーチで使われる決まり文句ですから、覚えておきましょう。

Part 2「応答問題」
模擬問題にチャレンジ

おまかせ！
演習問題

🔴 CD-27~36

1.〜 10. の質問または発言と、それに続く3つの文 (A) 〜 (C) を聞き、応答として最も適切なものを選び、解答欄にマークしてください。

1. Mark your answer on your answer sheet.　Ⓐ Ⓑ Ⓒ

2. Mark your answer on your answer sheet.　Ⓐ Ⓑ Ⓒ

3. Mark your answer on your answer sheet.　Ⓐ Ⓑ Ⓒ

4. Mark your answer on your answer sheet.　Ⓐ Ⓑ Ⓒ

5. Mark your answer on your answer sheet.　Ⓐ Ⓑ Ⓒ

6. Mark your answer on your answer sheet.　Ⓐ Ⓑ Ⓒ

7. Mark your answer on your answer sheet.　Ⓐ Ⓑ Ⓒ

8. Mark your answer on your answer sheet.　Ⓐ Ⓑ Ⓒ

9. Mark your answer on your answer sheet.　Ⓐ Ⓑ Ⓒ

10. Mark your answer on your answer sheet.　Ⓐ Ⓑ Ⓒ

Part 2「応答問題」
模擬問題の解答と解説

おまかせ！演習問題解説

1. 正解：(C) CD-27 Q：🇬🇧 A：🇦🇺

How should I contact Mr. Ginsburg?
Ginsburg さんにはどのような方法で連絡を取ったらいいですか。

(A) We should find more customers.　　もっとお客さまを見つけるべきです。
(B) At the convention center.　　会議場で。
(C) E-mail is best.　　Eメールが一番です。

語句　□convention center 会議場

解説　冒頭の How を聞き、**連絡手段**を答えている選択肢を選びます。(A) should と設問文にある語が繰り返されていますが、応答になっていません。(B) Where ... ? に対する応答です。

---

2. 正解：(A) CD-28 Q：🇨🇦 A：🇺🇸

Which advertising agency was hired to do our new campaign?
どの広告代理店がわが社の新しいキャンペーンに採用されたのですか。

(A) The one starting with S.　　S で始まるあの会社ですよ。
(B) Because they have a good reputation.　　彼らは評判がいいからです。
(C) Put it higher than the tent.　　テントよりも高く置きましょう。

語句　□advertising agency 広告代理店　□reputation【名】評判

解説　どの広告会社かと尋ねているので、特定の会社を示唆する返答の (A) が正解。(B) Why ... ? に対する応答です。(C) **hired/higher は似た音で誤答を誘う引っ掛け**です。内容がつながらないため、不適切。

69

3. 正解：(B) 　CD-29　Q:🇬🇧　A:🇨🇦

Do you know when the deadline is?
締め切りがいつか知っていますか。

(A) It's Ms. Barnard.　　　　　　　　　　Barnard さんです。
(B) Next Friday.　　　　　　　　　　　　来週の金曜日です。
(C) I know the line is dead.　　　　　　　回線が切れているのは知っています。

語句　□line 回線、電話線　□dead【形】故障した、(電池・電話線などが)切れた

解説　間接疑問文です。Yes/No で答えることはできますが、**実質的には When is the deadline? と同じ**と考え、返答を選びましょう。Do you know までしか聞き取れないと、(C) を選びそうですが、「金曜日」と明確に答えている (B) が正解です。

4. 正解：(A)　CD-30　Q:🇦🇺　A:🇬🇧

What color shirt are you looking for?
あなたは何色のシャツを探していますか。

(A) Anything except for black.　　　　　　黒以外ならば何色でも。
(B) She's looking for a larger one.　　　　彼女はもっと大きなものを探しています。
(C) Rich wore a collar.　　　　　　　　　Rich は襟なしのシャツを着ました。

語句　□except (for)【前】〜以外は　□collar【名】襟

解説　「何色のシャツか」を尋ねているので、色を答えている (A) が正解です。(B) What is she looking for? に対する応答としては正しいですが、設問は聞き手に対する質問で、大きさも問題にしていません。(C) color/collar の音の引っ掛けです。

5. 正解：(C) CD-31　Q:🇺🇸　A:🇦🇺

Will you pass out these documents?
この書類を配っていただけますか。

(A) The movie is a documentary.　　その映画はドキュメンタリーです。
(B) Please pass 8th Street.　　　　8番通りを渡ってください。
(C) Yes, I will.　　　　　　　　　はい、やります。

語句　□pass out〜 〜を配る　□document【名】書類

解説　かなりシンプルな問題です。(A) の document/documentary、(B) pass の音の引っ掛けにさえ惑わされなければ、素直に Yes で答えて依頼を快諾している (C) を選べます。

---

6. 正解：(B) CD-32　Q:🇨🇦　A:🇺🇸

Do you remember who's giving the presentation on Friday?
誰が金曜日にプレゼンをするか覚えていますか。

(A) I'm a member of the project.　　私はそのプロジェクトのメンバーです。
(B) Alison said she will do the job.　Alison がその役を引き受けると言っていました。
(C) Yes, the party is on Friday.　　はい、パーティーは金曜日です。

語句　□do the job 仕事を引き受ける (= take on the job)

解説　この疑問文で**実質的に尋ねられているのは「プレゼンをする人は誰か」**ということだと理解し、「Alison がやると言っていた」と具体的な名前を答えている (B) が正解です。(A) は remember/member の音の引っ掛け。(C) Friday の話をしていますが、the party というまったく別のことを答えているので不適切です。

7. 正解：(C) CD-33 Q: 🇬🇧 A: 🇨🇦

Catherine won't attend today's workshop.
Catherine は今日の研修会には出席しません。

(A) I am working at the shop.　　　　　私はその店で働いています。
(B) It starts at eleven today.　　　　　それは今日、11時に始まります。
(C) Then, neither will I.　　　　　　　それならば、私もしません。

語句 □workshop【名】研修会

解説 陳述に対して適切な応対を選びます。(A) working、shop は音の引っ掛けです。(B) workshop の始まる時間のように考えて選んでしまいそうですが、ここではスケジュールは問題にしていません。「私もしない」と応答している (C) が正解です。

8. 正解：(B) CD-34 Q: 🇦🇺 A: 🇺🇸

Are you sure Joan's coming back by four?
Joan は本当に4時に戻るのですか。

(A) Yes, she did.　　　　　　　　　　　はい、彼女はしました。
(B) That's what she said on the phone.　彼女は電話でそう言いました。
(C) It'll surely take four hours.　　　　きっと4時間かかるでしょう。

語句 □what she said 彼女が言ったこと

解説 (A)Yes/No で答えることは可能ですが、この応答では時制が異なります。(B) Yes と言う代わりに「彼女がそう言った」と**遠回しな表現**をしていますが正解です。(C) は surely、four hours と同じ音を含む単語や時間表現しか聞き取れなかった人を陥れる似た音によるワナです。

9. 正解：(A) CD-35 Q:🇨🇦 A:🇬🇧

Do you want to finish it all by yourself, or should I help you out?
１人で全部それを終わらせますか、それとも私が手伝いましょうか。

(A) Either is OK with me.　　　　　どちらでも構いません。
(B) Yes, I'm finished.　　　　　　　はい、終わりました。
(C) I hope this helps.　　　　　　　これが助けになればいいのですが。

語句　□help 〜 out 〜を手助けする　□be finished 終わる (= be done)

解説　**「AかBかどちらかを選ぶ」のではなく、「どちらでもいい」という応答**をしている (A) が正解。(B) 選択疑問文は Yes/No では答えられません。(C) 設問文と同じ help という単語を使った引っ掛けです。

10. 正解：(A) CD-36 Q:🇦🇺 A:🇺🇸

Didn't I already tell you about this?
このことについてお話ししませんでしたか。

(A) What are you talking about?　　　　何のことですか。
(B) I'll tell him another time.　　　　　別のときに彼に話しておきます。
(C) We've got to know it right away.　　すぐにそれを知る必要があります。

語句　□have got to *do* 〜しなければならない

解説　設問文の not をないものと考えて、Did I tell you about this? に対する応答を探します。(A) のように疑問文に疑問文で応答することも可能です。(B) と (C) は過去についての疑問文に未来と現在形の文で応答しているため、不適切です。

Part 2「応答問題」
Vocabulary List
おまかせ！重要語句リスト

応答でよく使われる決まり文句を5つのパターンにまとめました。「依頼」、「提案」、「選択疑問文」、「陳述」に対する応答と「ひねった応答」です。どれも日常会話でもよく使われるものばかりですから、しっかり覚えましょう。

DL-03

依頼

- **Sure. / Certainly. / Of course.**
  もちろん。
- **OK.**
  大丈夫です。
- **Not at all.**
  いいんですよ。
- **No problem.**
  問題ありません。
- **I'll do it.**
  やります。
- **I'd love to. / I'd be happy to.**
  喜んで。
- **I'm afraid ...**
  残念ですが、...
- **(I'm) sorry, but ...**
  すみませんが、...

DL-04

提案

- **Thanks, I'll do that.**
  ありがとう、そうします。
- **Sounds great [good] (to me).**
  いいですね。

- **(That) sounds like a (good) plan.**
  いい考えですね。
- **That's a plan [good idea].**
  いい考えですね。
- **I'll give it a try.**
  試しにやってみます。
- **I wish I could, but ...**
  そうしたいのはやまやまですが、…

DL-05
選択疑問文

- **Either is OK[fine] with me.**
  どちらでも構いません。
- **Either will do.**
  どちらでも大丈夫です。
- **Whichever you prefer [like].**
  お好きな方で構いません。
- **Anything is OK [fine] with me.**
  何でも構いません。
- **Anything will do.**
  何でも大丈夫です。
- **I don't like [want] either.**
  どちらも気に入りません。
- **Neither will do.**
  どちらもダメです。

DL-06
陳述

- **So do I. / So am I. / So did I.**
  （肯定文に）私もです。
- **Neither do I. / Neither am I. / Neither did I.**
  （否定文に）私もです。
- **You're right.**
  おっしゃる通りです。

- **That's so true.**
  その通りです。
- **I couldn't agree (with you) more.**
  まさにその通りです。
- **You said it.**
  その通りです。
- **You can say that again.**
  その通りです。
  → 形が似ている表現の Could you say that again? は「もう1度言っていただけますか」となる。イントネーションの違いに注意。
- **No, I don't think so.**
  いいえ、そうは思いません。
- **I'm not so sure.**
  そうとは言い切れません。
- **I really don't see it that way.**
  そのように思いません。

DL-07
ひねった応答（回答拒否、返事の保留）

- **I don't know.**
  分かりません。
- **I have no idea.**
  分かりません。
- **Not sure (about it[that]).**
  確信が持てません。
- **Ask Ashley.**
  Ashley さんに聞いてください。
- **Let me check on that [it].**
  調べてみます。

Part 3
会話問題
Short Conversations

Part 3 「会話問題」
パートの概要

問題形式と
出題・解答の流れ

問題形式

2人の人物の会話と、その内容に関する設問が3つ放送されます。設問文には(A)〜(D)の4つの選択肢があり、その中から最も適切なものを選ぶ問題です。放送されるのは会話と設問文のみ、問題冊子に印刷されているのは設問文と選択肢のみです。

問題数：39問（1つの会話につき3つの設問×13セット）
解答時間の目安：各設問につき約8秒（1つの設問文の音声が終わってから、次の設問文が聞こえてくるまでの時間）。ただし、図表付き問題は12秒。

サンプル問題

※実際のTOEICでは1つの会話に対し、3つの設問があります。

🎧 CD-37

1. What is the woman's problem?

    (A) A check-in counter has been closed.
    (B) A train has been delayed.
    (C) An envelope has been misplaced.
    (D) A meeting has been canceled.

    Ⓐ Ⓑ Ⓒ Ⓓ

サンプル問題の解答

🎧 CD-37　　W:🇬🇧　　M:🇦🇺

Question 1 refers to the following conversation.

W: Have you seen a blue envelope? I've put a financial report in it, which I need for Friday's presentation.

M: Oh, that's too bad. Unfortunately, I haven't seen it, but is there any possibility that you left it somewhere yesterday evening, like the banquet hall or the conference room?
W: I was thinking that too. Actually, I just phoned the banquet hall and the conference room to ask if they'd found the envelope, but they said it wasn't there.
M: You might want to check with the subway too. You should drop by the lost and found on your way home today. It's next to the escalator at Point Place Station.

語句 □envelope【名】封筒　□financial【形】経理の、財務の　□banquet hall 宴会場
□conference room【名】会議室　□might want to *do* 〜した方がいい
□drop by 〜 〜に立ち寄る　□lost and found 遺失物取扱所

【訳】
問題1は以下の会話に関するものです。
W: 青い封筒を見なかった？　金曜のプレゼンで必要な経理の報告書が入っているの。
M: それは困ったね。残念ながら、見なかったよ。だけど、昨日の晩にどこかで置き忘れたという可能性はないかな。宴会場とか会議室とか。
W: それは私も考えたの。実際、宴会場と会議室に封筒はないか電話してみたけど、ないって言っていたわ。
M: 地下鉄もチェックしてみた方がいいよ。今日帰りに遺失物取扱所に寄ってみたら。Point Place 駅のエスカレーターの隣にあるから。

1. 正解：(C)

女性の問題は何ですか。

(A) チェックイン・カウンターが閉まっている。　(B) 電車が遅れている。
(C) 封筒を置き忘れた。　(D) 会議が中止になった。

解説 女性が男性に「青い封筒を見なかったか」と尋ね、そのまま会話が続いています。よって (C) が正解。

Part 3の傾向と対策

Part 3は、長めの会話の内容を整理して聞いた上で、設問文と選択肢に目を通し、的確に答える力が要求されます。

会話の構造を押さえながら聞く!

Part 3の会話の内容を把握するには、会話の全体的な構造を押さえた聞き取りが必要です。「テーマは何か」、「話はどのように展開していったか」、「結末はどうなったか」と内容を整理しながら全体的な構造を押さえられるように練習しましょう。

得点力アップのカギは、スキーマ(背景知識)の形成!

会話構造を頭で意識できるようになるのとともに、「オフィス内の会話」「歯医者の予約の電話」などTOEICでよく出題される場面に慣れておくこと(スキーマの形成)も大切です。一度、似たような会話を聞いておけば、次に同じような場面に遭遇したとき、その会話がどのように進むのか予想しやすくなるからです。

「会話構造の把握」と「スキーマの形成」はTOEICの得点力アップだけではなく、根本的な英語力の向上につながります。これらはネイティブスピーカーや英語上級者の行う聞き取りのメカニズム(「部分から全体」だけでなく「全体から部分」を推測)を意識的に身に付ける練習でもあります。ぜひ腰を据えて取り組んでみてください。

また、新形式では「文脈での意味を問う問題(meaning in context questions)」が加わりました。問われる英語表現自体は、英語圏に住んでないと知らないイディオムやスラングの類はほとんどありません。ただし、新しい表現を学ぶ際には、今まで以上にそれが「どういう場面でどのように使われているのか」を意識していく必要があります。

Part 3「会話問題」
Q&A形式で学ぶ攻略ポイント

おまかせ!730点を目指すあなたの
お悩み相談室

Q&A 解答法についてのお悩み

「先読み」って、そんなに重要なことですか。できないとダメなの？

TOEIC対策の本などを見ると、よく「Part 3やPart 4は会話やトークを聞く前に、設問と選択肢をあらかじめ読んでおく（＝「先読み」する）」というアドバイスが載っているのですが、どれほど効果的なのでしょうか。なかなか難しくて焦ってしまい、いつもうまくいきません。

「展開の予測」ができるようになることを重視してください。

確かに多くのTOEIC対策書に「先読み」という解答の方法が紹介されています。何が問題かをあらかじめ把握して取り組めるという点で、有効ですね。

しかし人によっては、この「先読み」作業に一生懸命になり過ぎたがために、肝心の会話やトークをしっかり聞けなかった、という経験はないでしょうか。もしそうなら、「先読み」のせいで正解できるはずの問題を落としている可能性も考えられますね。何度か試しに練習し、「先読み」作業が自分に合っていると考えれば、取り入れればよいでしょう。逆に難しい、やりづらいと感じるなら、無理をする必要はありません。

「先読み」が有効とされるのは、**会話やトークの流れに「見当を付けながら」聞くことで解答のポイントが絞りやすくなるから**です。つまり、大切なのは「話の展開を予測することができるかどうか」です。設問と選択肢を会話やトークの前に読む場合であれ、後に読む場合であれ、**出やすい話の展開と設問パタ**

ーンを押さえておくことを第一の対策と考えましょう。

練習を重ねて慣れてくると、次にどのような情報がくるのかをある程度予想をしながら聞き取ることができるようになります。これが結局は「先読み」しているのと同じような効果を発揮します。

Q&A 対策法についてのお悩み

どうしてもリスニングは苦手です。どんなトレーニングをしたらいいの?

Part 3 はもちろんですが、リスニング全般がものすごく苦手です。リーディングなら1回で分からなくても繰り返し読めるのですが、リスニングだと聞き逃したら終わりと思うと、緊張してしまいます。

「聞き取れるものを何度も聞く」ことからスタート!

リスニングができるようになるには**とにかく英語を聞く量を増やす**ことが必要です。ではその際に何をどうやって聞くかも、ここで一緒に考えましょう。

聞いても理解できない英語をただたくさん聞いても、不満がたまってしまいます。そうではなく、**簡単な英語で、意味が分かるものを聞いてください**。TOEIC の Part 3 を使う場合は、一度解いて、しっかり復習した後の問題などがよいでしょう。知らない語彙や表現がないのがベストです。あるいは、もっとずっと簡単な他の教材でも構いません。ただ、短いものではなく、**ある程度のまとまりがあるもの**を選びましょう。

大事なのは、英語の音とリズムに慣れると同時に、**頭の中で情報を止めずに処理する能力を身に付ける**ことです。すると、聞き逃してしまうことがぐっと減り、確実な理解へとつながってきます。

Q&A 対策法についてのお悩み

新形式になっていろいろな変更が。どうすればいいのでしょうか。

2016年5月から導入された新形式でPart 3は多くの変更があったような気がします。文脈での意味を問う問題、3人以上の人物が登場する会話、図表を扱う問題…。今までの形式に慣れているので、新しいものが解けるか、全然自信がありません。

新形式でも基本は同じ。
会話の構造を踏まえて展開を予測できることが大事です。

従来通りの形式も新形式の問題も、**会話の構造を頭に入れて、展開を予測しながら聞く**という基本姿勢を変える必要はありません。文脈の理解を問う問題は、話の展開・流れが分かっているかを問うものですし、3人以上の会話になっても、会話の構造そのものは同じです。図表（graphics）がある問題の解法については、少し練習をして慣れておいた方がよいですが、解答に必要な箇所を聞き逃さないよう、**会話構造の理解を踏まえ、展開予測するリスニング力をつけることが先決**です。不安になる気持ちも分かりますが、正攻法で対処すれば恐れる必要はありません。

Part 3 「会話問題」
Unit 1　会話の構造を理解する

話題の「提供」「展開」「終了」を意識する

Part 3 の会話は、おおむね 3 つのステージ構造をしています。**「話題の提供」→「話題の展開」→「話題の終了」**という流れです。この大きな会話構造を頭に入れて、聞き取る会話を 3 つに整理する聞き方の練習をしましょう。そうすることで、問題を解くときには会話の内容を忘れてしまった、という失敗を防げます。また多くの場合、1 つのステージごとに 1 つの設問が当てられています。これを意識しておくと、より取り組みやすいでしょう。

例題

提供→展開→終了の 3 つのステージを意識しながら、設問の答えとして最も適切なものを 1 つずつ選びましょう。

🎧 CD-38

1. What are the speakers mainly discussing?

   (A) Reserving a room
   (B) Conducting an interview
   (C) Going to a theater
   (D) Eating a meal

   Ⓐ Ⓑ Ⓒ Ⓓ

2. How did the man hear about the new restaurant?

   (A) He went there yesterday.
   (B) He saw an advertisement at work.
   (C) It was recommended by a coworker.
   (D) It was featured on a radio program.

   Ⓐ Ⓑ Ⓒ Ⓓ

3. What does the man say he will do next?

   (A) Attend a meeting
   (B) Confirm a schedule
   (C) Go to a stockroom
   (D) Check on an application

   Ⓐ Ⓑ Ⓒ Ⓓ

解ける人の視点

▶ステージ1では会話のテーマを提供する
会話冒頭では、まずはっきりと何の話をしているのかが示されます。例題では where should we have lunch together today という女性の発言から「今日の昼食を食べる場所」がテーマと分かります。

▶ステージ2ではテーマに対する反応・応答の情報が展開される
ステージ1 で明示された話題に対し、何らかの返答をすることで話をふくらませます。今回は男女のやりとりから、メキシコ料理の店ではなく、同僚 Karlee の勧めてくれた新しいインド料理の店がよさそう、という流れになりました。

▶ステージ3はテーマに関しての話題を終える働きをする
ステージ2 までで展開された話題をまとめる方向に話が進むのが ステージ3 です。それまでの話題を受けて、次の行動を述べたりする流れになることが多くあります。例題では女性の発言の終わり Are you all done ... からが ステージ3 となります。I've got to finish writing an e-mail ... と男性が続き、会話が終わりに向かいます。

例題の解答

※スクリプト中の下線は各設問の解答根拠、色文字はディスコースマーカー（p.87 を参照）を示します。

🎧 CD-38　W: 🇺🇸　M: 🇨🇦

Questions 1 through 3 refer to the following conversation.

W: ステージ1 Jared, where should we have lunch together today? How about we eat at the Mexican place we went to the other day?

M: ステージ2 **Actually**, I was thinking of eating at a new Indian restaurant. Karlee went there yesterday, and she said it was pretty good.

W: Really? Usually Karlee's recommendations about food are very reliable. Why don't we try that place instead **then**? ステージ3 Are you all done this morning, **by the way**?

M: **Well**, almost. I've got to finish writing an e-mail to a supplier to check on a meeting schedule. It won't take more than five minutes. Why don't you wait in the lobby? I'll be down soon.

語句 □pretty【副】かなり　□recommendation【名】推薦　□reliable【形】信頼できる
□instead【副】代わりに　□supplier【名】仕入れ先、納入業者

【訳】
問題1-3は次の会話に関するものです。
W: Jared、今日はどこで一緒にランチをする？　この前言ったメキシコ料理の店に行くのはどうかしら。
M: それなんだけど、新しくできたインド料理の店で食事をしようと思っていたんだ。Karleeが昨日そこに行って、すごくよかったって言うんだ。
W: そうなの？　Karleeのおすすめっていうのはほとんど間違いがないのよね。代わりにそこに行ってみましょう。ところでもう午前中の仕事は全部終わったの？
M: うーん、もう少しで全部ってところかな。仕入れ先に会議の予定を確認するメールを1本書かないといけないんだ。5分とかからないんじゃないかな。ロビーで待ってて。すぐに行くから。

1. 正解：(D)
話し手たちは主に何について話していますか。

(A) 部屋を予約すること　　　　　(B) 面接を行うこと
(C) 劇場に行くこと　　　　　　　(D) 食事をすること

2. 正解：(C)
どのようにして、男性は新しいレストランについての情報を耳にしたのですか。

(A) 昨日そこに行った。　　　　　(B) 職場で広告を見た。
(C) 同僚に勧められた。　　　　　(D) ラジオ番組で取り上げられていた。

3. 正解：(B)
彼は次に何をすると言っていますか。

(A) 会議に出席する　　　　　　　(B) 予定を確認する
(C) 倉庫に行く　　　　　　　　　(D) 応募用紙を確認する

おまかせ！文法メンテナンス
Part 3 ディスコースマーカーとしての間投詞

間投詞とは、**喜怒哀楽の感情を反射的に表した語や呼び掛け**などです。位置は自由で、文頭・文尾だけでなく、文中にも入れることができます。

間投詞は英文の構成要素にはならないため、学校の英語ではあまり重視されませんが、会話においては、「話の転換を示唆する」、「時間稼ぎをする」、「話の流れを分かりやすくする」、「次の話題へのつながりを助ける」といった話の筋道を示す重要な役割（ディスコースマーカー）を果たしています。

※本書では各スクリプトのキーワードになるディスコースマーカーを**色文字**で示しています。確認しておきましょう。

・ah	理解、驚き、安心、強調、時間稼ぎ
・hmm	思案中、ためらい、黙考、疑い
・I mean	言い直し
・that is (to say)/which is ...	言い換え
・you know/you see/like ...	時間稼ぎ、言葉のつなぎ、同意を求める
・now	話し始め、話題転換
・OK	話題転換、確認、了解、例示
・oh	驚き、喜び、理解、強調、追加
・uh/um	時間稼ぎ、混乱
・say	注意を引き付ける
・so	質問の切り出し、確認
・well	反論の切り出し、時間稼ぎ、驚き、強調、結論、諦め

以下の語は文法的には副詞に分類されますが、間投詞的な働きをすることがあります。

・actually	発言への対応・情報の付加
・basically	重要なことの強調
・anyway	結論、話題転換、不重要性の示唆

思考回路トレーニング

音声を聞き、次のスクリプトにステージの区切りを入れましょう。スクリプトの構造を把握した後、もう一度音声を聞き、3つの設問に答えましょう。

🎧 CD-39

Questions 1 through 3 refer to the following conversation.

M: I've been thinking of moving out of my apartment. I can't afford the rent. I love the area I live in, though—the subway station, the shopping mall, and my workplace. Everything I need is so close. I wonder if there's any way to find a more economical place in North Park.

W: In North Park? It's an affluent area, so finding an apartment with a lower rent wouldn't be easy. How about Garrison? It's next to North Park, just one station away. Actually, my cousin who lives in Garrison says it's a very nice area.

M: That's good to know. Can you tell me more about it?

1. What is suggested about the man's apartment?
   (A) It is close to a business school.
   (B) The apartment rent is too high.
   (C) A new security system has been installed.
   (D) There is no access to any public transportation.
   Ⓐ Ⓑ Ⓒ Ⓓ

2. What does the woman say about Garrison?
   (A) There are many shopping malls.
   (B) Most residents are well-off.
   (C) One of her relatives lives there.
   (D) It is a slightly dangerous area.
   Ⓐ Ⓑ Ⓒ Ⓓ

3. What does the man tell the woman to do?
   (A) Lower his monthly rent
   (B) Call her cousin
   (C) Introduce her landlord to him
   (D) Give him more information
   Ⓐ Ⓑ Ⓒ Ⓓ

思考回路トレーニングの解答と解説

CD-39　M:🇦🇺　W:🇬🇧

【訳】
問題1-3は次の会話に関するものです。

M: **ステージ1** アパートを移ろうかなと考えているんだ。お金に余裕がないから。**ステージ2** 今住んでる地域は気に入っているんだけどね。地下鉄の駅、ショッピングモール、勤め先―必要なものはすべてそばにあるから。North Park で、もっと値段の安い場所を探す方法はないかな。

W: North Park で？　あそこはとても裕福なところだから、安い家賃のアパートを探すのは難しいわよ。Garrison はどう？　North Park の隣でたったの1駅よ。私のいとこが Garrison に住んでいるんだけど、彼はすごくいい場所だと言っていたわ。

M: **ステージ3** いいことを教えてくれてありがとう。もっとそれについて教えてくれないかな。

語句　□move out 出る、引っ越していく　□afford【他動】〜を持つ余裕がある
□economical【形】それほどお金のかからない（=inexpensive）　□affluent【形】裕福な

正解：ステージ2：I love the area ...
　　　　ステージ3：That's good to know ...

1. 正解：(B)

男性のアパートについてどんなことが分かりますか。

(A) ビジネススクールの近くにある。
(B) アパートの家賃が高過ぎる。
(C) 新しい安全装置が備え付けられている。
(D) 公共交通機関へのアクセスがない。

語句　□close to 〜 〜に近い　□install【他動】〜を設置する（=set 〜 up）

解説　**ステージ1** は冒頭の I've been ... と述べている部分です。「家賃が高いのでアパートを移りたい」という話題を提供しています。

2. 正解：(C)

Garrison について女性は何と言っていますか。

(A) たくさんのショッピングモールがある。
(B) ほとんどの住民の暮らし向きがよい。
(C) 彼女の親戚の１人がそこに住んでいる。
(D) 少し危険な地域だ。

語句 □resident【名】住人　□well-off【形】暮らし向きのよい（＝rich）
□slightly【形】わずかに、少し

解説 **ステージ2** は住居の場所に関して、２人でお互いに情報を提供し合っています。女性の発言の最後に、Actually, my cousin who lives in Garrison says it's a very nice area とあることから、(C) が正解です。

3. 正解：(D)

男性は女性にどうするように言っていますか。

(A) 彼の月の家賃を下げる
(B) 彼女のいとこに電話する
(C) 彼女の家の大家を紹介する
(D) より多くの情報を提供する

語句 □lower【他動】〜を下げる、〜を低くする　□monthly【形】毎月の　□landlord【名】大家

解説 **ステージ3** では、女性が出した提案に満足した男性がさらなる質問をする方向で会話が進みます。Can you tell me more about it?（もっとそれについて教えてくれないかな）と頼んでいるため、(D) が正解です。

Part 3「会話問題」
Unit 2　知り合い同士の会話

「話題」「応答」「関連行動・新情報」が基本構造

知り合い同士の会話の場合、話し手が自己紹介をする必要はないため、ステージ1では通常、最初の話者がシンプルに **「話題」** を示します。その後、ステージ2では提供された話題についての **「応答」** や具体的な情報が出てきます。ステージ3では、ステージ2で出された内容を受けて未来に関しての **「行動」** や今まで出てこなかった情報などが登場します。

例題

話題→**応答**→**行動・情報** の3ステージ構造を意識しながら、設問の答えとして最も適切なものを1つずつ選びましょう。

🎧 CD-40

1. What type of company do the speakers most likely work for?

   (A) A travel agency
   (B) A supermarket chain
   (C) A beverage manufacturer
   (D) A construction company

   Ⓐ Ⓑ Ⓒ Ⓓ

2. Why was the meeting rescheduled?

   (A) The location was inconvenient.
   (B) The product sample was not ready.
   (C) An important attendee could not come.
   (D) All the meeting rooms were reserved.

   Ⓐ Ⓑ Ⓒ Ⓓ

3. What will probably be discussed in the meeting tomorrow?

   (A) The cost for delivery
   (B) The name of a product
   (C) The changes in company rules
   (D) The schedule for a business trip

   Ⓐ Ⓑ Ⓒ Ⓓ

解ける人の視点

▶聞こえてくる会話を3つに分割する
例題では ステージ1 でドリンクの試作品についての会議の話が始まります。ここでは女性が相手に疑問を投げかける形で話題が示されています。ステージ2 ではその会議が延期されたこと、その延期により女性も参加可能になることに話がつながります。ステージ3 では、新製品の反応に期待している女性の会話を受けて、男性がその商品開発の今後について述べ、会議が長くなる可能性も含ませています。

▶働く場所を尋ねる問題はキーワードを拾う
オフィスでの同僚同士の会話では会社名や働く場所など**話し手たちが分かりきっているものの名前が具体的に出てくることはまずありません**。例題ではドリンクの試作品についての話をしていることから、飲み物を作っている会社だと判断します。例題の 1. のような概要を問う設問の場合、キーワードは繰り返されることが多いです。ステージ1 の the sample of our new drink に加え、ステージ2 でも the great taste of our new sample が見つかります。

▶会話の流れを変える「ディスコースマーカー」の働きに注意する
ディスコースマーカーは会話の流れを捉える上で、大きなヒントになります。例えば、男性は最後の発言で女性に同意した後、but を使い、会議について we haven't decided the name of the drink と新しい内容を述べています。

例題の解答

CD-40 W: 🇺🇸　M: 🇦🇺

Questions 1 through 3 refer to the following conversation.

W: ステージ1 Hello, David. How was the meeting? I want to know what the reaction was to the sample of our new drink.

M: ステージ2 Oh, didn't I tell you?—the meeting was rescheduled for tomorrow morning. Ms. Applegate wasn't able to make it this morning because her flight from Atlanta was canceled. We always need her to make the important decisions.

W: I see. Actually, it's good for me. I'll be at the office the whole day tomorrow, so I can attend the meeting too. I'm eager to see their reaction to the great taste of our new sample.

M: I'm sure they'll like it. ステージ3 But, let me remind you of one important thing—we haven't decided the name of the drink yet. So, I'm expecting somebody can come up with a good one in the meeting tomorrow.

語句　□reaction【名】反応（react【自動】反応する）　□sample【名】見本、試作品
□reschedule【他動】〜の予定を変更する　□make it 間に合う、首尾よく到着する
□cancel【他動】〜を取り消す、〜を中止する　□decision【名】決定

【訳】
問題 1-3 は次の会話に関するものです。

W: こんにちは、David。会議はどうだった？　新しいドリンクの試作品の反応がどうだったか知りたいの。

M: あれ、言わなかったかな。実は、会議は明日の朝に変更になったんだ。Atlanta からのフライトがキャンセルになって、Applegate さんが今朝は間に合わなかったんだ。重要な決定をする際には彼女がいつも必要だからね。

W: そうだったの。実のところ、私にとってはいいことだわ。明日はオフィスに 1 日中いるから、私も会議に出席できるわね。新しい試作品の味のすごさにびっくりするところをぜひ見たいわ。

M: 絶対気に入ってくれると思うよ。だけど、1 つ重要なことを念押ししておくけど、まだドリンクの名前を僕らは決めていないんだよね。だから、誰かが明日の会議でいい名前を思いついてくれるといいんだけど。

1. 正解：(C)

話し手たちはどのような会社で働いていると思われますか。

(A) 旅行代理店
(B) スーパーのチェーン店
(C) 飲料品の製造会社
(D) 建設会社

2. 正解：(C)

なぜ会議は延期されたのですか。

(A) 場所が不便だった。
(B) 製品の試作品の準備ができていなかった。
(C) 重要な参加者が来られなかった。
(D) すべての会議室が予約されていた。

3. 正解：(B)

明日の会議でおそらく話されることは何ですか。

(A) 配送コスト
(B) 製品名
(C) 社則の変更
(D) 出張の予定

思考回路トレーニング

音声を聞き、次のスクリプトの①〜⑤の空所に当てはまる語句を書き込みましょう。また、ステージの区切りを入れましょう。スクリプトの構造を把握した後、もう一度音声を聞き、3つの設問に答えましょう。

CD-41

Questions 1 through 3 refer to the following conversation.

M: ① (　　　　　)(　　　　　)(　　　　　) the soccer
② (　　　　　) yesterday?　Magnus Gillberg
③ (　　　　　) five goals in one game.　It was amazing.

W: I'm not a big soccer fan, but I'm pleased with the news as well. As you know, Magnus Gillberg is appearing in the TV commercial for our new drink. I anticipate that his good ④ (　　　　　) will boost the sales of the drink.

M: I think it will. Probably we should arrange to have production increased to match the increase in orders.

W: ⑤ (　　　　　)(　　　　　)(　　　　　)
(　　　　　)(　　　　　). If the sales this week improve remarkably, I'll talk to the production manager.

1. What are the speakers mainly discussing?
   (A) A new marketing campaign
   (B) A cable TV subscription
   (C) A sport event
   (D) A travel schedule

   Ⓐ Ⓑ Ⓒ Ⓓ

2. Who is Magnus Gillberg?
   (A) A soccer player
   (B) A production manager
   (C) A sales representative
   (D) A commercial director

   Ⓐ Ⓑ Ⓒ Ⓓ

3. What does the woman suggest?
   (A) Going to a soccer game
   (B) Contacting an advertising agency
   (C) Calling a sales meeting
   (D) Looking at a situation for a while

   Ⓐ Ⓑ Ⓒ Ⓓ

思考回路トレーニングの解答と解説

CD-41　M:🇦🇺　W:🇬🇧

【訳】
問題1-3は次の会話に関するものです。

M: **ステージ1** 昨日のサッカーの試合を見た？ Magnus Gillbergが1試合で5ゴール決めたんだ。**ステージ2** すごかったよ。

W: サッカーはそれほど好きじゃないけど、その知らせを聞いて私もうれしいわ。知っての通り、Magnus Gillbergは会社の新しいドリンクのTVコマーシャルに出ているじゃない。彼の活躍が、ドリンクの売り上げを伸ばしてくれるといいんだけど。

M: 伸ばせると思うよ。たぶん、注文の増加に対応するために生産を増やすように手配した方がいいかも。

W: **ステージ3** しばらく様子を見た方がいいわ。もし、今週の売り上げが著しくよくなっていたら、生産部長に話してみるわ。

語句　□as well 〜 〜もまた（= too）　□boost【他動】〜を増加させる（= increase）
□remarkably【副】かなり、著しく

正解：① Did you see ② match ③ scored
　　　④ performance ⑤ We should wait and see
ステージ2：It was amazing.
ステージ3：We should wait and ...

1. 正解：(C)
話し手たちは主に何について話していますか。

(A) 新しい営業キャンペーン　　(B) ケーブルテレビの加入
(C) スポーツの試合　　(D) 旅行の予定

語句 □subscription【名】購読、視聴契約

解説 **ステージ1** で男性が Did you see ... という質問で話題を提示しています。match が聞き取れれば正解できます。正解の選択肢ではこれを event と言い換えていることを押さえておきましょう。

2. 正解：(A)
Magnus Gillberg は誰ですか。

(A) サッカー選手　　(B) 生産部長
(C) 販売員　　(D) コマーシャル制作責任者

解説 設問に登場している人物は必ず会話にも登場しますから、固有名詞が聞こえたら集中して聞き取りましょう。Magnus Gillberg scored five goals（5ゴールを決めた）などから、サッカー選手だと分かります。

3. 正解：(D)
女性は何を提案していますか。

(A) サッカーの試合に行くこと　　(B) 広告代理店に連絡すること
(C) 営業会議をすること　　(D) 状況をしばらく見守ること

解説 **ステージ3** の女性の発言に注目しましょう。We should wait and see.（しばらく様子を見た方がいいわ）が言い換えられています。

Part 3 「会話問題」
Unit 3　初対面の会話

ステージ1の「具体的情報」に注意

初めて会う相手と話をする場合、まずは自分の名前や立場を述べたり、状況を細かく説明したりするのが一般的な会話です。TOEIC でももちろん同様です。ステージ1〜3に分割するという基本は変わりませんが、**具体的な情報は設問の1、2問目で問われやすい**ので、聞き逃さないようにしましょう。

例題

ステージ1の具体的な情報を特に意識しながら、設問の答えとして最も適切なものを1つずつ選びましょう。

🎧 CD-42

1. Who is Mr. Kendall?
   (A) A farmer
   (B) A store manager
   (C) A chef
   (D) A researcher
   Ⓐ Ⓑ Ⓒ Ⓓ

2. What does the man need help with?
   (A) Deciding on a date
   (B) Checking on an item
   (C) Filling out a form
   (D) Putting away dishes
   Ⓐ Ⓑ Ⓒ Ⓓ

3. What does the woman ask for?
   (A) A glass of water
   (B) The man's name
   (C) A writing instrument
   (D) The date of a purchase
   Ⓐ Ⓑ Ⓒ Ⓓ

解ける人の視点

▶聞こえてくる会話を3つのステージに分割する

例題では ステージ1 で男性が自分の名前・立場を名乗り、メニューについて考えを聞きたい、と話題が示されています。ステージ2 では客である女性が男性の頼みに同意し、男性が頼みの具体的な内容に話を展開しました。ここまでを受けてステージ3 では、女性が試作品のケーキを食べる前に感想を述べる準備がしたいと水を依頼しています。

▶サービスの提供者で始まる会話は名前・立場を名乗ることが多い

Part 3 の初対面同士の会話には、店員と客というシチュエーションが頻繁に登場します。サービスの提供者側が利用者に声を掛ける場合、まずは名前や立場をステージ1 ではっきりと名乗ることが多いと考えましょう。逆に、客からスタッフに話しかけているときには、名乗らずにすぐに話題に入ることが多いと言えます。

▶ステージ1の聞き取りが会話全体の理解に最も大事

例題の **2.** と **3.** の具体的なヒントは、設問文が What does the woman ... で始まっていることから分かる通り、女性の発言にあります。しかしながら、会話全体の話題を ステージ1 で押さえておかないと、女性が何について excellent、good などの感想を述べているのかが分かりません。**冒頭部分には特に注意して聞く**ように心掛けましょう。

例題の解答

CD-42 M: 🇦🇺 W: 🇺🇸

Questions 1 through 3 refer to the following conversation.

M: <u>ステージ1</u> Excuse me, ma'am. My name is Fred Kendall, <u>chef at Farmer's Kitchen.</u> Would you mind if I asked your opinion about our menu?

W: <u>ステージ2</u> No, not at all. Today's special was excellent, by the way.

M: I'm glad to hear that. **Well**, <u>what I'd like to ask you is to try this item</u>, which I've named "American Brownie," and **later on**, tell me your honest opinion about it. I'm thinking of adding it to our menu. Would that be OK with you?

W: <u>ステージ3</u> I'd be happy to. I have a sweet tooth for chocolate cake. **But**, **before that**, <u>could you bring me a glass of water?</u> I've got to have my mouth ready to make a fair judgment.

語句 □ma'am（女性への呼び掛けで）すみません　□opinion【名】考え

【訳】

問題1-3は次の会話に関するものです。

M: すみません、お客さま。私はFarmer's KitchenのシェフのFred Kendallです。よろしければ、私どものメニューについてのご意見を伺わせていただけないでしょうか。

W: ええ、構いません。そういえば、今日の特別料理は素晴らしかったですよ。

M: それを聞いて非常に光栄です。さて、お願いしたいことはこちらの商品、「アメリカン・ブラウニー」と名付けたものですが、試食して、その後、率直な感想を述べていただけないでしょうか。私たちのメニューに加えようかと思っているんです。よろしいでしょうか。

W: もちろん、喜んで試食します。チョコレートケーキは大好きなんですよ。でもその前にお水を1杯持ってきてくれないかしら。正しい判断を下すには口が準備できていないと。

1. 正解：(C)

Kendall さんとは誰ですか。

(A) 農家の人
(B) 店長
(C) シェフ
(D) 研究員

2. 正解：(B)

男性は何についての助けが必要なのですか。

(A) 日程を決めること
(B) 品物をチェックすること
(C) 用紙を記入すること
(D) 料理を片付けること

語句 □decide on 〜 〜を決める　□check on 〜 〜を確認する　□fill 〜 out 〜を記入する
□put 〜 away 〜を片付ける

3. 正解：(A)

女性は何を要求していますか。

(A) コップ1杯の水
(B) 男性の名前
(C) 筆記用具
(D) 購入日

語句 □instrument【名】道具、器具　□purchase【名】購入

Part 3「会話問題」
Unit 4　電話の会話

「名前・用件」「話し合い」「未来の行動」が基本構造

電話での会話の基本パターンは日本語と同じと考えましょう。一般的に、まずは**名前を名乗った上で用件を述べます**。これがステージ1です。その後、用件についての**具体的な話し合い**が行われるステージ2に移ります。最後のステージ3では、話し合いで出た結論を基に、**何らかの約束や注意喚起**をするなど、未来の行動につながる言及があります。

例題

名前・用件→**話し合い**→**未来の行動**の3ステージを意識しながら、設問の答えとして最も適切なものを1つずつ選びましょう。

🎧 CD-43

1. Why is the man calling the woman?
   (A) To schedule a job interview
   (B) To offer a promotion
   (C) To deliver some packages
   (D) To conduct some market research

   Ⓐ Ⓑ Ⓒ Ⓓ

2. What is the woman planning to do Wednesday afternoon?
   (A) Meet with a client
   (B) Speak with a teacher
   (C) Stop by an office
   (D) Conduct an interview

   Ⓐ Ⓑ Ⓒ Ⓓ

3. What does the man offer to do?
   (A) Send some forms
   (B) Change a project due date
   (C) Return a phone call
   (D) E-mail his address

   Ⓐ Ⓑ Ⓒ Ⓓ

101

解ける人の視点

▶名前・用件の部分は、電話特有の決まり文句をヒントにする
名前を名乗るときは、This is ... / I am ... から始まるのが普通で、その後に会社名・役職などが続きます。Who is the man/woman? という設問の場合、ここの内容が答えです。用件は、I'm calling to ＋動詞の原形 [because S ＋ V ...] などの形で表現されることが多いと覚えておきましょう。例題の **1.** のように Why is the man/woman calling? と目的・理由を聞く設問で問われます。

▶ディスコースマーカーの働きに注意
例題の **2.** を解くためには、**ディスコースマーカーに注意しながら話の展開を押さえましょう**。well で始め、actually から「水曜日には面接できない」という本題を告げていますね。

▶会話の最後に来る未来の表現に注意
聞き漏らさないよう注意が必要なのは、会話終了後の未来の行動を聞いている **3.** のような設問です。What will the man/woman probably do next? などの設問文で問われることが多いので、覚えておきましょう。このタイプの場合、話者の発言のうち、I'll ～, I'm going to ～, Please ～, Don't forget to ～などの**未来につながる意味を持つ表現の後に答えがきます**。例題では Let me ... という表現がヒントでした。

▶言い換え表現に注意
会話で聞こえてきた表現がそのまま選択肢になることもありますが、多くの場合は別の語句で言い換えられていることにも注意しましょう。例題の **3.** では、会話中の get back to を return a phone call としていました。さまざまな表現に柔軟に対応できるようになりましょう。

例題の解答

🎧 CD-43　W: 🇺🇸　M: 🇨🇦

Questions 1 through 3 refer to the following conversation.

W: ステージ1　Hello. This is Miriam Wentworth speaking.

M: Hi, Ms. Wentworth. I'm Larry Kutcher, KS Technology's personnel manager. Thank you for applying for a position at our company. We've read your résumé and are very impressed. So, I'm wondering if you could come to our office on Wednesday afternoon for an interview.

W: ステージ2　Well, I'm very interested in the position, but actually, I'm scheduled to meet up with my daughter's homeroom teacher at the time you've mentioned. Would it be possible for me to come down in the morning on the same day?

M: ステージ3　I think that will work. But, just in case, let me check my schedule with my assistant first and get back to you.

語句　□ apply for ～ ～に申し込む　□ position【名】職　□ résumé【名】履歴書
□ impress【他動】～に印象付ける　□ just in case 念のために
□ get back to ～ ～に折り返し電話する

【訳】
問題 1-3 は次の会話に関するものです。

W: もしもし、Miriam Wentworth です。

M: こんにちは、Wentworth さん。私は Larry Kutcher、KS Technology の人事部長です。弊社の求人に応募いただきありがとうございます。あなたの履歴書を拝見しまして、とても感心いたしました。つきましては、水曜の午後に面接に来ていただけたらと思っているのですが。

W: ええと、その職にはとても興味があるんですが、実は今おっしゃった時間は娘の担任の先生と会うことになっているんです。同じ日の朝に伺うことは可能でしょうか。

M: たぶん、大丈夫だと思います。ただ、念のために、アシスタントにスケジュールを確認して、折り返しお電話させてください。

1. 正解：(A)

なぜ男性は電話しているのですか。

(A) 就職の面接の予定を決めるため
(B) 昇進を申し入れるため
(C) 荷物を配達するため
(D) 市場調査を行うため

語句 □schedule【他動】〜の予定を決める　□offer【他動】〜を提供する
□conduct【他動】〜を行う　□market【形】市場の

2. 正解：(B)

女性は水曜日の午後何をする予定ですか。

(A) 顧客に合う
(B) 先生と話をする
(C) オフィスに立ち寄る
(D) 面接を受ける

3. 正解：(C)

男性は何を申し出ていますか。

(A) 書類を送る
(B) プロジェクトの締め切り日を変える
(C) 折り返し電話する
(D) 自分の住所をメールで送る

語句　□due date 締め切り日（＝dead line）

おまかせ！文法メンテナンス
Part 3 句動詞

＜動詞＋副詞／前置詞（on, off, in, out など）＞が、1つの動詞としての働きをする句動詞は、話し言葉でよく使われ、TOEIC にも出題されます。

▍動詞＋副詞
● 全体で自動詞の働きをする → 後ろに名詞（句）をつなぐ場合は前置詞が必要
- move out　　　出ていく（＝ leave）、引っ越す＜＋ to ＞
- sign up　　　　申し込む、登録する（＝ register）＜＋ for ＞
- run out　　　　使い果たす（＝ be used up）、なくなる＜＋ of ＞
- come out　　　（〜の状態で）現れる、出る＜＋副詞＞

● 全体で他動詞の働きをする → 目的語が代名詞のときは必ず「〜」の位置
　例：○ turn off the lights / turn the lights off / turn them off
　　　× turn off them
- figure 〜 out　　〜を理解する（＝ understand）
- put 〜 together　〜を作り上げる（＝ assemble）
- set 〜 up　　　　〜を設立する（＝ establish）、〜を設定［調整］する（＝ arrange）
- pass 〜 out　　　〜を配る（＝ distribute）
- draw 〜 up　　　〜（計画）を立案する、〜（文書）を作成する（＝ draft）
- open 〜 up　　　〜（口座・事務所など）を開く
- fill 〜 out　　　　〜を記入する、〜を書き込む（＝ complete）
- look 〜 over　　　〜に目を通す（＝ examine）
- point 〜 out　　　〜を指摘する（＝ indicate）
- *pick 〜 up　　　〜を拾う、〜を受け取る、〜を迎えに行く
　*「ピックアップする」は和製英語。「選ぶ（choose）」ときは、pick 〜 out。

▍動詞＋前置詞
● look at 〜（〜を見る）などのように目的語の位置は固定
- count on 〜　　　〜をあてにする
- lead to 〜　　　　〜に通じる、〜につながる

思考回路トレーニング

音声を聞き、次のスクリプトにステージの区切りを入れましょう。スクリプトの構造を把握した後、もう一度音声を聞き、3つの設問に答えましょう。

CD-44

Questions 1 through 3 refer to the following conversation.

W: Hello, Bos Dental Clinic.　Esme Valkenburg speaking.

M: Good morning, Esme.　This is Dirk Hess.　I'm calling to reschedule my dental treatment.　I've been transferred to New Zealand next month and won't be coming back for a few years.　I know it's such short notice, but I'd like everything to be done before leaving Maastricht.

W: I see. In that case, I believe Dr. Bos will adjust his schedule.　But, I can't tell you for sure.　I'll have to check with him first.　Can I call you back on your cell?　It won't take too long.

M: Absolutely, but I'd rather receive your call at my workplace.　The number is 043-555-1267.

1. Where most likely does the woman work?

(A) At a travel agency
(B) At a radio station
(C) At a dental office
(D) At an employment agency

Ⓐ Ⓑ Ⓒ Ⓓ

2. What is the man planning to do next month?

(A) Return to Maastricht
(B) Have surgery on his back
(C) Relocate to another country
(D) Take some clients out to eat

Ⓐ Ⓑ Ⓒ Ⓓ

3. What most likely will the woman do next?

(A) Find some contact information
(B) Speak to her boss
(C) Outline a business plan
(D) Put up a warning notice

Ⓐ Ⓑ Ⓒ Ⓓ

思考回路トレーニングの解答と解説

🎧 CD-44　W：🇬🇧　M：🇦🇺

【訳】
問題 1-3 は次の会話に関するものです。

W: ステージ1 はい、Bos 歯科です。Esme Valkenburg がお電話を承っております。
M: おはようございます、Esme さん。Dirk Hess です。歯の治療の予定を変更したくて電話しました。ステージ2 来月からニュージーランドへ転勤することになって、数年は戻ってこないのです。いきなりのことだとは分かっているんですけど、Maastricht を出発する前には、すべてを済ませておきたいんです。
W: 分かりました。そういう事情なら、Bos 先生もスケジュールを調整してくれると思います。ステージ3 でも、私の方で確かなことは言えないので、まず先生に確認しないといけません。携帯の方に折り返しお電話を差し上げてよろしいですか。時間はそれほどかかりません。
M: もちろんです。ただ、できれば、私の勤務先にお電話をいただけないでしょうか。番号は 043-555-1267 です。

語句　□be transferred to 〜 〜に転勤になる　□such short notice 急なお願い、突然の知らせ　□cell 携帯電話（＝cellphone）

正解：　ステージ2：I have been transferred to ...
　　　　　ステージ3：But, I can't tell you ...

1. 正解：(C)
女性はおそらくどこで働いていますか。
(A) 旅行代理店で
(B) ラジオ局で
(C) 歯科医院で
(D) 人材紹介会社で

解説　ステージ1 で最初に女性が Bos Dental Clinic とはっきり言っています。よって (C) の dental office が正解。その他は会話に登場しません。

107

2. 正解：(C)

来月男性は何をする予定ですか。

(A) Maastricht に戻る
(B) 腰の手術を受ける
(C) 外国に転居する
(D) 顧客を連れて食事に行く

語句 □relocate【他動】〜の場所を移す、〜を引っ越す

解説 男性が電話の目的を述べた後、I have been transferred to New Zealand next month. と言っています。「ニュージーランドに転勤する」を言い換えた (C) が正解です。

3. 正解：(B)

女性は次に何をすると思われますか。

(A) 連絡先を見つける
(B) 上司に相談する
(C) プランの概要を説明する
(D) 警告を掲示する

語句 □outline【他動】〜の概要を説明する　□put up a notice お知らせを掲示する（＝post a notice）

解説 会話の女性の発言、I have to check with him first の talk to が選択肢では speak to と言い換えられています。

Part 3 「会話問題」
Unit 5　ターンの多い会話

会話の基本構造を押さえ、人間関係を整理

新形式になって2人の話者によるA→B→A→B、A→B→Aという形だけでなく、もっと**ターン（やり取り）の数が多い**もの、あるいは**登場人物が3人に増える**会話も加わりました。しかし「話題の提供」→「話題の展開」→「話題の終了」という会話の基本構造はターンや話者が増えても、変わりません。ただ、3人の会話においては、解答をする上で混乱がないように、人間関係を整理しながら聞く必要があります。

例題

会話の構造と人間関係を意識しながら、設問の答えとして最も適切なものを1つずつ選びましょう。

🎧 CD-45

1. Where most likely is the conversation taking place?
   (A) In an office
   (B) At an electronics store
   (C) In a hotel lobby
   (D) At a career fair

   Ⓐ Ⓑ Ⓒ Ⓓ

2. What is Mr. Park doing?
   (A) Giving out employee ID badges
   (B) Installing some computer software
   (C) Rescheduling an appointment
   (D) Assisting a new employee

   Ⓐ Ⓑ Ⓒ Ⓓ

3. What does Mr. Jenkins suggest about his company?
   (A) It only hires employees with industry experience.
   (B) It is an electronics manufacturer.
   (C) It will merge with Geneva Instruments.
   (D) It is a prestigious company.

   Ⓐ Ⓑ Ⓒ Ⓓ

解ける人の視点

▶「提供」→「展開」→「終了」の基本構造は同じ

例題の **1.** では会話が行われている場所が問われています。話題が提供される **ステージ1** で、場所を特定できるキーワードを探すことになります。最初に男性が女性に Here are your desk, computer, and company cell phone. と話し掛けていることから、オフィスが最も適切と推測できます。会話中の単語や特定のフレーズ、あるいは何となくの雰囲気で判断すると、どの選択肢にも結び付きそうですが、**会話の全体像を意識**して聞き取れば正解できるはずです。

▶人間関係に注意して聞く

ステージ1 では Park さんが Maruyama さんに次々と指示を出しているのが分かります。**ステージ2** になると、Park さんは Jenkins さんという別の男性を Maruyama さんに直属の上司として紹介する流れに展開します。**登場する人物の名前や役職に注意**しましょう。

▶展開の中でキーワードを常に押さえる

ステージ2 では、Mr. Park からの紹介を受けて、会話の中心が Ms. Maruyama と Mr. Jenkins に移ります。**ステージ3** では Mr. Jenkins が前職について尋ねています。consumer electronics を作っている会社だったと Ms. Maruyama が答え、それに対して we are in the same industry. と反応しているので、この会社も electronics の会社と分かります。これが例題 **3.** の答えになります。

例題の解答

CD-45 M1:🇺🇸 W:🇬🇧 M2:🇦🇺

Questions 1 through 3 refer to the following conversation with three speakers.

M1: ステージ1 Okay, Ms. Maruyama. Here are your desk, computer, and company cell phone. And your phone number and e-mail ID and temporary password are printed on this sheet.

W : Thank you, Mr. Park.

M1: Well, I think that covers everything. All that's left is for you to meet your supervisor, Mr. Jenkins. You'll be reporting to him from today. ステージ2 Mr. Jenkins, this is Ms. Maruyama.

M2: Nice to meet you. I'm Brian Jenkins.

W : Nice to meet you, too. My name is Satomi Maruyama.

M2: Feel free to ask me questions at any time. ステージ3 By the way, what did you do before starting here?

W : I was in sales at Geneva Instruments. They make consumer electronics.

M2: That's great. Your experience there will be helpful since we are in the same industry.

語句 □temporary【形】一時的な　□cover【他動】〜を扱う
□supervisor【名】上司　□report to 〜　〜の下で働く
□consumer electronics 家庭用電化製品　□industry【名】産業

【訳】
問題 1-3 は 3 人の話し手による次の会話に関するものです。
M1：それでは、Maruyama さん。これがあなたの机、コンピューター、業務用の携帯です。電話番号とメール ID と仮のパスワードはこの紙にあります。
W ：ありがとうございます、Park さん。
M1：おそらく、それで全部だと思います。あとは上司の Jenkins さんと顔合わせをするだけです。あなたは今日から、彼の下で働くことになります。Jenkins さん、こちらが Maruyama さんです。
M2：初めまして。Brian Jenkins です。

W ：初めまして。Satomi Maruyama と言います。
M2：分からないことがあったら何でも聞いてください。ところで、うちに来る前は何をしていたのですか。
W ：Geneva Instruments で営業をしていました。家電を製造する会社です。
M2：それは素晴らしい。私たちは同じ業界にいるわけですから、その経験は役に立ちます。

1. 正解：(A)
この会話はどこで行われていると思われますか。

(A) オフィス
(B) 電器店
(C) ホテルのロビー
(D) 求職求人フェア

語句 □career fair 就職フェア

2. 正解：(D)
Park さんは何をしているところですか。

(A) 従業員 ID バッジを配っている
(B) いくつかのコンピューターソフトをインストールしている
(C) 予約を再調整している
(D) 新しい従業員を助けている

語句 □give 〜 out 〜を配る（＝distribute）　□assist【他動】〜を援助する

3. 正解：(B)
Jenkins さんは彼の会社について何を示唆していますか。

(A) 業界の経験がある従業員だけを雇う。
(B) 電子機器メーカーである。
(C) Geneva Instruments と合併する予定である。
(D) 一流企業である。

語句 □industry【名】産業　□merge with〜 〜と合併する　□prestigious【形】名高い

Part 3「会話問題」
Unit 6　文脈における意図を問う問題

表面的な意味ではなく、文脈を意識

新形式導入による変更の中でも、文脈における意図を問う問題（Meaning in context）を苦手としている人が多いようです。実際には、これまでと同じく、**会話の構造を押さえる聞き取り**ができていればそれほど攻略は難しくありません。

例題

会話の構造を意識しながら、設問の答えとして最も適切なものを1つずつ選びましょう。

🎧 CD-46

1. What will the man do next month?

   (A) Get back from a vacation
   (B) Attend a conference
   (C) Leave his current workplace
   (D) Participate in a sporting event

   Ⓐ Ⓑ Ⓒ Ⓓ

2. Why does the woman recommend the Phoenix Tower Hotel?

   (A) It is conveniently located.
   (B) Her friend is the owner.
   (C) She has a discount coupon.
   (D) The price is reasonable.

   Ⓐ Ⓑ Ⓒ Ⓓ

3. What does the woman mean when she says, "that won't be an issue"?

   (A) The hotel will satisfy the man's needs.
   (B) She does not expect to make an argument.
   (C) An article will not appear in a magazine.
   (D) A coworker will help her with her problem.

   Ⓐ Ⓑ Ⓒ Ⓓ

解ける人の視点

▶ステージ1は会話のテーマ、ステージ2で詳細情報が登場
新形式の問題が加わっても、会話の基本構成は同じ。例題の **1.** は ステージ1 の I'll be going to New York next month to attend a conference. から正解が判断できます。ニューヨークに会議で行く予定の男性が、女性に宿泊場所について尋ねています。続いて ステージ2 になると、女性が以前に泊まったホテルについて詳細な説明を続けています。

▶ステージ3で会話を終える代わりに、新たな質問をすることもある
ステージ3 では、それまでの話題については収束に向かうことが多いですが、例題のように「食事はどうすればいいか」など、**新たな話題が展開することもある**と覚えておきましょう。

▶知識ではなく文脈で解く、単語の表面上の意味から判断しない
例題の **3.** は新形式の、「ある表現の会話中での意味を問う問題」でした。ここで登場する表現は口語英語の慣用表現の場合もありますが、必ずしもそういった表現を知らないと解けないわけではありません。例題では、男性が食事の心配をしているのに対して、女性がホテルにフードコートがあると1つの解決策を示しているので、その文脈に合致するものを選びましょう。また、**トークで出てくるのと同じ単語が使われる選択肢がある場合でも、文脈と関係がなければ選べません**。会話の内容を無視して**表面上の意味から推測できそうな内容の選択肢は、まず不正解**と考えてよいでしょう。

例題の解答

CD-46 M: 🇨🇦 W: 🇬🇧

Questions 1 through 3 refer to the following conversation.

M: **ステージ1** I'll be going to New York next month to attend a conference. You went there last year, **right**? I was wondering where you stayed. **ステージ2** **You know**, I heard everything is pretty expensive there ...

W: I stayed at the Phoenix Tower Hotel. It's quite reasonable, and the service and amenities are fantastic—there's a gym with a sauna, and the concierge is super helpful.

M: **ステージ3** That sounds great. I'm also concerned about where to eat. I won't have much free time. **On top of that**, my budget for meals is pretty limited. I'll probably just buy something to eat in my room.

W: **Oh**, that won't be an issue, if you stay at the Phoenix Tower Hotel. There's an inexpensive food court in the basement of the building.

語句 □reasonable【形】値段が手ごろな　□amenities【名】客室設備
□concierge【名】コンシェルジュ、ホテルの接客係　□budget【名】予算
□limited【形】(お金などが)あまりない　□basement【名】地下

【訳】
問題 1-3 は次の会話に関するものです。
M: 来月、会議に出席するためにニューヨークに行くんだ。去年、君はそこに行ったんだよね。どこに泊まったのか知りたいんだ。だって、ニューヨークではすべてがものすごく高いっていうから。
W: 私は Phoenix Tower Hotel に泊まったの。料金は手ごろだし、サービスや客室設備が素晴らしいの。サウナ付きのジムはあるし、コンシェルジュはすごく頼りになるわ。
M: それはよさそうだね。ついでに、どこで食事を取ろうか考えているんだ。空き時間はそんなにないし、それに、食事のための予算もすごく限られているんだ。たぶん、何かを買って部屋で食べようかな。
W: ああ、Phoenix Tower Hotel に泊まるなら、それは問題にはならないわ。ホテルの地下に安いフードコードがあるの。

115

1. 正解：(B)

男性は来月何をしますか。

(A) 休暇から戻る
(B) 会議に出席する
(C) 現在の職場を辞める
(D) スポーツのイベントに参加する

2. 正解：(D)

女性はなぜ Phoenix Tower Hotel を勧めていますか。

(A) 便利な立地にあるから。
(B) 友達が経営しているから。
(C) 割引券を持っているから。
(D) 値段が手ごろだから。

3. 正解：(A)

女性が "that won't be an issue" と言う際、何を意図していますか。

(A) ホテルが男性のニーズを満たしてくれる。
(B) 議論をするつもりはない。
(C) ある記事が雑誌に掲載されない。
(D) 同僚が彼女の悩みの解決を手伝ってくれる。

語句 □satisfy needs ニーズを満たす　□make an argument 議論する（＝argue）

Part 3 「会話問題」
Unit 7　グラフィック問題

「見る」と「聞く」の同時進行に慣れる

表・地図・グラフ・レシートなどの情報を聞きながら解くグラフィック問題も、会話の構造自体は今までと変わりません。しかし、**聞きながら同時に見て解く**ことを要求されるため、慣れないとなかなか正答を選べない、あるいは**この問題に気をとられて他の2つの設問の答えのヒントを聞き逃すことがある**ので練習が必要です。

例題

3問の流れに注意しながら、設問の答えとして最も適切なものを1つずつ選びましょう。

🎧 CD-47

4th Floor	Furniture
3rd Floor	Housewares
2nd Floor	Home appliances
1st Floor	Clothing

1. What did the man recently do?

    (A) He read a cookbook.
    (B) He broke a kitchen utensil.
    (C) He bought a new oven.
    (D) He moved to a new apartment.

    Ⓐ Ⓑ Ⓒ Ⓓ

2. What does the woman recommend?

    (A) Waiting for the elevator
    (B) Opening a store credit card
    (C) Having an appliance repaired
    (D) Comparing several different products

    Ⓐ Ⓑ Ⓒ Ⓓ

3. Look at the graphic. Where will the man most likely go next?

    (A) The first floor
    (B) The second floor
    (C) The third floor
    (D) The fourth floor

    Ⓐ Ⓑ Ⓒ Ⓓ

解ける人の視点

▶ステージ1では話題が提供される
ステージ1 で話題の提供が行われるというのはどんなトークでも変わりません。例題では、「オーブンでパンを焼きたいが、器具がないので買いに来た」という内容です。例題の **1.** ではトークの I just moved into a new apartment とほぼ同じ内容が選択肢 (D) にあります。

▶話題についての細かい情報のやり取りを正確に聞き取る
ステージ2 では話題についての細かいやり取りが行われます。例題 **2.** では「女性が勧めていること」が問われていました。会話中の we carry a full range of mixers から判断すると間違った選択肢を選んでしまいそうですが、**会話の中で述べられていないことは選ばない**、という解答方針は変わりません

▶言い換えに注意する
グラフィック問題は、音声と視覚の情報を総合して確認しないと正解できないようになっています。例題 **3.** がこのタイプです。男性がどこに行くのかが問われていましたが、**具体的な階の名前や、図に記載されている語は聞こえてきません**。ここでは、mixer（ミキサー）が home appliance に相当することから、会話が2階で行われていることをまず推測します。その上で、男性の「ミキサーはあるので必要ない。ボウルや泡立て器、フライ返しなどの調理器具はあるか」という質問と、それに対する女性の「ミキサー売り場の1つ上の階にある」という答えに注目します。男性は最後に「そちらに行ってみます」と答えていることから、正解が分かります。

例題の解答

CD-47 W: 🇬🇧 M: 🇺🇸

Questions 1 through 3 refer to the following conversation and sign.

W: ステージ1 Welcome to Harper's. Can I help you find anything?

M: Yes. I just moved into a new apartment with a big oven, so I'd like to try baking, but I realized that I need some equipment. Do you have things like that?

W: ステージ2 **Well**, we carry a full range of mixers. **And**, if you open a store charge account today you can get 15% discount.

M: I see. **Actually**, a mixer is the one thing I do have. Do you have cooking utensils like bowls, whisks and spatulas?

W: We sure do. They're one floor up from the mixers.

M: ステージ3 That's what I need. Thanks. I'll head there now.

語句
□houseware【名】家庭用品　□home appliance 家庭用電化製品
□compare【他動】～を比較する　□baking【名】パン(菓子)作り
□a full range of たくさんの　□utensil【名】道具、器具　□bowl【名】ボウル
□whisk【名】泡立て器　□spatula【名】ゴムべら　□head【自動】向かう

【訳】
問題 1-3 は次の会話と表示に関するものです。

W: Harper's にようこそ。何かお探しですか。

M: はい。最近、オーブン付きの新しいアパートに引っ越したので、パンやお菓子を作ってみようと思っているのですが、器具が必要なことに気付きました。そういうものは置いていますか。

W: そうですね、ミキサーは種類がたくさんございます。もし、当店のカードを本日お作りいただければ、15 パーセントの割引が受けられますよ。

M: そうですか。実は、ミキサーだけは持っているんです。ボウルや泡立て器、ゴムべらといった調理器具はありますか。

W: ございます。それらの商品はミキサーの１つ上の階です。

M: それが知りたかったんです。ありがとうございます。そちらに行ってみます。

4階	家具
3階	家庭用品
2階	家庭用電化製品
1階	衣料品

1. 正解：(D)
男性は最近何をしましたか。

(A) 料理本を読んだ。
(B) 料理器具を壊した。
(C) 新しいオーブンを買った。
(D) 新しいアパートに引っ越した。

語句 □kitchen utensil 調理器具

2. 正解：(B)
女性は何を勧めていますか。

(A) エレベーターが来るのを待つ
(B) 店のクレジットカードを作る
(C) 電化製品を修理してもらう
(D) いくつかの異なる商品を比較する

3. 正解：(C)
図を見てください。男性は次にどこへ行くと思われますか。

(A) 1階
(B) 2階
(C) 3階
(D) 4階

思考回路トレーニング

図を見ながら短い会話を聞き、その後に続く問題の答えを (A) 〜 (D) から 1 つ選びましょう。

CD-48

11:00 A.M.	Rock Music Performance
1:00 P.M.	Magic Show
6:00 P.M.	Fireworks Display
8:00 P.M.	Opera

1. What event will the woman most likely attend?

   (A) A musical performance
   (B) A magic show
   (C) A fireworks display
   (D) An opera   Ⓐ Ⓑ Ⓒ Ⓓ

CD-49

Sales

- America: 約 400
- Africa: 約 900
- Asia: 約 500
- Europe: 約 600

2. What region does the man recommend focusing on?

   (A) America
   (B) Africa
   (C) Asia
   (D) Europe   Ⓐ Ⓑ Ⓒ Ⓓ

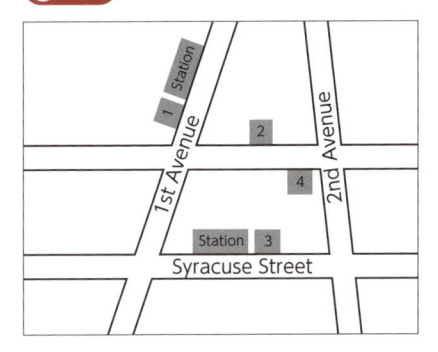

CD-50

3. Where will the woman most likely open an office?

   (A) Building 1
   (B) Building 2
   (C) Building 3
   (D) Building 4   Ⓐ Ⓑ Ⓒ Ⓓ

121

思考回路トレーニングの解答と解説

1. 正解：(D) CD-48   M: 🇦🇺   W: 🇬🇧

M: There are so many events this Sunday. Are you going to go to any of them?

W: Unfortunately, I have to work that day. Therefore, I can't make it for most of them, but I will probably go to the event starting at eight.

【訳】
M: 日曜日にたくさんイベントがあるね。どれかに行く予定はあるの？
W: 残念だけど、その日は仕事なの。だから、ほとんどのイベントには行けないけれど、8時から始まるのにだけはたぶん行くと思うな。

午前11時	ロックの演奏
午後1時	手品ショー
午後6時	花火の打ち上げ
午後8時	オペラ

語句 □unfortunately【副】不運なことに

女性はおそらくどのイベントに行きますか。

(A) 音楽の演奏　　　　　(B) 手品ショー
(C) 花火の打ち上げ　　　(D) オペラ

解説 女性が最後に I will probably go to the event starting at eight. と言っている。図を見ると、8:00 P.M. の横にあるのは Opera のため、これが正解。

2. 正解：(D) 　CD-49　W: 🇬🇧　M: 🇨🇦

W: Is there any way we can improve our sales?

M: Yeah, we should focus on one particular region. It's probably better to ignore the two regions with the lowest sales numbers. Also, we don't have to worry about the region with the best results. However, if we execute a new sales campaign, I'm sure we could improve our sales in the region that is currently second best.

【訳】
W: 売り上げを増やす方法はないかしら？

M: あるよ。1つの地域に集中するんだ。売り上げの悪い2つの地域は無視した方がいいだろう。それに、売り上げが一番いい地域も心配しなくていいよ。ただ、新しい営業キャンペーンを実施すれば、今2番目にいる地域の売り上げがよくなるんじゃないかな。

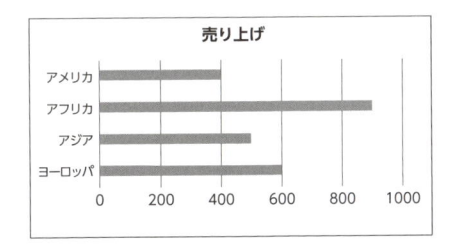

売り上げ

地域	売り上げ
アメリカ	約400
アフリカ	約900
アジア	約500
ヨーロッパ	約600

語句 □region【名】地域　□execute a campaign キャンペーンを行う（＝run a campaign）

男性はどの地域に男性は集中することを勧めていますか。

(A) アメリカ　　　　(B) アフリカ
(C) アジア　　　　　(D) ヨーロッパ

解説　男性は発話の最後で we could improve our sales in the region that is currently second best. と述べている。グラフ中で2番目に成績がいいのは Europe で、正解は (D)。

3. 正解：(C) CD-50 M:🇺🇸 W:🇬🇧

M: Have you found a good place to rent?

W: Yes, I've found an ideal place. It's on Syracuse Street, right next to the station. And the rent is quite reasonable considering the convenient location.

【訳】
M: いい貸し物件は見つかった？
W: ええ、理想の場所を見つけたわ。Syracuse 通りにあって、駅のすぐ隣なの。便利な場所だということを考えると、すごくお得な物件だと思うな。

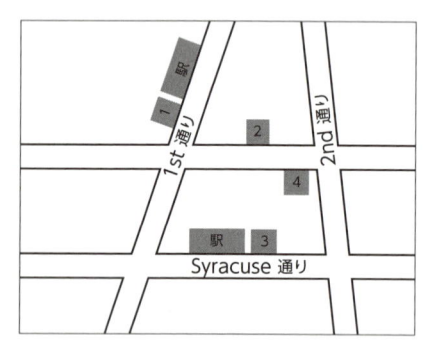

語句 □ideal【形】理想的な

女性はおそらくどこに事務所を開きますか。

(A) 1 ビル
(B) 2 ビル
(C) 3 ビル
(D) 4 ビル

解説 女性は It's on Syracuse Street, right next to the station. と言っている。地図の中で Syracuse Street にあり、駅のすぐ隣にあるのは 3 であり、これが正解。

Part 3「会話問題」

模擬問題にチャレンジ

おまかせ！演習問題

CD-51~58

音声を聞き、設問の答えとして最も適切なものを (A) ～ (D) の中から選んで解答欄にマークしてください。

1. What problem does the woman mention?

   (A) She will be out of town.
   (B) She cannot register for a workshop.
   (C) A speaker is not available.
   (D) A computer is malfunctioning.

   Ⓐ Ⓑ Ⓒ Ⓓ

2. What solution does the woman suggest?

   (A) Putting off a workshop
   (B) Changing a location
   (C) Finding a replacement
   (D) Posting a video online

   Ⓐ Ⓑ Ⓒ Ⓓ

3. What does the man say he will do?

   (A) Reserve a meeting room
   (B) Ask for some equipment
   (C) Have a projector fixed
   (D) Consult with a manager

   Ⓐ Ⓑ Ⓒ Ⓓ

4. Who most likely is the woman?

   (A) A sales representative
   (B) A restaurant owner
   (C) A delivery person
   (D) A business consultant

   Ⓐ Ⓑ Ⓒ Ⓓ

5. Why is the woman dissatisfied?

   (A) A wrong item has been delivered.
   (B) A schedule was changed without notice.
   (C) The same problem occurred in the past.
   (D) She found the man's response unprofessional.

   Ⓐ Ⓑ Ⓒ Ⓓ

6. What does the man offer to do?

   (A) Send alternative items
   (B) Issue a discount coupon
   (C) Give the woman a refund
   (D) Send out a technician

   Ⓐ Ⓑ Ⓒ Ⓓ

7. What is the conversation mainly about?
   (A) Canceling a reservation
   (B) Holding a conference
   (C) Scheduling an appointment
   (D) Reporting a result
   Ⓐ Ⓑ Ⓒ Ⓓ

8. When does Agatha start her work on Saturday?
   (A) At 11:00 A.M.
   (B) At 11:30 A.M.
   (C) At 12:00 P.M.
   (D) At 12:30 P.M.
   Ⓐ Ⓑ Ⓒ Ⓓ

9. What will happen Sunday afternoon?
   (A) Agatha will start working.
   (B) Agatha is not available.
   (C) Ms. Agee will get a haircut.
   (D) Ms. Agee will attend a conference.
   Ⓐ Ⓑ Ⓒ Ⓓ

10. Where are the speakers?
    (A) At a post office
    (B) In a restaurant
    (C) In a grocery store
    (D) In a building
    Ⓐ Ⓑ Ⓒ Ⓓ

11. What is the problem?
    (A) The man's camera is broken.
    (B) A store is too crowded.
    (C) A store has closed its business.
    (D) The man does not have a map.
    Ⓐ Ⓑ Ⓒ Ⓓ

12. What does the woman recommend that the man do?
    (A) Have lunch with her
    (B) Move up to the tenth floor
    (C) Purchase a new camera
    (D) Go to another store
    Ⓐ Ⓑ Ⓒ Ⓓ

13. What are the speakers mainly discussing?

(A) A budget proposal
(B) A business trip
(C) A training workshop
(D) A city tour

Ⓐ Ⓑ Ⓒ Ⓓ

14. What does the woman imply about the machinery?

(A) It is easy to operate.
(B) It is superior to competitors' products.
(C) It is relatively inexpensive.
(D) It is manufactured in more than one country.

Ⓐ Ⓑ Ⓒ Ⓓ

15. What will the speakers most likely do tomorrow?

(A) Attend a monthly meeting
(B) Draw up a contract
(C) Host visitors from Frankfurt
(D) Call an airline

Ⓐ Ⓑ Ⓒ Ⓓ

16. What kind of product is the man promoting?

(A) Local produce
(B) Cooking oil
(C) A skin-care product
(D) Stereo headphones

Ⓐ Ⓑ Ⓒ Ⓓ

17. What does the man imply when he says, "I'm glad you asked"?

(A) He wanted to ask the same question.
(B) He thinks the woman's question is important.
(C) He forgot what he wanted to say.
(D) He often receives the same question.

Ⓐ Ⓑ Ⓒ Ⓓ

18. What does the woman like about the product?

(A) It blocks the sun more effectively.
(B) It is environmentally friendly.
(C) It is not available anywhere else.
(D) It offers superior sound quality.

Ⓐ Ⓑ Ⓒ Ⓓ

Spencer's Fashions

Discount Coupon

$10 off purchase of $30 or more
$20 off purchase of $50 or more

Atlantic Gardens

Food Tent	Water Rides
Game Arcade	Ferris Wheel

Main Entrance

19. What problem does the woman mention?

(A) A price is too high.
(B) A location is far away.
(C) A store did not have an item.
(D) An employee is off.

Ⓐ Ⓑ Ⓒ Ⓓ

20. What does the man suggest?

(A) Going to a different store
(B) Checking a size
(C) Making a phone call
(D) Choosing a different color

Ⓐ Ⓑ Ⓒ Ⓓ

21. Look at the graphic. What discount will the woman most likely receive?

(A) $10
(B) $20
(C) $30
(D) $50

Ⓐ Ⓑ Ⓒ Ⓓ

22. Who most likely are the speakers?

(A) Visitors to a leisure facility
(B) Cooks in a restaurant
(C) Maintenance personnel
(D) Amusement park employees

Ⓐ Ⓑ Ⓒ Ⓓ

23. What is the woman concerned about?

(A) Broken machines
(B) Inclement weather
(C) A work deadline
(D) A late delivery

Ⓐ Ⓑ Ⓒ Ⓓ

24. Look at the graphic. Where is Ms. Holtz's office?

(A) Inside the food tent
(B) Near the water rides
(C) By the Ferris wheel
(D) In the game arcade

Ⓐ Ⓑ Ⓒ Ⓓ

Part 3「会話問題」
模擬問題の解答と解説

おまかせ!
演習問題解説

1-3. CD-51　W: 🇬🇧　M: 🇦🇺

Questions 1 through 3 refer to the following conversation.

W: **ステージ1** Oh, can't I sign up for your workshop tomorrow? I really wanted to learn how you used social network services to pull in customers.

M: **ステージ2** Sorry, Joan. There are no empty seats left. More people than I thought have shown interest in the content. I'm thinking of holding another one next month, though.

W: Well, I've got a better idea, Chris. Why don't you video record your workshop and put it up on our company Web site so everybody can see it later?

M: **ステージ3** That sounds like a plan. OK. I'll ask people in the technology department to bring recording equipment on the day.

【訳】
問題 1-3 は次の会話に関するものです。

W: あら、明日のあなたのワークショップに申し込めないの？ あなたがソーシャルネットワークサービスを使ってどう顧客を引き付けたか知りたかったのに。

M: 申し訳ない、Joan。空席がないんだ。思ったよりたくさんの人が内容に興味を示してくれたからね。でも、来月もう一度開こうと考えているんだ。

W: そっか、もっといい考えがあるわ、Chris。ワークショップを録画して会社のウェブサイトに載せて、後で誰でも見られるようにすればいいじゃない。

M: それはいい考えだね。分かった。当日、技術部の人たちに録画のための機材を持ってくるように頼んでみるよ。

語句　□pull in 〜 〜を引き付ける（=attract）　□empty【形】空の、空いている
　　　□content【名】内容　□equipment【名】装置、機器

1. 正解：(B)

どんな問題について女性は言及していますか。
(A) 彼女が留守にする。
(B) ワークショップの申し込みができない。
(C) 講演者が来られない。
(D) コンピューターが故障中である。

語句 □malfunction【自動】動作しない

解説 **ステージ1** で女性が can't I sign up for your workshop tomorrow?（明日のあなたのワークショップに申し込めないの？）と会話を始めています。この workshop が話題の中心です。sign up for 〜を register for 〜と言い換えている (B) が正解です。

2. 正解：(D)

どんな解決策を女性は提案していますか。
(A) ワークショップを延期する
(B) 場所を変える
(C) 代役を見つける
(D) ビデオをオンラインに載せる

解説 **ステージ2** で女性が Why don't you ... ?（…しませんか）という決まり文句を使い、workshop を録画して会社のウェブサイトに載せることを男性に提案しています。put 〜 up に対し、選択肢では post とする言い換えが見られます。

3. 正解：(B)

男性は何をすると言っていますか。
(A) 会議室を予約する
(B) 録画機材を依頼する
(C) プロジェクターを修理してもらう
(D) 管理職と話す

解説 **ステージ3** で未来への言及がなされています。I'll ... から始まり、当日に録画機材を持ってくるよう頼むとしているため、(B) が正解です。

4-6. CD-52　W: 🇺🇸　M: 🇨🇦

Questions 4 through 6 refer to the following conversation.

W: ステージ1 Hello, this is Joan Reilly, owner of Joan's Bistro. I'm calling because my order, which I put in two weeks ago, hasn't arrived yet. We immediately need tiles to have the floor of our restaurant renovated.

M: ステージ2 I see. **Well**, it seems like there were some delays in delivering them, but now the tiles you ordered are ready to be shipped. I'll see to it that you receive them tomorrow afternoon. We'll use express delivery at no extra charge. I'm terribly sorry for this inconvenience.

W: **Well**, I'm a little upset because this is not the first time. I do hope it won't happen again.

M: ステージ3 I promise it won't. **Plus**, in order to make it up, let me give you a coupon code for a 20 percent discount off your next purchase from us.

語句　□immediately【副】直ちに　□delay【名】遅れ
　　　　□make ～ up ～を埋め合わせる（＝compensate）

【訳】

問題 4-6 は次の会話に関するものです。

W: もしもし Joan's Bistro を経営している Joan Reilly ですが、2 週間前に注文したものがまだ届いていないので、お電話しております。レストランの床の修繕をしてもらうのにすぐにタイルが必要なんです。

M: 分かりました。そうですね、配送に遅れが生じたのだと思われますが、現在お客さまのご注文は配送の準備ができています。明日の午後に受け取りができるように指定しておきます。追加料金なしで速達便を使います。ご迷惑をお掛けしたことを深くおわびいたします。

W: ええと、ちょっと気分が悪いですね。これが初めてのことではないですから。こういうことは二度とないようにしてほしいですね。

M: 二度と起こらないとお約束いたします。また、おわびの印に 20 パーセント引きになるクーポンを発行させていただきます。

4. 正解：(B)

女性はどんな人だと思われますか。
(A) 営業スタッフ
(B) レストラン経営者
(C) 配達人
(D) ビジネスコンサルタント

解説 **ステージ1** の出だしで owner という発言があり、その後、our restaurant とも言っていることから、(B) が正解。

5. 正解：(C)

なぜ女性は不満なのですか。
(A) 誤った商品が届いた。
(B) 予定が予告なく変わった。
(C) 過去に同じ問題が起きた。
(D) 男性の反応がプロとして未熟に感じた。

解説 **ステージ2** の女性の発言に注意しましょう。I'm a little upset because this is not the first time. を聞き取れれば「最初のことではない」とはっきり言っているため、(C) が正解と分かります。また、選択肢では「最初ではない」、つまり過去にも同じことがあった（The same problem occurred in the past）と表現を変えていることにも注意しましょう。

6. 正解：(B)

男性は何を申し出ていますか。
(A) 代用品を送る
(B) 割引券を発行する
(C) 女性に返金する
(D) 技術者を派遣する

語句 □alternative【形】代わりの　□issue【他動】〜を発行する
□send 〜 out 〜（人）を派遣する

解説 男性が **ステージ3** の発言の最後で let me give you a coupon code for a 20 percent discount と言っているので (B) が正解です。**おわびとして何か提供する、という解決策はTOEICでよく見られる**ので、discount coupon（割引券）だけでなく、token（商品券）などの単語も覚えておきましょう。

7-9. CD-53　M: 🇦🇺　W: 🇺🇸

Questions 7 through 9 refer to the following conversation.

M: ステージ1 Haircut 100. How may I help you?

W: I'm calling to make an appointment at 11 o'clock on Saturday with the same person as the last time. **Oh**, my name is Kirsten Agee. Agee is A-G-E-E.

M: ステージ2 **OK**, Ms. Agee … **Well**, Agatha, who did your hair, is not available at the time you requested. On Saturday, her shift starts at noon. Would you like to change the time or have another hairdresser?

W: Twelve is no problem. ステージ3 I'm going to give a presentation at an important conference on Sunday afternoon, and looking good is kind of important since I want to give the audience a good impression.

語句　□appointment【名】約束、予約　□request【他動】〜を要求する
　　　　□shift【名】交代(勤務時間)　□hairdresser【名】美容師　□audience【名】聴衆、観客

【訳】
問題 7-9 は次の会話に関するものです。
M: Haircut 100 です。ご用件をお伺いいたします。
W: 土曜日の 11 時の予約をこの前と同じ人でお願いしたいのですが。そうだった、私の名前は Kristen Agee です。スペルは AGEE です。
M: はい、Agee さまですね… 実は、Agatha という者がお客さまの担当をいたしましたが、ご指定の時間は応対できないんです。土曜日は、彼女のシフトが正午に始まるものですから。お時間を変更いたしますか、それとも別の美容師になさいますか。
W: 12 時なら問題ありません。日曜日の午後に大事な会議でプレゼンをするんです。それで、見た目をよくしておくのは結構重要なんです。聞いている人にいい印象を与えたいので。

7. 正解：(C)

主に何についての会話ですか。
(A) 予約をキャンセルすること
(B) 会議を開催すること
(C) 約束の日時を決めること
(D) 結果を報告すること

解説 **ステージ1** で**電話の目的を述べる決まり文句を聞き取りましょう**。I'm calling to ... に続く make an appointment が解答のポイントです。動詞 schedule を使って言い換えられています。

8. 正解：(C)

Agatha は土曜日に何時に仕事を始めますか。
(A) 午前 11 時
(B) 午前 11 時 30 分
(C) 午前 12 時
(D) 午後 12 時 30 分

解説 **ステージ2** の男性の発言、On Saturday, her shift starts at noon. から判断できます。at noon は at 12:00 P.M. なので (C) が正解です。ちなみに、at midnight は 12:00 A.M. を指すことも覚えておきましょう。

9. 正解：(D)

日曜日の午後には何が起こりますか。
(A) Agatha が働き始める。
(B) Agatha は手が空いていない。
(C) Agee さんは髪の毛を切ってもらう。
(D) Agee さんは会議に出席する。

解説 **ステージ3** で女性が I'm going to give a presentation at an important conference on Sunday afternoon と述べています。Agatha の日曜日の予定については触れられていないため、(A) と (B) は誤りです。Ms. Agee が髪を切ってもらうのは土曜日のため、(C) も不適切です。

10-12. CD-54　M: 🇨🇦　W: 🇬🇧

Questions 10 through 12 refer to the following conversation.

M: ステージ1 Excuse me. Could you help me? I'm trying to find Fez's Photo Studio. According to the map I have, it's supposed to be in this building.

W: ステージ2 Fez's Photo Studio? **Oh**, you're probably talking about that place — on the tenth floor, there was a store that offered 30-minute photo printing. I'm sorry, **but** the store was closed a few weeks ago.

M: Really? That's too bad. I have to have some pictures printed by tomorrow morning. ステージ3 Do you know any other printing services around here?

W: Yeah, I know one on Jackson Street. **Actually**, I'm going to the restaurant to have lunch near there. Why don't we go part of the way together?

語句　□offer【他動】〜を提供する　□go part of the way 途中まで行く

【訳】
問題 10-12 は次の会話に関するものです。
M: すみません。ちょっとよろしいですか。Fez's Photo Studio を探しているんです。私の持っている地図によると、この建物の中にあるはずなんですけど。
W: Fez's Photo Studio ですか。ああ、たぶん、10 階にあった 30 分で現像のサービスをしていたところのことを言っているんですね。残念ながら、その店は数週間前に閉店してしまったんですよ。
M: 本当ですか。それは困りました。明日の朝までに何枚か写真を現像してもらわないといけないんです。どこかこの辺りで、他の現像サービスをご存じないですか。
W: ええ、Jackson 通りに 1 つ知っていますよ。実は、そこの近くのレストランにランチに行くところなんです。よかったら途中まで一緒に行きませんか。

10. 正解：(D)

話し手たちはどこにいますか。
(A) 郵便局に
(B) レストランの中に
(C) 食料品店の中に
(D) ビルの中に

解説 **ステージ1** の最後で女性が in this building とはっきり述べています。郵便局、食料品店については言及がないので (A)、(C) は不適切です。(B) のレストランは **ステージ2** で出てくる女性の行き先です。

11. 正解：(C)

問題は何ですか。
(A) 男性のカメラは壊れている。
(B) 店が混み過ぎている。
(C) 店が営業をやめてしまった。
(D) その男性が地図を持っていない。

解説 What is the problem? という設問で否定的な情報の聞き取りが要求されています。**ステージ2** の女性の発言にある but 以降が正解のカギです。

12. 正解：(D)

女性は男性に何をするように勧めていますか。
(A) 彼女と昼食を取る
(B) 10階に移動する
(C) 新しいカメラを購入する
(D) 別の店に行く

解説 **ステージ3** で I know one on Jackson Street と別の店について言及し、途中まで一緒に行かないかと提案しています。女性は食事をしに行きますが、男性を誘ってはいないため、(A) は誤りです。(B)、(C) は the tenth floor や photo などの会話に登場する単語からイメージされる内容ですが、会話全体の流れが分かっていれば間違いだと気付くはずです。

13-15. CD-55　M1:🇦🇺　W:🇬🇧　M2:🇨🇦

Questions 13 through 15 refer to the following conversation with three speakers.

M1: ステージ1 Welcome back from Frankfurt, you two. How was your trip? Were you able to meet a lot of prospective clients?

W : ステージ2 It went really well, **actually**. We visited quite a number of companies. Many of the people we met with were interested in our manufacturing machinery. Some of them said our technology is superior to what they are currently using.

M2: Yeah. Two companies want us to give them a quote, and one more company wants a follow-up meeting so we can talk more about their requirements.

M1: ステージ3 I'm delighted to learn it was successful! **In that case**, we should organize another trip to Berlin as soon as possible, and this time I should join you.

M2: **Right**, Steve. Let's propose it at the monthly meeting tomorrow.

【訳】
問題 13-15 は 3 人の話し手による次の会話に関するものです。
M1: Frankfurt 出張お疲れさまでした、2 人とも。出張はどうでしたか。顧客になってくれそうな人にたくさん会えましたか。
W: 実は出張は大成功でした。多くの会社を訪問しましたが、何人もが会社の製作した機械に興味を示してくれました。わが社の技術の方が、彼らが現在使っているものより優れていると言ってくれる人もいました。
M2: そうなんです。2 社は見積もりを送ってほしいと言っていました。もう 1 社は彼らの要求について相談できるよう、フォローアップの打ち合わせをしたいそうです。
M1: 出張がうまくいったと知って非常にうれしいです。それなら、できるだけ早く Berlin への出張も計画しないと。今度は私もご一緒しますね。
M2: そうですね、Steve。明日の月例会議で提案しましょう。

語句　□quite a number of かなりたくさんの　□be superior to ～ ～より優れた
　　　□quote【名】見積もり　□follow-up【形】補足の、追加の　□be delight to do 喜んで～する

13. 正解：(B)

話し手たちは何について話していますか。
(A) 予算案
(B) 出張
(C) 研修
(D) 市内ツアー

解説 会話の概要を問う問題です。**ステージ1** で述べられます。How was your trip? や Were you able to meet a lot of prospective clients? から (B) A business trip と判断できます。会話の後半には quote など、予算に関連しそうな語も登場しますが、会話全体を考えると当てはまりません。learn からは (C)、Frankfurt、Berlin からは (D) も連想されますが、これらも話の概要ではなく、不適切です。

14. 正解：(B)

女性は機械について何を示唆していますか。
(A) 操作しやすい。
(B) 競合他社よりも優れている。
(C) 比較的安価である。
(D) 複数の国で製造されている。

解説 **ステージ2** に Some of them said our technology is superior to what they are currently using. とあり、what they are currently using は他社の製品と考えるのが自然なため、それより優れているとする (B) が正解です。

15. 正解：(A)

明日、話し手たちは何をすると思われますか。
(A) 月例会議に出席する
(B) 契約書を作成する
(C) Frankfurt からの訪問客を接待する
(D) 航空会社に電話する

解説 「Frankfurt への出張」という話題が終わったことを受けて、最初の男性が次は自分も行く、と述べていますが、具体的に出張の準備を始めたわけではないので、(D) は不適切です。**ステージ3** に Let's propose it at the monthly meeting tomorrow. とあり、話し手たちは会議に出席することが分かります。

16-18. CD-56　M:🇺🇸　W:🇬🇧

Questions 16 through 18 refer to the following conversation.

M: ステージ1 Would you like to try our new Eclipse sunblock? It's been completely reformulated. We're running a promotion today, so if you buy one tube, we'll give you a second tube for free.

W: ステージ2 Oh, I've been using that sunblock for years, and I'm pretty satisfied with it. How is the new formula different from the old one?

M: I'm glad you asked. The new formula protects your skin just as well as the old one. **But** since it uses a coconut oil base, it also moisturizes your skin. **Plus**, it's more environmentally friendly.

W: ステージ3 Wow. I'm glad to hear that. We all have to protect the environment, so it sounds like a great product.

【訳】

問題 16-18 は次の会話に関するものです。

M: 新しい Eclipse の日焼け止めをお試しになりませんか。これは、完全に新たな製法で作られました。今日はその宣伝を行っていて、1本ご購入いただければ、もう1本無料で付いてきますよ。

W: あら、この日焼け止めを何年も使っていて、すごく満足しているんですが。新処方のものは古いものとどこが違うんですか。

M: よく聞いてくださいました。新処方のものも、従来のものと同じように肌を保護できます。ただ、主成分にココナツオイルを使用しておりますので、肌に潤いを与えます。さらに、環境にも優しいものになっています。

W: わあ、それを聞いてうれしくなりました。環境はみんなで守らないといけないから、素晴らしい商品のようですね。

語句　□sunblock【名】日焼け止め　□reformulate【他動】〜を新製法で作る
　　　□run a promotion 宣伝をする　□formula【名】処方
　　　□base【名】主成分　□moisturize【他動】〜に潤いを与える

16. 正解：(C)

男性はどのような種類の製品を宣伝していますか。
(A) 地元の農産物
(B) 料理用の油
(C) スキンケア製品
(D) ステレオ式のヘッドフォン

解説 **ステージ1** で Would you like to try our new Eclipse sunblock? と話題が切り出されています。sunblock（日焼け止め）を抽象的に言い換えた (C) A skin-care product が正解です。

17. 正解：(B)

男性が "I'm glad you asked" と言う際、何を意図していますか。
(A) 彼も同じ質問をしたかった。
(B) 彼は女性の質問を重要だと考えている。
(C) 彼は何を言いたかったのか忘れてしまった。
(D) 彼はよく同じ質問を受ける。

解説 **ステージ2** で、従来のものと新製品のどこが違うのかを尋ねた女性に対しての返答です。その後、男性が詳しくその違いを述べており、話したい内容へとつなげることができたため、(B) が正解です。

18. 正解：(B)

女性はその製品のどこが気に入っていますか。
(A) より効果的に日光をカットする。
(B) 環境に優しい。
(C) 他の場所で手に入れることができない。
(D) 優れた音質を提供する。

解説 **ステージ2** での男性の説明に対し、女性が **ステージ3** で I'm glad to hear that. We all have to protect the environment, ... と述べています。よって (B) が正解です。新しい製品の日焼け止め効果については、protects your skin just as well as the old one とあり、従来と変わらないため、(A) は不適切です。その他の選択肢については言及がありません。

19-21. CD-57 W: 🇬🇧 M: 🇦🇺

Questions 19 through 21 refer to the following conversations and coupon.

W: ステージ1 Hi. I was at your Dixon store looking for some jeans yesterday. They didn't have the size and color I wanted, **but** the salesperson at that store said you have the item I want here, and that a pair would be put aside for me.

M: ステージ2 **Oh**, **yes**. Your jeans are right here. The price is $45. Do you want to make sure they fit before you buy them?

W: That's OK. I tried a pair on in this size already. They were just the wrong color. Also, I have this coupon.

M: ステージ3 No problem. Here are your jeans. Just give them and your coupon to the cashier, **and** he will ring it up for you.

【訳】

問題 19-21 は次の会話とクーポンに関するものです。

W: すみません。昨日、そちらの Dixon の店舗でジーンズを探していたのですが、あちらには欲しいサイズとカラーがなくて、その店舗の店員さんが、こちらなら私の欲しい商品があるので、1 本取っておいてくれると言っていたのですが。

M: ああ、はい。伺っておりますよ。お客さまのジーンズはこちらにございます。お値段は 45 ドルです。サイズが合うかどうかご確認なさいますか。

W: 結構です。このサイズのものはすでに試着しました。色は違いましたけど。それから、クーポンを持っています。

M: 承知しました。それでは、こちらがジーンズです。クーポンと一緒にお品物をレジにお持ちください。そこで会計処理をしてくれます。

Spencer's Fashions

割引券

30 ドル以上のご購入で 10 ドル引き
50 ドル以上のご購入で 20 ドル引き

語句 □put ~ aside ~を取っておく　□make sure (that) ... …を確かめる
□fit【自動】(服などが)合う、適合する　□ring ~ up ~をレジに打つ

---

19. 正解：(C)
女性はどんな問題について言及していますか。
(A) 値段が高過ぎる。
(B) 場所がはるか遠くにある。
(C) 店に商品がなかった。
(D) 従業員が休みである。

解説　話題は ステージ1 で示されます。最初の女性の発言に looking for some jeans yesterday. They didn't have the size and color I wanted とあるので (C) が正解です。(A) の price については女性の発言を受けて男性が言及していますが、それに対して女性が「高い」と感じているという情報はありません。(B) や (D) の話については会話中で言及されていません。

---

20. 正解：(B)
男性は何を勧めていますか。
(A) 他の店に行く
(B) サイズを確かめる
(C) 電話をかける
(D) 他の色を選ぶ

解説　男性の ステージ2 の発言で Do you want to make sure they fit before you buy them? と言っています。これを言い換えた (B) が正解です。(A) は女性がすでにとった行動です。(C) については言及がありません。色についての言及はありますが、男性が勧めたわけではないため、(D) は誤りです。

---

21. 正解：(A)
図を見てください。女性が受けると思われる割引はどれですか。
(A) 10 ドル
(B) 20 ドル
(C) 30 ドル
(D) 50 ドル

解説 男性は The price is $45. と言っています。クーポンを見ると 30 ドル以上の商品は 10 ドルの割引が受けられるとあるので (A) が正解です。

22-24. 🄫 CD-58　W: 🇬🇧　M: 🇨🇦

Questions 22 through 24 refer to the following conversation and map.

W: ステージ1 I can't believe how crowded the park is already. It must be this hot weather.

M: ステージ2 Yeah, there are really long lines at the water rides. Did our supervisor Ms. Holtz say where we should help out today?

W: I haven't heard yet. Some machines in the game arcade were broken yesterday—do you think we need to go there?

M: No, they've been fixed. They might need help at the food tent when it gets closer to lunch, **but** we should just check directly with Ms. Holtz.

W: ステージ3 Right. Her office is just to the right of the main entrance when you enter the park, **so** let's go.

【訳】
問題 22-24 は次の会話と地図に関するものです。
W: もうこんなに混んでいるなんて信じられない。この暑さのせいに違いないね。
M: そうだね。水上の乗り物にはすごく長い列ができているよ。上司の Holtz さんは今日はどこを手伝いに行けばいいか、言っていた？
W: まだ聞いていないの。昨日、ゲームセンターの機械が何台か壊れたけれど、そこへ行く必要があるのかしら。
M: いや、あれはもう直っているよ。お昼近くになったら、フードテントのところは人手が必要になるかもしれないけど、直接 Holtz さんに確認した方がいいんじゃないかな。
W: そうね。彼女の事務所は遊園地に入って入り口のすぐ右よね。行きましょう。

```
            Atlantic Gardens
┌─────────────────────────────┐
│ ┌──────┐      ┌──────┐      │
│ │ フード│      │ 水上の│      │
│ │ テント│      │ 乗り物│      │
│ └──────┘      └──────┘      │
│ ┌──────┐      ┌──────┐      │
│ │ ゲーム│      │ 観覧車│      │
│ │センター│     │      │      │
│ └──────┘      └──────┘      │
└──────────↑──────────────────┘
          正面
          入り口
```

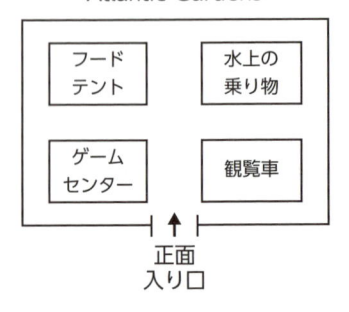

語句 □water ride（遊園地の）水上の乗り物　□supervisor【名】上司
　　　　□help out（忙しい人を）手助けする　□game arcade ゲームセンター

---

22. 正解：(D)

話し手たちは誰だと思われますか。
(A) レジャー施設の来訪者
(B) レストランの料理人
(C) 修理担当者
(D) 遊園地の従業員

解説　**ステージ1** で男性と女性が遊園地内で、どこの施設に応援に行けばよいかを話しています。よって、この施設の従業員であり、(D) が正解です。(A) にある leisure facility は amusement park の言い換えですが、2人は visitor ではないため、不適切です。food tent の話はしていますが、2人は料理人でもないため (B) は不適切です。(C) は話全体の流れを踏まえると、不適切です。

23. 正解：(A)

女性が気にしていることは何ですか。
(A) 壊れた機械
(B) 悪天候
(C) 業務の締め切り
(D) 遅れた配送

解説 **ステージ2** に Some machines in the game arcade were broken yesterday という記述があるので (A) が正解です。**ステージ1** で天気の話はしていますが、(B) の inclement weather は一般的に豪雨などの悪天候を指すため、正解ではありません。(C) や (D) に関する言及はありません。

24. 正解：(C)

図を見てください。Holtz さんの事務所はどこにありますか。
(A) フードテントの中
(B) 水上の乗り物の近く
(C) 観覧車のそば
(D) ゲームセンターの中

解説 女性が **ステージ3** で Her office is just to the right of the main entrance when you enter the park と言っています。これを踏まえて地図を見ると、正解が (C) と分かります。

Part 3「会話問題」
Vocabulary List

おまかせ！重要語句リスト

Part 3 や Part 4 にはよく出題される設問文のパターンがあります。そういったものはあらかじめ覚えておくと、音声を聞くのに集中できるので有利です。
また、会話が聞き取れても解答選択肢の語彙を知らないと正解には結びつきません。場所や職業など、選択肢によく挙がるものはあわせて覚えておくようにしましょう。

DL-08
主題

- **What is the conversation mainly about?**（会話は主に何についてのものですか）
- **What are the speakers discussing?**（話し手たちは何について話していますか）
- **What is being discussed?**（何が話されていますか）

選択肢の語彙

- A hotel reservation（ホテルの予約）
- A marketing campaign（営業キャンペーン）
- A business trip（出張）
- A job opening（求人）
- A sales conference（営業会議）
- Opening a bank account（銀行口座の開設）

DL-09
場所

- **Where does the conversation most likely take place?**（この会話はどこで行われていると考えられますか）
- **Where most likely are the speakers?**（話し手たちはどこにいると考えられますか）
- **Where does the man probably work?**（男性はどこで働いていると考えられますか）

選択肢の語彙

- At a travel agency（旅行代理店で）
- At/in a factory（工場で）
- In an art museum（美術館で）
- In a car repair shop（自動車修理店で）
- In a post office（郵便局で）
- At a theater（劇場で）
- At the reception desk（受付で）
- At the main entrance（正面玄関で）

DL-10
職業・立場
- **Who most likely is the man?**（男性は誰だと考えられますか）
- **What kind of company does the woman work at?**
（女性はどのような会社で働いていますか）
- **What area does the woman work in?**（女性はどんな分野で働いていますか）

選択肢の語彙
- A construction worker（建築作業員）
- A job candidate（仕事の候補者）
- A store manager（店の経営者）
- A receptionist（受付係）

DL-11
問題・心配事
- **What is the problem?**（問題は何ですか）
- **What is the woman concerned about?**（女性は何を心配していますか）

選択肢の語彙
- Some missing equipment（足りない装置）
- Rising fuel prices（上がっている燃料の値段）

DL-12
理由
- **Why is the woman calling?**（女性はなぜ電話をかけていますか）

選択肢の語彙
- To conduct a survey（アンケート調査を行うため）
- To make a reservation（予約をするため）
- To place an order（注文をするため）

DL-13
手段
- **How will the man contact Ms. Grimes?**
（男性はどのようにしてグライムズさんと連絡をとりますか）

選択肢の語彙
- By e-mail（Eメールで）
- By going to her office（オフィスに行って）

DL-14
依頼・提案
- **What does the woman suggest the man do?**
（女性は男性に何をするように提案していますか）
- **What does the man ask the woman to do?**
（男性は女性に何をするように頼んでいますか）
- **What does the woman offer to do?**（女性は何をすると申し出ていますか）

選択肢の語彙
- Confirm an appointment（予約を確認する）
- Review an application（応募書類を見直す）
- Arrange a different flight（他の便を用意する）
- Take the train to work（電車で通勤する）

DL-15
未来の行動・出来事
- **What will the woman probably do next?**
（女性はこの後、何をすると思われますか）
- **What will the man most likely do?**（男性は何をすると思われますか）
- **What will happen tomorrow?**（明日何がありますか）
- **What does the woman say she will do?**（女性は何をするつもりだと言っていますか）

選択肢の語彙
- Meet with a client（顧客に会う）
- Speak to her supervisor（上司と話す）
- Attend a conference（会議に参加する）
- Schedule an interview（面接の日時を取り決める）

Part 4
説明文問題
Short Talks

Part 4「説明文問題」
パートの概要

問題形式と
出題・解答の流れ

問題形式

1人の人物による説明文と、その内容に関する設問が3つ放送されます。設問文には (A) 〜 (D) の4つの選択肢があり、その中から最も適切なものを選びます。放送されるのは説明文と設問文のみ、問題冊子に印刷されているのは、設問文と選択肢のみです。

問題数：30問（1つの説明文につき3つの設問 × 10セット）

解答時間の目安：各設問につき約8秒（1つの設問文の音声が終わってから、次の設問文が聞こえてくるまでの時間）。ただし、図表付き問題は12秒。

サンプル問題

※実際の TOEIC では1つの説明文に対し、3つの設問があります。

🔵 CD-59

1. What is the main purpose of the announcement?

　　(A) To give safety instructions
　　(B) To introduce a new staff member
　　(C) To announce a policy change
　　(D) To provide a schedule update

　　　　　　　　　　　　　　　Ⓐ Ⓑ Ⓒ Ⓓ

サンプル問題の解答

🎧 CD-59 🇺🇸

Question 1 refers to the following excerpt from a meeting.

Good morning. Thanks for coming to this weekly briefing. Let me start with the following announcement: We're about to implement a new return policy. Soon we'll be able to make a reimbursement for any item as long as the customer brings a receipt, but a 30-day rule will be applied. This policy will come into effect at the beginning of next month. I've already made arrangements to have a sign describing this policy change to our customers posted at every store, but I'd like each store manager to circulate it as well.

語句　□briefing【名】会議　□following【形】次の　□implement【他動】〜を実行する
□reimbursement【名】返済　□apply【他動】〜を適用する
□come into effect 実施される　□circulate【他動】〜を広める

【訳】
問題1は以下の会議の一部に関するものです。
おはようございます。今週の会議に出席いただき、ありがとうございます。次のお知らせから始めたいと思います。わが社では返品に対する新規則の適用を進めています。近日中に、お客さまがレシートをお持ちのときに限りどんな商品でも返金ができるようになります。ただし、30日ルールが適用されます。この規則は来月の頭から施行されます。すでに全店舗でこの規則の変更をお客さまに知らせる通知を掲示するように取り計らいましたが、各店長もこれらが行きわたるようにしていただきたいと思います。

1. 正解：(C)

お知らせの主な目的は何ですか。
(A) 安全管理の指示を与える
(B) 新しいスタッフを紹介する
(C) 方針転換について説明する
(D) 予定の更新を伝える

解説　冒頭で Let me start with the following announcement: We're about to implement a new return policy. と言っているので (C) が正解。

Part 4の傾向と対策

Part 4 では平均 100 語程度の英語での説明文（トーク）を、的確に情報を整理しながら聞き取る能力が求められています。

トークの論理構成を押さえながら聞く!

Part 4 の特徴は、1 人の人物が公の場で何らかの情報を伝えるトークであるため、聞き手に配慮した話し方をしていることです。従って、分かりやすい論理構成で進みますから、それを踏まえた聞き方をすることが内容理解のカギとなります。日本語では「細かい情報→結論」「具体的な内容→抽象的なまとめ」といった構成が多いですが、英語では、「結論→説明」「抽象→具体」の形が基本だと考えておきましょう。

論理構成を教える言い回しを学ぶ!

Part 3 と同様、対策としては典型的なトークを細かい部分も含め、「分かった」と感じられるようになるまで繰り返し聞き、トークの論理構成を頭にたたき込むことが大事です。この作業は「スキーマ（背景知識）の形成」や「関連語彙の習得」にも役立ちます。また、この作業を繰り返していくと、場面ごとにトークの論理構成を教える決まった言い回し（p.158 を参照）があることに気付きます。これらを頼りにしていくと、設問の答えのヒントを見つけるのがずっと楽になってきます。

Part 4「説明文問題」
Q&A形式で学ぶ攻略ポイント

おまかせ!730点を目指すあなたの
お悩み相談室

Q&A 対策法についてのお悩み

Part 4がとにかく苦手。どうすればいいの?

Part 3 は会話なので、ある程度場面を想像して、メリハリを付けて聞くことができます。でも、Part 4 は 1 人が話し続けるトークを聞くので集中力を保つのが難しいです。少し分からない部分があると、そこから先が全部、聞いていても内容が頭から全部抜けていくような感覚に襲われます。

論理構成に注目し、展開を予想すること!

会話の Part 3 と説明文の Part 4 では大きく違って感じる人もいるでしょう。しかし、実は**解き方で最も大切なのはどちらのパートでも、話の展開を踏まえて聞くこと**に尽きます。

TOEIC の Part 4 で出題される説明文は、実際の英語の論理構成に沿った定番通りのトークです。よって、その**構成を頭に入れ、全体の中で今聞いているのがどのような要素に当たるのか、考える習慣を付ける**と内容を理解する力がぐっと高まります。

学習方法も、Part 3 と大きな違いはありません。一度演習問題として解いたものをて、その後はスクリプトをしっかり読み直して確認し、音声を繰り返し聞いてください。必ずしも設問は解き直さなくてもよいでしょう。それよりも、**聞き取った内容をできれば英語で、難しければ日本語で、簡単に口頭でまとめ直すトレーニング**をしてみましょう。リスニング力は大きく伸びてきます。Part 4 の新形式で登場する文脈の理解を問う問題や図表を扱う問題への対策も、Part 3 と同じです。多少の練習は必要ですが、リスニング力を正しく身に付けていればあまり心配する必要はありません。

Q&A 解答法についてのお悩み

設問で問われる部分を聞き逃してしまいます。

設問は先に理解して臨んでいるつもりなのですが、気付いたときにはヒントを聞き逃していた、ということがどうも多いようです。「ここが解答の根拠だ！」と聞きながら自信を持って判断できるようになりたいです。何かいい方法はないでしょうか。

大事な情報の前にくる定型表現に注目!

Part 4 だけでなく、Part 3 でも同じことですが、**設問の解答に関係する部分の前にはその「マーカー」となるような表現が使われている**ことがとても多いです。よって、それらの**「マーカー」を聞き逃さないようにすることで、その次にくる解答の根拠にしっかりと集中することができるようになる**でしょう。

例えば、What does the speaker request that the listeners do?（話し手は聞き手に何を要求していますか）というような質問があったとします。こういった設問の解答に関係する箇所は多くの場合 Could you ... ? などの依頼表現で始まっています。ですから、そのすぐ後ろにくる動詞のかたまりが要求内容だ、と見抜き、しっかり聞き取る態勢を作りましょう。トークの論理構成を踏まえ、情報の「つながり」や内容の「まとまり」を示している「ディスコースマーカー」を頼りにしましょう。そのようにオーソドックスに、必要な情報を聞き逃さない力を地道に付けることが実は最も効果的な対策と言えるかもしれません。何度も練習して「ヒントがくるな」と思える感覚を身に付けましょう。

Part 4 「説明文問題」
Unit 1　トークの構造を理解する
トークの「目的」「説明」「終了」を聞き取る

Part 4 の説明文（トーク）は、おおむね**「トークの目的」→「トークの説明」→「トークの終了」**という3つのステージでできています。この構造を頭に入れて、聞き取るトークを3つの部分に整理する聞き方の練習をしましょう。

例題

目的→**説明**→**終了**の3つのステージを意識しながら、設問の答えとして最も適切なものを1つずつ選びましょう。

🎧 CD-60

1. Why is the speaker calling?
   (A) To change a schedule
   (B) To explain details about a product
   (C) To request an order
   (D) To get information about a company

   Ⓐ Ⓑ Ⓒ Ⓓ

2. What is the cause of the problem?
   (A) The shutdown of an assembly line
   (B) A newly adopted rule
   (C) An error in a document
   (D) Damage by a storm

   Ⓐ Ⓑ Ⓒ Ⓓ

3. What does the speaker ask the listener to do?
   (A) Order another product
   (B) Make a phone call
   (C) Reschedule the meeting
   (D) Report a problem

   Ⓐ Ⓑ Ⓒ Ⓓ

解ける人の視点

▶ステージ1ではトークの概要、目的が述べられる

ステージ1 では、**話し手が名前や所属、現在の状況などを伝えたり**と、トークの状況設定をつかむのに欠かせない要素から始まります。例題でも名乗った後に、leaving a message to announce ... という表現を使って、予定の日時に壁の色の塗り替えをできないことを告げることが目的であると話しています。

▶ステージ2では言いたいことの具体的な情報がくる

ステージ1 の発言の背景が、ステージ2 で述べられます。例題でも **2.** で問われている the problem（問題）の原因が due to ～（～のために）という表現で続いています。

▶ステージ3は、トークを終了させる上で言っておくべき情報

それまでに進めてきた**話題をまとめ、終わらせるのが** ステージ3 です。今回は、代わりの日時をいつにするかという未来の方向につながる終わり方を取っていますね。また、Also という追加を表すマーカー（目印となる語句、p.158 を参照）が ステージ3 へと続くトーク構造の流れを教えてくれています。

例題の解答

※スクリプト中の下線は設問の解答根拠、**色文字**はディスコースマーカー（p.158 を参照）を示します。

CD-60

Questions 1 through 3 refer to the following telephone message.

ステージ1 Hello. This is Sophie Gallagher from Belfast Painting Service, leaving a message to announce that we won't be able to start our work to change the color of your walls this Monday, the 17th. ステージ2 As you requested, we're to paint your walls ivory, **but** unfortunately we've just received white paint due to an error with the production number in the estimate. We've already contacted our supplier, **but** we can't start our work till the ordered paint is in our hands, which is likely to be after Wednesday. I hope this trouble does not cause you too much inconvenience. ステージ3 **Also**, do you have any preference regarding our alternate starting date? Could you call Sophie Gallagher at 555-7641 after listening to this message? Again, I'm sorry about this inconvenience.

語句 □estimate【名】見積書　□supplier【名】仕入れ先　□preference【名】好み
　　　　 □inconvenience【名】不便　□alternate【形】代わりの

【訳】
問題 1-3 は次の電話メッセージに関するものです。

もしもし、Belfast Painting Service の Sophie Gallagher ですが、お客さまのお宅の壁色を塗り替える作業が今度の月曜日、17 日に開始できなくなったことをお伝えするために伝言を残させていただきます。お客さまのご依頼のとおり、壁をアイボリーに塗る予定でおりましたが、見積書の製造番号に誤りがございまして、白のペンキが届いてしまいました。すでに仕入れ先には連絡いたしましたが、注文のペンキが手元に届くまで作業を開始することができません。ペンキは水曜日以降に届く予定です。このことが多大なご迷惑にならないとよいのですが。また、代わりの作業開始日にご希望はございますでしょうか。このメッセージをお聞きになりましたら、555-7641 の Sophie Gallagher までお電話いただけないでしょうか。繰り返しとなりますが、ご不便をお掛けいたしましたことを深くおわび申し上げます。

1. 正解：(A)
なぜ話し手は電話していますか。
(A) 予定を変更するため　　　　　　　(B) 製品について詳しく説明するため
(C) 注文をするため　　　　　　　　　(D) 会社についての情報を得るため

2. 正解：(C)
問題の原因は何ですか。
(A) 組み立てラインの閉鎖　　　　　　(B) 新しく採用された規則
(C) 書類中のミス　　　　　　　　　　(D) 嵐によるダメージ

3. 正解：(B)
話し手が聞き手に頼んでいることは何ですか。
(A) 他の製品を注文する　　　　　　　(B) 電話をかける
(C) 会議を設定し直す　　　　　　　　(D) 問題を報告する

おまかせ！文法メンテナンス
Part 4 ディスコースマーカーとしての接続表現①

上手な英語の話し手は、話の流れを聞き手が予測できるような構成で話をします。その中で大きな役割を果たしているのが接続詞、接続副詞、または接続表現のイディオムです。これらの接続表現を**ディスコースマーカー**と呼びます。ディスコースマーカーは英文の構造を示し、内容を把握するのに役立つ機能を持っています。Part 3においては、間投詞がその役割を果たしています（p.87を参照）。ここでは「対立」、「追加」、「例示」のマーカーを紹介します。

▌「対立」を表すマーカー

- but　　　　　しかし
- though　　　たとえ…でも
- whereas　　…であるのに対して、それどころか
- however　　しかしながら
- even though　　…であるけれども
- on the other hand　一方で
- nevertheless　　それでもやはり

We've already contacted our supplier, but we can't start our work till the ordered paint is in our hands.
（すでに仕入れ先には連絡いたしましたが、注文のペンキが手元に届くまで作業を開始することができません）

▌「追加」を表すマーカー

- in addition　　さらに、加えて
- also　　　　　…も、その上
- plus　　　　　しかも、その上
- on top of that　それに加えて
- besides　　　　さらに、加えて
- and another thing　さらに、その上
- additionally　　追加して、さらに

Also, do you have any preference regarding our alternate starting date?
（また、代わりの作業開始日にご希望はございますでしょうか）

▌「例示」を表すマーカー

- in some cases　ある場合には
- such as 〜　　例えば〜など
- for example　　例えば
- especially　　とりわけ
- for instance　　例えば

思考回路トレーニング

次の (A) 〜 (C) のスクリプトをステージ 1 〜 3 の順番で通して自然になるように並べ替えましょう。その後、音声をよく聞いて順番が正しいか、また、内容を理解できているか、確認しましょう。

 CD-61

(A) Dairy products and soft drinks are 30 percent off. Bread and flour are 40 percent off. Also, if you buy a dozen fresh eggs, you can get another dozen for free! What's more, we'll provide $30 shopping vouchers to customers who spend over $150. You can use these vouchers anytime after tomorrow.

(B) We're open every day from 8:30 in the morning to 9:30 in the evening. Now, the time is 8:00 P.M. The store closes in 90 minutes. Please enjoy your shopping!

(C) Good evening shoppers, welcome to Homey's. We're always offering the best deals of all the grocery stores in Calgary. Don't miss today's special discounts on many items.

ステージ 1 (　　)　ステージ 2 (　　)　ステージ 3 (　　)

思考回路トレーニングの解答と解説

 CD-61

【訳】
(C) ご来店の皆さま、こんばんは。Homey's へようこそ。当店は Calgary の食料品店で最もお求めやすい価格を日頃より提供しております。本日も多くの商品が特別割引になっておりますので、お見逃しなく。(A) 乳製品と清涼飲料は 30 パーセント引きです。パンと小麦粉は 40 パーセント引きです。また、卵を 1 ダースご購入いただくと、もう 1 ダースが無料になります！さらに、150 ドルより多くお買い上げのお客さまには 30 ドルの商品券を差し上げております。この商品券は明後日以降いつでもご利用いただけます。(B) 当店は毎日朝 8 時 30 分から夜 9 時 30 分まで営業しております。ただ今の時刻は午後 8 時です。90 分後に閉店いたします。どうぞお買い物をお楽しみください！

語句 □dairy products 乳製品　□flour【名】小麦粉　□voucher【名】割引券、商品券

正解：ステージ 1：(C)　ステージ 2：(A)　ステージ 3：(B)

解説 Good evening shoppers というあいさつや We're always offering ... という話が展開していく様子から、ステージ1 は (C) だと予測できます。ステージ2 では詳細な情報が述べられるはずですので、(A) の we'll provide $30 shopping vouchers to customers who spend over $150. がヒントになります。ステージ1 に出てきた special discounts を詳しく説明していると分かりますね。(B) では、営業時間と閉店時間についてのさらに追加の情報が述べられていることと、Please enjoy your shopping! という締めの言葉でトークを終了させていることから ステージ3 だと分かります。

Part 4 「説明文問題」
Unit 2　電話メッセージ

冒頭で「話し手は誰か」「目的」を聞き取る

留守番電話のメッセージでは、必ず**ステージ1の冒頭で**, **電話をかけている人が自分の名前・職業**などを告げ、続けてなぜ電話しているのかを述べます。トークの内容を把握するためにはもちろんのことですが、**「話し手の職業・地位」**や**「電話の目的・用件」**はそれ自体がよく設問になるので、聞き逃さないようにしましょう。

例題

話し手は誰かということと、**電話の目的・用件**を聞き取ることを意識しながら、設問の答えとして最も適切なものを1つずつ選びましょう。

🎧 CD-62

1. What is the purpose of the telephone message?
   (A) To confirm an appointment
   (B) To ask for some details
   (C) To make a reservation
   (D) To announce a delay
   Ⓐ Ⓑ Ⓒ Ⓓ

2. What is the listener asked to do?
   (A) Call Ms. Beckman
   (B) Change a meeting location
   (C) Apologize for a late delivery
   (D) Gather documents
   Ⓐ Ⓑ Ⓒ Ⓓ

3. According to the caller, why might the listener make a call?
   (A) To use a different room
   (B) To ask him questions
   (C) To have brochures printed
   (D) To enter an office building
   Ⓐ Ⓑ Ⓒ Ⓓ

161

解ける人の視点

▶「話し手は誰か」と「電話の目的・用件」を聞き取る

ステージ1 で話し手が名乗ったり、**電話の目的を告げる際にはよく (I'm) calling to [because] …（…する［の］理由で電話しています）などの表現が使われます。**例題でも I'm calling because I probably won't make it on time … と、電車のせいで会社に着くことが遅れることを知らせています。

▶依頼内容の設問は、依頼を表す表現に注意して聞き取る

例題の ステージ2 では会議を始めるに当たって言っておかなければならないことが述べられています。ここでは、Would you … ? という「依頼」の表現がヒントになっていました。「依頼」や「提案」の表現などは、Part 2 の対策としても学習しているはずです。確認しておきましょう。例題の詳細情報を含んだ部分は少し長く続きましたが、**First、Second などの「順番」を示す列挙マーカー**（p.166 を参照）を聞き取れれば、内容を整理することができます。

▶連絡方法などの補足情報は最後に述べられる

ステージ3 **ではトークは必ず収束に向かいます。**今回は追加・補足情報が述べられていました。特に TOEIC では連絡方法、待ち合わせ場所や了解事項の確認などは ステージ3 にくることが多いと言えるでしょう。最後まで集中してしっかり聞き取る練習が必要ですね。

例題の解答

🔊 CD-62 🇨🇦

Questions 1 through 3 refer to the following telephone message.

ステージ1 Hi Claudia, this is Johannes. I'm calling because I probably won't make it on time for the meeting with Ms. Beckman. The train has stopped, and I don't know when it will start again. So, could you go ahead with the meeting when Ms. Beckman comes in? **ステージ2** I believe you know this project better than I do, and Katrina Beckman is one of the nicest clients I've ever had. So, I'm sure there won't be any problems. There are a few things I have to remind you of. **First**, all the documents you need — they're in a blue package on the right side of my desk. Oh, and, I forgot to staple them. Would you put the documents together before giving them to her? **Second**, I've booked Room UJ, **so** show Ms. Beckman to it. **ステージ3** If you have any questions, just give me a call. I'm sure you'll do well. Talk to you later. I'll try to come as soon as possible.

語句 □go ahead 先へ進む、先行する　□remind【他動】〜の念を押す、〜に思い出させる

【訳】
問題1-3は次の電話メッセージに関するものです。
もしもし、Claudia。Johannesだけど、Beckmanさんとの会議に時間通りに行けないと思ったので電話したんだ。電車が止まっていて、いつ動くか分からないんだよ。だから、Beckmanさんが来たら、先に会議を始めていてくれないかな。君は僕よりもこのプロジェクトのことを知っているはずだし、Katrina Beckmanさんは、僕が出会った顧客の中で最もいい人の1人だから、まったく問題ないと思うよ。いくつか言っておかなきゃいけないことがあるんだ。まず、必要な書類だけど—僕の机の右側の青い封筒の中に入っているよ。あっ、しまった。ホチキスで留めるのを忘れてしまった。悪いけど、Beckmanさんに渡す前に全部一緒にしておいてくれないかな。それから、部屋はUJを取っておいたから、そこにBeckmanさんを案内してね。何か質問があったら僕の携帯に電話を頼むよ。よろしく。それでは後で。できるだけ早くそっちに行けるようにするよ。

1. 正解：(D)
この電話メッセージの目的は何ですか。
(A) 約束を確認する
(B) 詳細について尋ねる
(C) 予約をする
(D) 遅れを知らせる

語句 □confirm【他動】～を確認する　□detail【名】詳細

2. 正解：(D)
聞き手は何をするように言われていますか。
(A) Beckman さんに電話する
(B) 会議の場所を変更する
(C) 配達の遅れを謝る
(D) 書類を集める

3. 正解：(B)
電話をかけている人は何の目的で連絡を受けると考えられますか。
(A) 別の部屋を使うため
(B) 質問をするため
(C) パンフレットを印刷するため
(D) 会社の建物の中に入るため

語句 □brochure【名】小冊子、パンフレット

おまかせ！文法メンテナンス

Part 4 ディスコースマーカーとしての接続表現②

■「結果」を表すマーカー

- as a result　　だから、その結果として
- in the end　　要するに、結局
- ultimately　　結局のところ、最後に
- so　　だから、それで
- eventually　　最終的には

→ thus は書き言葉で主に使われ「だから、従って…」のマーカーとなる

I was assigned to work with a very strict boss. **As a result**, I learned how to get things done better than anybody else in the department.
（私は非常に厳しい上司と一緒に働くように命じられた。その結果、部の誰よりも質の高い仕事をする方法が分かった）

I'm afraid I won't be in the office before Ms. Beckman comes in, **so** I'd like you to go ahead with the meeting.
（Beckman さんがやってくる前にオフィスに着かないと思うので、会議を始めてほしいのです）

At first, he was less skilled than others in the team. As the years went by, however, he just kept learning from his surroundings, and **in the end**, accomplished many things.
（最初、彼はチームの誰よりもスキルがなかった。しかし、年月がたつにつれて周囲から学び続け、最終的にはたくさんのことを成し遂げた）

There were few job openings in town, but **eventually** Claire got a job as a store clerk.
（あまり周りに仕事の口がなかったが、最終的には Claire は店員の仕事を得た）

A: Do you really think Brenda can handle this case?
B: You know, **ultimately**, it is up to her.
（A：Brenda は本当にこの件を処理できるかな。B: まあ、結局は彼女次第だよ。）

「列挙」を表すマーカー

- first (of all), next, then, after that, last (of all)
  まず、次に、それから、その後、最後に
- first, second, third, finally　最初に、2つ目に、3つ目に、最後に

First, companies fill their needs with temporary employees, **then** they move on to permanent employees.
（まず第1に必要なところを契約社員で埋め、その後、正社員へと移行する）

There are a few things every new employee has to learn. **First**, they should memorize their boss's name. **Second**, they should know what they can and cannot do. **Third**, they should know what their company needs. **Finally**, they should review these three things on a regular basis.
（新入社員が身に付けるべきことがいくつかあります。第1に、上司の名前を覚えなければなりません。第2に自分のできることとできないことを知ることです。第3に自社が必要としているものが何かを把握することです。最後に、それら3つのことを定期的に思い起こすことです。）

Part 4「説明文問題」
Unit 3　会議・社内アナウンス

「概要」「詳細」「指示・要求」が基本構造

会議や社内アナウンスではステージ1で、**「何についてのアナウンスか」**、**「聞き手は誰か」**が述べられます。ステージ2では、**「お知らせの背景や詳細」**などが説明されます。最後のステージ3では、その知らせに伴う**「聞き手への指示・要求」**が続くことが多いです。

例題

概要、**詳細**、**指示・要求**の基本構造を意識しながら、設問の答えとして最も適切なものを1つずつ選びましょう。

🅒 CD-63

1. What is the main purpose of the announcement?

    (A) To introduce an award winner
    (B) To announce an entry into a competition
    (C) To request help with a hiring process
    (D) To promote a recent movie

    Ⓐ Ⓑ Ⓒ Ⓓ

2. What kind of company does the speaker work at?

    (A) A construction company
    (B) An international trading company
    (C) A financial consulting company
    (D) A movie production company

    Ⓐ Ⓑ Ⓒ Ⓓ

3. What are the listeners asked to do?

    (A) Submit the financial plan in time
    (B) Work overtime to complete the project
    (C) Cooperate with each other
    (D) Finish easier tasks first

    Ⓐ Ⓑ Ⓒ Ⓓ

解ける人の視点

▶ステージ1で「何についてのお知らせか」が述べられる

社内に向けたアナウンスでも、冒頭は本題から始まります。例題でも、軽いあいさつの後に Newport Film Contest に出品すること、時間がないことが続けて述べられています。今回の ステージ1 は少し長いですが、構造を教える表現（ディスコースマーカー）が聞き取るべきポイントを示しています。I have good news and bad news. The good news is ... も「列挙マーカー」の1つで、続く部分に **1.** の答えがあります。

▶ステージ2では「背景・理由」などの詳細な説明が述べられる

ステージ2 では話題により深く入っていきます。例題では movie project についての2つのニュースのうち、the bad news についてより詳しく述べています。ここのキーワードを確認していくと、**2.** の解答根拠がより明確になるでしょう。

▶ステージ3では、お知らせを踏まえた「指示・要求」が多い

社内アナウンスなどの場合、ステージ3 **ではこれまでに説明されてきた話から、聞き手に何らかの具体的な「指示・要求」をする形で収束することが多い**です。この部分が「今後の行動」として設問となることが多いので、覚えておきましょう。例題では、「コンテストに出品するけれど時間がない」という状況を受けて、話し手の女性が聞き手に互いに協力するように促しています。

例題の解答

CD-63

Questions 1 through 3 refer to the following announcement.

ステージ1 Good afternoon. Thank you all for your consistent dedication and service to the ongoing movie project. Today, I have **good news and bad news**. **The good news is** that *Good-bye our World Tower*, which we're currently working on, is to enter the Newport Film Contest. **The bad news is** that we don't have much time. **ステージ2** We originally planned to complete the movie before December 11. **However**, all the submissions for the contest must be in by November 30, so we've got to finish up about two weeks earlier than the original plan. **ステージ3** I won't say it's going to be easy, but I believe we can do it if we work together. If you find yourself free, offer to help someone else out.

語句　□consistent【形】一貫した、着実な　□dedication【名】献身、熱心さ
□ongoing【形】進行中の　□complete【他動】〜を完成させる【形】完全な
□submission【名】提出（submit【他動】〜を提出する）
□have got to *do* 〜しなければならない

【訳】
問題 1-3 は次のお知らせに関するものです。
こんにちは。現在の映画製作にいつも熱心に取り組んでいただき、ありがとうございます。今日は皆さんによいお知らせと悪いお知らせがあります。よいお知らせは、今私たちが関わっている『さようなら、僕らの世界塔』を Newport 映画コンテストに出品すると決まったことです。悪いお知らせは、あまり時間がないことです。当初の予定では、12 月 11 日までに映画を完成させるつもりでした。しかし、このコンテストへの出品はすべて 11 月 30 日までにしなければいけないので、当初の予定よりも約 2 週間早く仕上げなくてはなりません。これは簡単なことだとは言いませんが、私たち全員で力を合わせればできることだと思います。もし、手が空いていたら、他の誰かを助けてあげてください。

1. 正解：(B)

このお知らせの主な目的は何ですか。
(A) 受賞者を紹介する
(B) コンペへの出品を知らせる
(C) 採用作業の手伝いをお願いする
(D) 最近の映画を宣伝する

2. 正解：(D)

話し手が働いているのはどのような会社ですか。
(A) 建設会社
(B) 国際商社
(C) 金融コンサルタント会社
(D) 映画製作会社

語句 □financial【形】金融の

3. 正解：(C)

聞き手たちは何をするように頼まれていますか。
(A) 資金計画を間に合うように提出する
(B) プロジェクトを完成させるために残業する
(C) お互いに協力し合う
(D) 簡単な仕事を先に終わらせる

語句 □submit【他動】〜を提出する（＝turn 〜 in）　□cooperate【自動】協力する

思考回路トレーニング

音声を聞き、次のスクリプトの①〜④の空所に当てはまる最も適切な1語のディスコースマーカーを書きましょう。

🎧 CD-64

Thank you for attending this monthly sales meeting. Since Ms. Tremblay is out of town to put on the annual camera exhibition in Leuven, I'll preside at this meeting in place of her today. Let me go over today's agenda. ① (　　　　), we're going to briefly share some figures from the monthly sales report. Probably we can finish that within 20 minutes. ② (　　　　), we are to discuss each team's performance, and discuss how to solve any problems that arise. I think it could take more than an hour. ③ (　　　　), we'll decide the strategies and plans we should take in the next month. I guess 40 minutes is enough for that. ④ (　　　　), it's almost 9 o'clock, so hopefully, we'll finish just before noon. OK. Let's get started. Take a look at the screen ...

思考回路トレーニングの解答と解説

🎧 CD-64　🇬🇧

【訳】
月例営業会議にご出席いただき、ありがとうございます。Tremblay さんは、Leuven での毎年恒例のカメラ展に参加するためここにはいないので、本日彼女の代わりに私が司会をさせていただきます。まず、今日の議題を確認しましょう。最初に、月例営業報告書からの数字を簡単に確認していただきます。おそらく 20 分以内に終わると思います。次に、それぞれの班の仕事ぶりについて議論し、生じた問題の解決策についても話し合います。これについては 1 時間以上かかると思います。最後に、来月に私たちが取る戦略および計画についての決定を行います。これは 40 分もあれば大丈夫だと思います。それでは、もう 9 時ですが、うまくいけば 12 時前に終了できるでしょう。はい、始めましょう。スクリーンを見てください。

語句　□put ～on ～を開催する（＝host）　□annual【形】毎年の　□exhibition【名】展覧会　□preside【自動】司会進行する　□in place of ～ ～の代わりに　□briefly【副】短時間で　□figure【名】数字　□strategy【名】戦略

正解：① First　② Then　③ Finally　④ Now

Part 4 「説明文問題」
Unit 4　広告

「何の商品か」「特徴」「利用方法」が基本構造

ラジオ・テレビなどの広告は、ステージ1で**「どのような商品・サービスか」**がまず述べられ、ステージ2で**「商品・サービスの特徴」**が続きます。最後のステージ3は、主に**「商品・サービスの利用方法」**です。まず大事なのは商品の**「特徴」**を押さえることです。頭の中で情報を整理しながら、取り組みましょう。

例題

何の商品か、商品の特徴は、どのように利用するのかの3つの点を意識しながら、設問の答えとして最も適切なものを1つずつ選びましょう。

🎧 CD-65

1. What area of business is being advertised?

   (A) Travel
   (B) Advertising
   (C) Financial services
   (D) Construction

   Ⓐ Ⓑ Ⓒ Ⓓ

2. What does the speaker say about his company's service?

   (A) They are less expensive than others.
   (B) They are only available in summer.
   (C) They are selling a guide book.
   (D) They work with local people.

   Ⓐ Ⓑ Ⓒ Ⓓ

3. How are listeners invited to respond to the advertisement?

   (A) By sending an e-mail
   (B) By making a phone call
   (C) By visiting a Web site
   (D) By filling out a paper form

   Ⓐ Ⓑ Ⓒ Ⓓ

解ける人の視点

▶「何が宣伝されているか」を聞き取る

例題の ステージ1 では、ガイドブックの名所よりも地元の人との交流を求める人への旅の提案で始まっています。このように宣伝の対象物は最初に述べられます。今回の場合も、そこまで正確に聞き取れなくても、キーワードとなる、travel、visiting、sites、a tour guide などの語句から旅行が連想できると正解にたどり着けるでしょう。

▶「商品・サービスの特徴」をつかむ

ステージ2 で詳細に踏み込む構成は他のトークと同様です。例題では We offer you accommodations and meals at local residents' houses と、ステージ1 の interacting with local people を詳しく説明しています。

▶「利用方法」は最後に述べられる

日本のテレビコマーシャルなどと同じように、**サービスの利用方法は多くの場合において、広告の最後で伝えられます。**例題でも ステージ3 で go to our Web site と発言がありました。この go to を visit で言い換えている (C) が **3.** の正解です。

例題の解答

🎧 CD-65

Questions 1 through 3 refer to the following advertisement.

ステージ1 If you like to travel, wouldn't you prefer interacting with local people rather than visiting well-known sites with a tour guide? If your answer is yes, Passe-Me-Voir is the company you've been looking for. ステージ2 We offer you accommodations and meals at local residents' houses, and they'll take you to places they really recommend instead of the spots in the guidebook. **Since** we select only locals who are willing to be your host, there are no worries. We started this service for travelers in France and England 10 years ago, but our service has been expanding. Now, we have hosts for you in Belgium, Ireland, Switzerland, and Wales as well. ステージ3 To use our service, go to our Web site: www.passemevoir.com. Make your travel more personal with Passe-Me-Voir.

語句 □A rather than B BよりもA　□accommodations【名】宿泊施設
　　　　□recommend【他動】〜を勧める　□expand【自動】広がる

【訳】
問題1-3は次の広告に関するものです。
皆さんが旅行好きなら、ガイドと名所を訪れるよりも地元の人と交流を深めたいと考えたことはありませんか。もし、答えが「はい」なら、Passe-Me-Voirこそあなたが探していた会社です。当社では、地元の人たちの家での宿泊と食事をお客さまに提供し、ガイドブックにある場所ではない、彼らの本当のお勧めの場所にお連れします。皆さんを喜んで案内したいという地元の人のみを選んでいるので、何も心配することはありません。私たちは10年前にフランスとイングランドへの旅行者向けにこのサービスを始め、サービスは広がりを見せています。現在、ベルギー、アイルランド、スイス、そしてウェールズにもあなたを迎える人たちがいます。サービスのご利用には、弊社のホームページ www.passemevoir.com をご覧ください。あなたの旅をPasse-Me-Voirでもっとあなただけのものにしてください。

1. 正解：(A)
どのような分野の会社が宣伝されていますか。
(A) 旅行
(B) 広告
(C) 金融サービス
(D) 建築

2. 正解：(D)
話し手は、自分の会社のサービスについて何と言っていますか。
(A) 他のものより安い。
(B) 夏の間のみ利用できる。
(C) ガイドブックを販売している。
(D) 地元の人とともに行っている。

3. 正解：(C)
聞き手が広告に関心を持ったらどうするように勧められていますか。
(A) Eメールを送る
(B) 電話をかける
(C) ホームページを訪れる
(D) 用紙に記入する

おまかせ！文法メンテナンス

Part 4 ディスコースマーカーとしての接続表現③

「条件」を表すマーカー

- if　　　　もし…ならば
- when　　　…とき
- as long as　…限り
- unless　　　…でない限り
- whether　　…だろうと
- even if　　　たとえ…でも

If your answer is yes, Passe-Me-Voir is the company you've been looking for.
（もし、答えが「はい」なら、Passe-Me-Voir こそあなたが探していた会社です）

Unless our proposal is approved in tomorrow's meeting, we can't set about starting it.
（私たちの提案が明日の会議で認められない限り、それに取り掛かることはできない）

Tom and Jerry are going to go ahead with the project **whether** they get more help or not.
（Tom と Jerry はさらなる協力を得られようが得られまいが、そのプロジェクトを始めるつもりでいる）

As long as the plan is approved by the CEO, we'll go forward.
（その計画が CEO から承認されたら、取り掛かります）

Hilary will never give up her idea **even if** everybody criticizes it.
（Hilary はたとえ皆に批判されても、自分の考えを決して諦めない）

「理由」を表すマーカー

- because　　…だから、…のため
- in order to *do*　…するために
- for　　…のために
- since　　…だから
- so that　　…できるように

Since we only select locals who are willing to be your host, there are no worries.
（皆さんを喜んで案内したいという地元の人のみを選んでいるので、何も心配することはありません）

Ericka came to Los Angeles in order to find a job as an actor.
（Ericka は役者としての仕事を見つけるために Los Angeles に来た）

Joe was sitting right behind Shannon and Haley, so (that) he accidently heard every word of their conversation.
（Joe は Shannon と Haley のすぐ後ろに座っていたので、偶然彼らの会話をすべて聞いてしまった）

Joe sat right behind Shannon and Haley so (that) he could hear every word of their conversation.
（2 人の会話の一部始終が聞けるように、Joe は Shannon と Haley のすぐ後ろに座った）

We are using this basement for storage.
（私たちはこの地下室を倉庫に使っています）

Part 4「説明文問題」

Unit 5　場内アナウンス・ガイド

「変更点」「注意点」「禁止事項」に注意

交通機関や美術館、競技場などのアナウンスや工場見学、ツアー、新人社員研修などでガイドするトークの場合、冒頭で**「場所」**、**「所在地の特徴」**、**「聞き手は誰か」**などの情報が出され、次にその詳細情報が述べられます。中盤には多くの場合**「変更点」**、**「注意点」**、**「禁止事項」**などが続きます。最後にトーク終了直後の**「行動」が繰り返される**こともあります。

例題

特に中盤の**変更点**、**注意点**、**禁止事項**を意識しながら、設問の答えとして最も適切なものを1つずつ選びましょう。

🎧 CD-66

1. What change does the speaker mention?
   (A) The flight has been canceled.
   (B) Passengers should board from another gate.
   (C) The destination has been changed.
   (D) The information counter has been closed.
   　Ⓐ Ⓑ Ⓒ Ⓓ

2. Why would listeners go to the information desk?
   (A) To take a later flight
   (B) To get a free meal
   (C) To change to an aisle seat
   (D) To get some money back
   　Ⓐ Ⓑ Ⓒ Ⓓ

3. Around what time are the listeners asked to board?
   (A) At 11:35 A.M.
   (B) At 11:40 A.M.
   (C) At 11:45 A.M.
   (D) At 11:50 A.M.
   　Ⓐ Ⓑ Ⓒ Ⓓ

解ける人の視点

▶「誰が聞くべきアナウンスか」が重要

空港などでのアナウンスでは「話し手」より**「聞き手」が誰かが重要**になります。便名、目的地などで該当する聞き手の注意を引き付けることからトークが始まります。 ステージ1 で短く用件をまとめ、ステージ2 で背景説明や詳細事項を述べる形式が一般的で、今回も具体的な変更点などの用件は次の ステージ2 に集まっています。

▶「変更点」「注意点」「禁止事項」などを聞き取る

ステージ2 に例題の **1.** の解答である (B) ゲートの変更、そして悪天候による出発の遅れ、さらに、**2.** で問われている何人かの乗客に便の変更をお願いするという3つの伝達事項が列挙されています。**First、Plus、Additionally といった接続の表現**（追加マーカー）がこの構造を教えてくれます。

▶「未来の予定」を聞き取る

例題の **3.** で問われている搭乗時間のように、「未来の予定」を知らせたり、あるいは、他のトークよりも比較的シンプルにあいさつでまとめられたりするのが、アナウンスの場合の ステージ3 の特徴です。重要な数字など設問に関わる内容が述べられることもあるため、聞き逃さないようにしましょう。

例題の解答

🎧 CD-66 🇬🇧

Questions 1 through 3 refer to the following announcement.

ステージ1 This is a message for passengers taking United European Airline Flight 235 for Stockholm. There are a few announcements we'd like to make. ステージ2 **First,** the departure gate has been changed to 55C. **Plus,** a slight departure delay is expected due to inclement weather. The ground crew is currently de-icing the wings in preparation for departure. **Additionally,** we are offering complimentary round-trip tickets to a few passengers willing to take a later flight. If you are willing to take up this offer, please proceed to the information counter. There are passengers with emergency needs that are seeking seats on Flight 235, so your cooperation will be appreciated. That's it. ステージ3 We should be boarding around 11:45 in the morning. Thank you for your patience.

語句 □inclement【形】(天気が)悪い　□ground crew 地上係員
□de-ice【他動】〜に防氷措置を施す　□complimentary【形】無料の、サービスの
□round-trip【形】往復の　□proceed【自動】進む　□patience【名】忍耐

【訳】
問題 1-3 は次のアナウンスに関するものです。
United European 航空 235 便、Stockholm 行きにご搭乗の皆さまにご連絡いたします。まず、出発ゲートが 55C に変更となります。また悪天候のため、少し出発時間が遅れる見込です。地上係員が現在出発の準備のため防氷作業を行っています。加えて、何人かの乗客の皆さまに後の便への無料の往復チケットを提供しております。後発便へのご搭乗にご快諾いただけるお客さまは、インフォメーションカウンターまでお越しください。235 便搭乗をご希望のお客さまに緊急の用件をお持ちの方がいらっしゃいます。皆さまのご協力をお願いいたします。以上です。ご搭乗開始時刻は午前 11 時 45 分ごろを予定しております。もうしばらくお待ちください。

1. 正解：(B)
どのような変化について話し手は言及していますか。
(A) フライトがキャンセルされた。
(B) 乗客は他のゲートから搭乗するべきだ。
(C) 目的地が変更された。
(D) インフォメーションカウンターが閉鎖された。

2. 正解：(A)
聞き手は何のためにインフォメーションカウンターに行くと思われますか。
(A) 後の便に乗る　　　　　　　　(B) サービスの食事をもらう
(C) 通路側の席に移る　　　　　　(D) 返金してもらう

語句 □aisle【形】通路側の

3. 正解：(C)
聞き手たちはいつ搭乗するように言われていますか。
(A) 午前 11 時 35 分　　　　　　(B) 午前 11 時 40 分
(C) 午前 11 時 45 分　　　　　　(D) 午前 11 時 50 分

思考回路トレーニング

音声を聞いて、下の質問に答えましょう。また、その答えに該当する部分がどのステージかを答えましょう。

CD-67

1. What does the speaker ask the listeners not to do?
　(A)　Take videos
　(B)　Scare water animals with light
　(C)　Eat lunch in the lobby
　(D)　Provide food to fish

　　　　　　　　　　　　　　　　Ⓐ　Ⓑ　Ⓒ　Ⓓ

ステージ（　　　　　）

思考回路トレーニングの解答と解説

CD-67

Question 1 refers to the following talk.

ステージ1 Hello, I'm Magnus Christiansen, and I'll be your guide today. As Europe's largest aquarium with more than 30 million liters of water, Vogar Aquarium features more water animal than any other aquarium. **ステージ2** Today's tour will start on the second floor with several rare water animals only seen around the Denmark Strait. **And then**, we'll come back to the first floor to have lunch. **In the afternoon**, you'll have a chance to take a closer look at some of the fish and animals and also feed them on the third floor. **ステージ3** You're welcome to take photographs or videos during your visit. **However**, flash photography won't be permitted at designated displays because of the sensitivity of our fish and animals. Please look out for the "no flash" signs.

語句　□liter【名】リットル　□feature【他動】〜を特徴づける、〜の特色となる
　　　　□strait【名】海峡　□permit【他動】〜を許可する
　　　　□designate【他動】〜を指定する、〜を指名する　□sensitivity【名】敏感さ、気配り

【訳】
問題1は次のトークに関するものです。
こんにちは、私は Magnus Christiansen です。今日は皆さんのガイドをさせていただきます。ヨーロッパの最も大きな水族館として、Vogar 水族館は3000万リットルを超える水の中に他のどの水族館よりも多くの生き物がいます。今日のツアーは、2階のデンマーク海峡の周辺でしか見ることのできない珍しい生き物から始まります。その後、昼食のために1階に戻ってきます。午後には3階で、より近くで魚や動物を見たり、それらに餌をあげたりする機会があります。見学中、写真やビデオの撮影をしても構いません。しかし、繊細な魚や動物がいますので、指定された水槽ではフラッシュ撮影を禁じています。フラッシュ禁止の表示がないかご確認ください。

正解：(B)　ステージ：3

話し手は聞き手に何をしないように頼んでいますか。
(A) ビデオを撮る
(B) 光で水中の動物を驚かせる
(C) ロビーで食事をする
(D) 魚に餌をあげる

語句　□scare【他動】〜を怖がらせる

解説　今回は ステージ2 で水族館の詳細情報が述べられたため、ステージ3 で「注意事項」、「禁止事項」を補足して終わっていました。やや複雑ですが「撮影そのものは禁止ではないが、ある水槽ではフラッシュを使ってはいけない」と述べられていますので、「光で水中の動物を驚かせてはいけない」が正解です。

Part 4「説明文問題」

Unit 6　スピーチ

「人物は誰か」「過去の業績」「未来」を聞き取る

TOEICで出題されるスピーチの多くは、会社に入ってくる人、出ていく人、または業績を挙げた人をたたえる目的で行われます。冒頭のステージ1で**「テーマになっている人物は誰か」**をつかみます。次のステージ2では、その人物が**「今までしてきたこと」**の詳細が語られます。そしてステージ3では、その人物が**「これからすること」**にも言及があります。また、主役となる人物が自分のことを話すよりも、別の人がその人について語ることが多いのも特徴です。

例題

テーマになっている人物は誰か、**過去にどんなことをしたのか**、**これから何をするのか**の3つを意識しながら、設問の答えとして最も適切なものを1つずつ選びましょう。

🎧 CD-68

1. Who is Gregg Materson?

    (A) A company director
    (B) A vice president
    (C) An accountant
    (D) A food server

    Ⓐ Ⓑ Ⓒ Ⓓ

2. What type of business is Johansson & Co.?

    (A) A public relations firm
    (B) An employment agency
    (C) A frame-designing company
    (D) A fishing rod maker

    Ⓐ Ⓑ Ⓒ Ⓓ

3. What is scheduled to take place in July?

    (A) A school renovation in Kenya
    (B) A business trip to Iceland
    (C) A company set-up in Minnesota
    (D) A farewell party

    Ⓐ Ⓑ Ⓒ Ⓓ

解ける人の視点

▶冒頭で「テーマとなっている人物は誰か」をつかむ
ステージ1 では**誰が、どんなことをして、どういった形でたたえられているか**、などの情報から始まります。例題では話し手がGregg Matersonさんと彼の役職について述べていました。授賞式などの場合には何という賞を受けたのかなども聞き取っておくとよいでしょう。

▶「テーマとなっている人物がしてきたこと」を聞き取る
ステージ2 では、話題となっているMatersonさんがJohansson社のためにしてきたことがより詳細に語られています。ここを聞き取ると、その会社の業種や看板商品などの情報が分かります。今回も最後の部分で、彼のおかげでメガネフレームが世界中で売れていることが述べられています。

▶「未来にすること」は最後
テーマとなっている人物の未来の行動について語られるのが ステージ3 です。例題ではMatersonさんで、引退後が話題になっています。会社でこれから働く人を紹介するときはいつからチームに加わるのかなどが問われる場合もあります。また、司会役の人が最後にテーマの人物にあいさつをするように求め、その部分が設問となるパターンもあります。

例題の解答

🔊 CD-68 🇺🇸

Questions 1 through 3 refer to the following talk.

ステージ1 We are enormously grateful to Gregg Materson for the terrific job he's done as director of the public relations department. **ステージ2** When he took this position, I, as president, asked Gregg to help make sure that Johansson & Co. became a company truly for everyone in the world, and he did that by welcoming various kinds of groups to our promotion campaigns, from fishers in Iceland to local schoolchildren in Kenya. He organized thousands of fun and creative events during his twelve years here. Thanks to his dedicated service and outstanding performance, Johansson's eyeglass frames are currently sold in over 60 countries worldwide. **ステージ3** Gregg's leaving us today and setting up his own advertising agency in his home state Minnesota in July. It's a huge loss to the company, and we all will miss him. We thank him again for his service and wish him all the best in his future endeavors.

語句
□enormously【副】非常に　□be grateful 感謝する　□terrific【形】素晴らしい
□organize【他動】〜を組織する　□creative【形】創造的な　□dedicated【形】献身的な
□frame【名】枠、フレーム　□loss【名】損失　□endeavor【名】努力

【訳】
問題 1-3 は次のトークに関するものです。
私たちは Gregg Materson さんが広報部長として行ってきた多大な業績に深く感謝しています。彼がこの立場に着いたとき、私は社長として彼に、Johansson 社が本当の意味で世界のみんなのための会社になったのか確認するのを手伝ってくれと頼みました。そして、彼はアイスランドの漁師の皆さんからケニアの地元の学校の子どもたちまで、さまざまなグループをわが社の広告キャンペーンに招くことでそれを実行してくれました。彼は在職中の 12 年間にたくさんの楽しい創造的なイベントを企画しました。彼の献身的な仕事ぶりとたぐいまれな業績のおかげで、Johansson 社のメガネフレームは現在世界 60 を越える国で販売されています。Gregg は本日わが社を去り、故郷のミネソタで 7 月に自分の広告会社を設立します。この会社にとっては大きな損失で、社員みんなが彼がいなくなることをさみしく思うでしょう。彼の貢献にもう一度お礼を言います。そして、彼の未来の成功を祈ります。

1. 正解：(A)
Gregg Materson とは誰ですか。
(A) 会社の部長　　　　　　　　　(B) 副社長
(C) 会計士　　　　　　　　　　　(D) 給仕

2. 正解：(C)
Johansson 社はどのような会社ですか。
(A) 広告会社　　　　　　　　　　(B) 職業紹介所
(C) フレームデザイン会社　　　　(D) 釣りざお製造業者

3. 正解：(C)
7 月に予定されていることは何ですか。
(A) ケニアの学校の改築　　　　　(B) アイスランドへ出張
(C) ミネソタでの起業　　　　　　(D) 送別会

語句 □set-up【名】起業

Part 4「説明文問題」

Unit 7　ニュース放送

「何の番組」「すべきこと」「いつ」などに注意

交通情報・天気予報などのニュース、人物を紹介するトーク番組などでは、ステージ1で**「話し手は誰か」**、**「何の番組か」**が言及され、ステージ2に詳細情報がきます。ここでは**「聞き手は何をすべきか」**、**「天気・経歴の変わり目」**などが問われます。最後のステージ3では、**次に放送される内容**についての予告などが入ることが多いと覚えておきましょう。また、**「いつ放送されたのか」**が問われる場合もありますが、このヒントはトークの最初か最後にきます。

例題

番組の種類、聞き手がすべきこと、次に放送される内容の3つを意識しながら、設問の答えとして最も適切なものを1つずつ選びましょう。

🎧 CD-69

1. What is the cause of the traffic congestion?

(A) A road construction
(B) A car accident
(C) A movie shooting
(D) A sport event

Ⓐ Ⓑ Ⓒ Ⓓ

2. According to the speaker, what should the listeners do?

(A) Join a bicycle race
(B) Travel via public transportation
(C) Wait until a thunderstorm passes
(D) Donate items for an event

Ⓐ Ⓑ Ⓒ Ⓓ

3. What will the listeners probably hear next?

(A) Movie reviews
(B) An interview show
(C) A business report
(D) Advertisements

Ⓐ Ⓑ Ⓒ Ⓓ

解ける人の視点

▶「話し手」および「何の番組か」をつかむ

ステージ1 では、話し手の名前と番組名が語られます。実況中継などの場合、A reporter（リポーター）のような場合もあります。次に簡潔に「何のニュースか」などの伝えたい内容がきます。例題の **1.** で問われている渋滞の原因もこのステージの an annual bike racing event で、(D) はこれを抽象的に言い換えたものです。

▶「話し手が勧めていること」に注意

ステージ2 では、伝えたい内容に対しての具体的な情報が述べられますが、**設問で問われるのはトーク全体の中で重要度の高い詳細情報**です。例題の **2.** のように、話し手が勧めている内容が問われるのは典型的なパターンです。

▶「次の放送」に関する情報を聞き取る

伝えたい内容を **ステージ2** で述べた後の **ステージ3** では、「次の放送」についての情報がよく述べられます。今回の例題であったように、この後すぐ放送される番組やテーマだけではなく、天気予報や交通情報では、「次の更新はいつか」を伝える場合もあります。設問になることも少なくありませんから、要注意です。

例題の解答

🎧 CD-69　🇺🇸

Questions 1 through 3 refer to the following excerpt from a news broadcast.

ステージ1 Hi, I'm Jessica Geary and you're listening to KMWG 7:10 morning news. Let's start with the weekend traffic report. On Saturday and Sunday, heavy traffic congestion is expected in Downtown Madison due to the Tour of Wisconsin, an annual bike racing event. **ステージ2** Since I-55, I-60 and some other roads between Madison and Milwaukee will be closed for the event during the two days, individuals going downtown and to the Madison area are encouraged to plan their route ahead of time. The use of public transit is especially encouraged until the bike crowd thins out—**likely** after 4 o'clock on Sunday. OK, **ステージ3** now, let's take a break with some commercials from our local sponsors. We'll return in a minute. Stay tuned.

語句 □congestion【名】密集、混雑　□annual【名】毎年の　□individual【名】個人
□encourage A to do Aに〜するよう促す　□ahead of time 前もって、事前に
□thin out まばらになる、少なくなる

【訳】
問題1-3は次のニュース放送の一部に関するものです。
こんにちは、Jessica Geary です。KMWG 7時10分の朝のニュースをお届けいたします。まずは週末の交通情報です。土曜日と日曜日、毎年恒例の自転車レースである Tour of Wisconsin のため、ひどい交通渋滞が予想されます。I-55、I-60、Madison と Milwaukee 間のその他の道路数本は2日間、この催しのために閉鎖されるため、ダウンタウンや Madison 地区に向かう人は前もって経路を練っておくことをお勧めします。自転車レースに集まってきた人が少なくなる日曜の4時過ぎごろまでは、公共交通機関を使用することを特にお勧めします。それでは、地元の協賛企業のコマーシャルをお聞きいただきましょう。少し休憩をはさみます。チャンネルはそのままで。

1. 正解：(D)
交通渋滞の理由は何ですか。
(A) 道路工事　　　　　　　　　(B) 自動車事故
(C) 映画の撮影　　　　　　　　(D) スポーツの催し

語句 □shooting【名】撮影

2. 正解：(B)
話し手によると、聞き手はどうするべきですか。
(A) 自転車レースに参加する　　(B) 公共交通機関で移動する
(C) 嵐が過ぎるまで待つ　　　　(D) 催しに品物を寄付する

3. 正解：(D)
聞き手はおそらく次に何を聞きますか。
(A) 映画批評　　　　　　　　　(B) インタビュー番組
(C) ビジネスレポート　　　　　(D) 広告

おまかせ！文法メンテナンス

Part 4 ディスコースマーカーとしての接続表現④

「類似」を表すマーカー

- like　　　　　…と同じように　　　・as　　　　　　…と同じように
- not unlike　　…とよく似ている　　・similar to　　…と同じように

➡ 書き言葉でかなり形式的な場合、以下の2つも使われる

- likewise　　　…と同じように　　　・similarly　　…と同じように

How we're doing our business now is not unlike [similar to] how we did it before.
（私たちが今しているビジネスのやり方は以前やったのと似ている）

His wife doesn't get his humor like [as] I do.
（彼の奥さんは私ほど彼のユーモアが分からない）

People who have wrapped up should offer to help others. Likewise [Similarly], those with piles of unfinished work should ask for help.
（十分な技術がある人たちは協力を申し出るべきだ。同様に、終わっていない仕事がたまっている人たちは協力を求めるべきだ）

4 説明文問題　Unit 7 ニュース放送

Part 4 「説明文問題」
Unit 8　文脈における意図を問う問題

表現が使われている文脈を意識

文脈を問う問題に対する対策は **Part 3 とほとんど同じ**です。引用されている表現の文字通りの意味よりも、その**表現が使われている文脈に気を配るほうが重要**です。従って、これまで通り、トークの構造と展開に気を配っていれば、多くの場合には正解できます。

例題

3問通しての流れに注意しながら、設問の答えとして最も適切なものを1つずつ選びましょう。

🎧 CD-70

1. Who most likely are the listeners?

(A) Apartment residents
(B) Marketing staff
(C) Hotel guests
(D) Sales clerks

　　　Ⓐ　Ⓑ　Ⓒ　Ⓓ

2. What does the speaker remind listeners to do from next Monday?

(A) Use another entrance
(B) Display a parking permit
(C) Come in earlier than usual
(D) Work on a different floor

　　　Ⓐ　Ⓑ　Ⓒ　Ⓓ

3. Why does the speaker say, "let's get down to business"?

(A) To ask listeners to make some suggestions
(B) To have someone start a presentation
(C) To express concern about poor sales
(D) To have listeners look at a document

　　　Ⓐ　Ⓑ　Ⓒ　Ⓓ

解ける人の視点

▶冒頭を聞き取り、何についてのトークなのかを判断する

1. は冒頭で thank you for coming to the monthly marketing staff meeting . と言っているので、聞き手は当然 (B) Marketing staff と考えられます。 ステージ1 で話し手は会議の始まりのあいさつをした後、本題に入る前にお知らせがあることを告げています。

▶ステージ2の詳細情報は本質的な部分をつかむ

ステージ2 ではお知らせとして、自動ドアが備え付けられること、そのため工事が行われることなどが述べられますが、聞き手にとって最も大事な情報は During that time, we will only be able to come in through the entrance that leads to the rear parking lot. です。普段使っている出入り口が使用できないということは、別の出入り口を使う必要が生じます。大抵の場合、このように**情報を整理しながら、本質的な部分を捕まえるつもりで聞くと**、設問でもそこが問われるので、正解につなげることができます。

▶表現の表面的な意味より、トークの文脈と論理展開に気を配る

3. が新形式の文脈を問う問題です。 ステージ3 ではお知らせの後に本題に移行し、an update on our winter sales campaign と言っています。さらにその後、Priya という人に呼び掛けていますから、ここでは update ＝ presentation と考えるのが自然です。設問で問われている let's get down to business は、「本来するべきである作業に戻ろう」という意味の、よく使われる口語表現ですが、**前後の情報が変われば他の選択肢が正解になる**こともあります。あくまでも、**文脈を捉えて判断する**ことが大事です。

例題の解答

🎧 CD-70 🇺🇸

Questions 1 through 3 refer to the following excerpt from a meeting.

ステージ1 Good morning, and thank you for coming to the monthly marketing staff meeting. Before we start, I'd like to make an announcement. **ステージ2** As you know, we're having new automatic doors installed at the main entrance. Construction will start Monday, and will take about two weeks. During that time, we will only be able to come in through the entrance that leads to the rear parking lot. Thanks. **ステージ3** OK, so what's the first item on the agenda? ...Oh, yes, an update on our winter sales campaign from Priya. If everyone is ready, let's get down to business. Priya, please go ahead.

語句 □install【他動】〜を備え付ける　□rear【形】裏手の、後方の（⇔front）
□lead to 〜　〜につながる　□agenda【名】議事進行表、議題　□go ahead 進める

【訳】
問題1-3は次の会議からの抜粋に関するものです。
おはようございます。月例営業スタッフ会議にお越しいただきありがとうございます。会議を始める前にお伝えしたいことがあります。ご存じのように正面玄関に新しい自動ドアを取り付けることになっています。工事は月曜から始まり、約2週間かかる予定です。その間、裏の駐車場に続く出入り口からのみ出入りすることができます。ご協力よろしくお願いします。さて、議題の最初の案件は何だったでしょうか…ああ、Priyaさんによる冬季販売キャンペーンに関しての発表ですね。もし、皆さんの準備がよろしければ、早速始めましょう。Priyaさん、お願いします。

1. 正解：(B)

聞き手は誰だと思われますか。
(A) アパートの居住者
(B) 営業スタッフ
(C) ホテルの客
(D) 店員

語句 □resident【名】住人、居住者

2 正解：(A)

話し手は来週の月曜日から何をするよう聞き手に念を押していますか。
(A) 別の入り口を使う
(B) 駐車証を掲示する
(C) 普段より早く来る
(D) 別の階で仕事をする

語句 □permit【名】許可証

3. 正解：(B)

なぜ話し手は "let's get down to business" と言うのですか。
(A) 聞き手に提案をするよう求めるため
(B) 誰かに発表を始めさせるため
(C) 低調な売り上げへの懸念を表明するため
(D) 聞き手に書類を見てもらうため

語句 □express concern 不安を表明する

Part 4「説明文問題」
Unit 9　グラフィック問題

グラフィックを
意識し過ぎない

Part 4のグラフィック問題も、基本的には **Part 3と同様に解く**ことができます。また、**トークの全体構造は他のPart 4と同じ**と考えましょう。グラフィックに気を取られ過ぎて、他の設問のための大事な情報を聴き逃すことがないように注意しましょう。

例題

3問通しての流れに注意しながら、設問の答えとして最も適切なものを1つずつ選びましょう。

🎧 CD-71

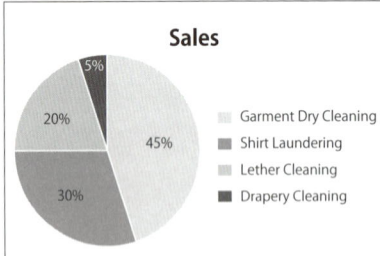

Sales
- Garment Dry Cleaning — 45%
- Shirt Laundering — 30%
- Lether Cleaning — 20%
- Drapery Cleaning — 5%

1. What kind of business does the speaker work for?
   - (A) A dry cleaner
   - (B) An interior decorator
   - (C) A clothing store
   - (D) A consulting company

   Ⓐ Ⓑ Ⓒ Ⓓ

2. Look at the graphic. What service does the speaker recommend promoting?
   - (A) Garment dry cleaning
   - (B) Shirt laundering
   - (C) Leather cleaning
   - (D) Drapery cleaning

   Ⓐ Ⓑ Ⓒ Ⓓ

3. What does the speaker ask the listeners to do?
   - (A) Send an e-mail
   - (B) Discuss a new service
   - (C) Review some figures
   - (D) Meet a customer

   Ⓐ Ⓑ Ⓒ Ⓓ

解ける人の視点

▶トークの構造を意識しながら、冒頭で必要な情報を聞き取る

1. は話し手の職業を尋ねる問題です。会議のトークでは、**どのようなことをこれから話し合うのかという情報は話題を提示する** ステージ1 **に来ます**。Today I'd like to share the results of the sales analysis that we did for your company. とあります。他社の営業成績を分析するという話から、正解を選びます。

▶グラフィックの要素をトークの詳細情報と比較

2. はグラフィック問題です。グラフィックを見ると、4つの要素があることが分かります。その上で、 ステージ2 で述べられる**詳細情報と比較**していくことになります。最初の2つのサービスは売り上げがよいと述べた後、残りの2つに関しては drapery cleaning has not gained popularity. I recommend you stop offering that service and launch an ad campaign to grow the other new service. とより詳細に踏み込んでいきます。こういったところを聞き逃さなければ、力を入れるのは drapery cleaning ではなく、もう一方だと分かり、(C) を選ぶことができます。

▶ステージ3は未来への言及がなされる

3. は比較的やさしい問題です。これまでも学習してきたように、 ステージ3 **はそれまでに述べたことをまとめ、これからすること・してもらうことに対する言及につなげます**。このトークでは、会社の営業成績に対する分析が述べられた後で、聞き手に意見を求める流れとなっています。

例題の解答

🎧 CD-71 🇨🇦

Questions 1 through 3 refer to the following excerpt from a meeting and chart.

ステージ1 Let's get started. I'm Peter Wozniak from Archer and Associates. Today I'd like to share the results of the sales analysis that we did for your company. **ステージ2** Both your garment dry cleaning and your shirt laundering services have strong sales. Of the other two services—the ones you started offering just last year—drapery cleaning has not gained popularity. I recommend you stop offering that service and launch an ad campaign to grow the other new service. **ステージ3** So I can make some additional recommendations, after this meeting, could each of you send me an e-mail with your ideas about what kind of customers would be interested in this service?

語句 □analysis【名】分析　□garment【名】衣類　□laundering【名】アイロンがけ
□drapery【名】カーテン生地　□launch a campaign キャンペーンを開始する
□additional【形】追加の

【訳】
問題1-3は次の会議の一部と表に関するものです。
さあ、始めましょうか。私はArcher and Associates社のPeter Wozniakと申します。本日は、御社に対して私たちが行った営業分析の結果を発表させていただきたいと思います。御社の衣類ドライクリーニングおよびシャツのアイロンがけサービスの売り上げは好調です。他の2つのサービスは去年始まったものですが、カーテン洗浄につきましては顧客を十分獲得していません。このサービスは停止して、もう1つの新サービスを伸ばすための広告キャンペーンを行うことをお勧めします。追加のご提案をさせていただきたく思いますので、この会議の後、私宛てに各自メールで、どのような顧客がこのサービスに関心を持つのかに対する考えを送っていただけないでしょうか。

196

売り上げ

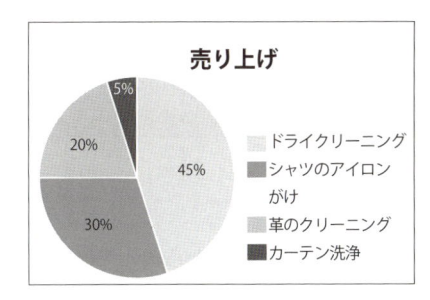

- ドライクリーニング 45%
- シャツのアイロンがけ 30%
- 革のクリーニング 20%
- カーテン洗浄 5%

1. 正解：(D)
話し手はどのような会社に勤めていますか。
(A) ドライクリーニング店
(B) インテリアデザイン会社
(C) 衣料品店
(D) コンサルティング会社

2. 正解：(C)
図を見てください。話し手はどのようなサービスを宣伝するように勧めていますか。
(A) 衣類のドライクリーニング
(B) シャツのアイロンがけ
(C) 革のクリーニング
(D) カーテン洗浄

3. 正解：(A)
話し手は聞き手に何を求めていますか。
(A) Eメールを送る
(B) 新サービスについて話す
(C) 数字を確認する
(D) 顧客に会う

Part 4「説明文問題」

模擬問題にチャレンジ

おまかせ！演習問題

CD-72~77

音声を聞き、設問の答えとして最も適切なものを (A) ～ (D) の中から選んで解答欄にマークしてください。

1. What type of business has been reached?
   - (A) A food market
   - (B) A restaurant
   - (C) A magazine publisher
   - (D) A clothing store

   Ⓐ Ⓑ Ⓒ Ⓓ

2. On which day does the business start late?
   - (A) Monday
   - (B) Tuesday
   - (C) Friday
   - (D) Saturday

   Ⓐ Ⓑ Ⓒ Ⓓ

3. What does the speaker mention about the business?
   - (A) It is open all the time.
   - (B) It provides catering services.
   - (C) It has a variety of menu items.
   - (D) Its operating hours have changed.

   Ⓐ Ⓑ Ⓒ Ⓓ

4. What department does the woman work in?
   - (A) Finance department
   - (B) Security department
   - (C) Public relations department
   - (D) Personnel department

   Ⓐ Ⓑ Ⓒ Ⓓ

5. According to the speaker, what will happen on Friday?
   - (A) A new employee will be introduced.
   - (B) Building renovations will be completed.
   - (C) A new security system will be adopted.
   - (D) A meeting will begin.

   Ⓐ Ⓑ Ⓒ Ⓓ

6. What are the listeners asked to do?
   - (A) Extend a deadline
   - (B) Provide an identification number
   - (C) Telephone the woman's office
   - (D) Visit the seventh floor

   Ⓐ Ⓑ Ⓒ Ⓓ

7. What is this speech mainly about?

   (A) An annual company picnic
   (B) A cost reduction plan
   (C) An award-winning employee
   (D) A new product design

8. According to the speaker, what is true about Kirsten Thomas?

   (A) She joined the company last month.
   (B) She is the leader of a sports team.
   (C) She has worked at a sports center before.
   (D) She is currently out of work.

9. What department does Kirsten Thomas work in?

   (A) Accounting
   (B) Manufacturing
   (C) Purchasing
   (D) Product development

10. Who is Grace Reid?

    (A) A company head
    (B) A fashion designer
    (C) An economist
    (D) A television broadcaster

11. What will Ms. Reid most likely talk about?

    (A) Her family
    (B) Her latest trip
    (C) Her business experience
    (D) Her new design

12. What is stated about Omega Dynamics?

    (A) It will open a store in India.
    (B) It is based in Ms. Reid's hometown.
    (C) It is a broadcasting company.
    (D) It is a subsidiary of a European company.

13. Who directed an award-winning movie?

(A) Madison King
(B) Thomas Sanford
(C) Russell Copland
(D) Charlie Robertson

Ⓐ Ⓑ Ⓒ Ⓓ

14. What does the speaker mean when she says, "Tonight, you're in for a special treat"?

(A) She will share a popular cake recipe.
(B) A special guest will appear on a show.
(C) Some listeners can win a prize.
(D) Listeners can call to get career advice.

Ⓐ Ⓑ Ⓒ Ⓓ

15. What will listeners most likely hear next?

(A) A commercial message
(B) An interview with an actor
(C) An update on road conditions
(D) A description of an invention

Ⓐ Ⓑ Ⓒ Ⓓ

Company	Interviewee
TDM Manufacturing	Sophia Korhonen
Krakow Kitchen	Irena Kaminski
Camden Web Services	Caterina Barbu
Signs 'n' Things	Hanna Renard

16. What is the purpose of the call?

(A) To request an interview
(B) To notify of a change of plans
(C) To apologize about a mistake
(D) To respond to an inquiry

Ⓐ Ⓑ Ⓒ Ⓓ

17. Look at the graphic. Who did the speaker receive a call from?

(A) Sophia Korhonen
(B) Irena Kaminski
(C) Caterina Barbu
(D) Hanna Renard

Ⓐ Ⓑ Ⓒ Ⓓ

18. What is the listener instructed to do?

(A) Submit a manuscript
(B) Modify a document
(C) Contact business owners
(D) Travel for business

Ⓐ Ⓑ Ⓒ Ⓓ

Part 4 「説明文問題」
模擬問題の解答と解説

おまかせ!
演習問題解説

1-3. CD-72 🇨🇦

Questions 1 through 3 refer to the following message.

<u>ステージ1 Thank you for calling Ray Wonder's Café & Bakery. Our shop is currently closed.</u> ステージ2 Our regular business hours are from 7 A.M. to 3 P.M., Monday through Friday. <u>On Saturday and Sunday, we are open from 8 A.M. to 3 P.M.</u> If you leave a message, our staff will contact you as soon as possible. At Ray Wonder's Café & Bakery, all our menu items are available for take-out. You can place your order for pickup or delivery on our Web site at www.raywonders.com. <u>We always offer a wide selection of fresh, delicious breakfast items, sandwiches, soups, salads and coffee, at modest prices.</u> ステージ3 We look forward to serving you.

語句 □pickup【名】(注文した品の店での)受け取り　□delivery【名】配達
　　　□modest【形】適切な、適度な

【訳】
問 1-3 は次のメッセージに関するものです。
Ray Wonder's Café & Bakery にお電話をいただきまして、ありがとうございます。当店はただ今の時間、営業しておりません。通常の営業時間は月曜日から金曜日までは午前 7 時から午後 3 時、土曜日と日曜日は午前 8 時から午後 3 時となっております。ご伝言を残していただければ、スタッフが迅速にご連絡いたします。Ray Wonder's Café & Bakery では、メニューにある全品について、テークアウトできます。受け取りや配達のご注文は当店のホームページ www.raywonders.com で承っております。当店では幅広い種類の新鮮でおいしい朝食メニュー、サンドイッチ、スープ、サラダ、そしてコーヒーをお手ごろな価格で常にご提供しております。ご来店をお待ちしております。

1. 正解：(B)

どのような店に電話がつながっていますか。
(A) 食品市場
(B) レストラン
(C) 雑誌出版社
(D) 衣料品店

解説 冒頭の Café & Bakery および menu などのキーワードを拾いながら話を聞くと、レストランであることが分かります。

2. 正解：(D)

店の営業開始時間が遅いのは何曜日ですか。
(A) 月曜日
(B) 火曜日
(C) 金曜日
(D) 土曜日

解説 営業時間を尋ねる問題です。 ステージ2 の最初で平日と週末それぞれの時間が述べられていました。整理して聞いていれば正解できるでしょう。

3. 正解：(C)

話し手はこの店についてどのようなことを言っていますか。
(A) 24時間営業である。
(B) 仕出しサービスをしている。
(C) たくさんの品がメニューにある。
(D) 営業時間が変わった。

解説 (A)、(D) は営業時間をしっかり聞いていれば、誤りと判断できます。(B) について、pickup や delivery はできると言っていますが、それらは catering（仕出し、パーティー出張サービス）とは異なります。

4-6. CD-73 🇬🇧

Questions 4 through 6 refer to the following announcement.

ステージ1 This is Ellen Rosenstein, manager of the security department. I'd like to let you know that the new identification badges have just come in, and that the old ones will be invalid from Friday. **ステージ2** The new badge will unlock the doors of the building, which we believe will make our company a safer place to work. **But**, without this card, you won't be able to enter the building or any of the meeting rooms. **So**, remember to come by the security department on the 7th floor to pick up your new badge by Thursday. **ステージ3** If you have any questions, you can call me at extension 2176. Have a good week.

語句 □invalid【形】無効の　□unlock【他動】~を開錠する、~のロックを解除する
□extension【名】内線(番号)

【訳】
問題 4-6 は次のお知らせに関するものです。
警備部長の Ellen Rosenstein です。皆さんの新しい身分証明バッジが届いたこと、そして、古いバッジは金曜日から無効になることをお知らせいたします。この新しいバッジでは建物のドアのロック解除ができます。これにより、当社はより安全に働ける場所になるでしょう。しかし、このカードがないと、建物やどの会議室にも入ることができなくなります。ですから、木曜日までに忘れずに 7 階の警備部まで、皆さんの新しいバッジを取りにいらしてください。質問がございましたら、内線 2176 までお電話ください。それでは、よい 1 週間をお過ごしください。

4. 正解：(B)

女性はどの部署で働いていますか。
(A) 財務部
(B) 警備部
(C) 広報部
(D) 人事部

解説 女性はトークの冒頭で自分の名前の後に続けて manager of the security department と役職も述べています。ここを逃さず聞き取りましょう。

5. 正解：(C)

話し手によると金曜日に何が起こりますか。
(A) 新しい従業員が紹介される。　　(B) 建物の修繕が完了する。
(C) 新しい警備システムが採用される。　(D) 会議が始まる。

解説 the old ones will be invalid from Friday が直接答えにつながる部分でした。ここがうまく聞き取れなくても、 ステージ2 で、新しいセキュリティーカードでオフィスや会議室に入るといったことが告知されています。これを把握していれば正解できます。

6. 正解：(D)

聞き手たちは何をするように言われていますか。
(A) 締め切り日を延長する。　　(B) 身分証明番号を教える。
(C) 女性のオフィスに電話する。　(D) 7階を訪れる。

解説 (A)、(B) の内容については言及がありません。(C) は、女性は質問があるときに you can call me（電話してもよい）とは言っていますが、聞き手全員に電話するよう頼んでいるわけではありません。それに対し、(D) の警備部に出向くことは remember to come（忘れずに来てください）と言っていますので、これが正解です。

7-9. CD-74

Questions 7 through 9 refer to the following speech.

ステージ1 Congratulations to August's Employee of the Month, Kirsten Thomas. As far as growing team spirit at Morris & Co., Kirsten is first-rate both in the office and on the volleyball court. ステージ2 For the 4th year in a row, she has been captain of the company's volleyball team. She's been recognized not just for her tough work and achievements within the office, but for her employee spirit that encourages devotion and confidence. Nice job, Kirsten. **In addition**, her colleagues have always pointed out her commitment, her leadership in managing work as an assistant director of product development, her support to new staff and excellence in keeping up with all the different deadlines. ステージ3 Congratulations, Kirsten, and thanks for all your hard work.

語句
□spirit【名】精神　□in a row 連続して　□recognize【他動】〜を認識する、〜を認める
□achievement【名】業績、達成　□devotion【名】献身、専念
□confidence【名】自信、信頼　□colleague【名】同僚
□point out 〜　〜を指摘する　□commitment【名】献身、深い関与、責任
□keep up with 〜　〜に遅れずについていく

【訳】
問題 7-9 は次のスピーチに関するものです。
8月の月間最優秀社員賞おめでとうございます、Kirsten Thomas さん。Morris 社における団結心をはぐくむことに関して言えば、Kirsten さんは仕事場でもバレーボールのコートでも第1級です。4年連続で、彼女は会社のバレーボールチームの主将を務めています。職場での熱心な仕事ぶりと業績だけではなく、献身と信頼を促す社員精神で知られています。素晴らしいですね、Kirsten さん。加えて、彼女の同僚たちは、彼女の責任感や製品開発部のアシスタントディレクターとして仕事を管理する上でのリーダーシップ、新しいスタッフへの気配りやさまざまな締め切りを順守する優れた能力についても指摘しています。おめでとうございます、Kirsten さん。あなたの献身的な仕事に感謝しています。

7. 正解：(C)
このスピーチは主に何についてのものですか。
(A) 毎年恒例の会社のピクニック　　　(B) 経費削減の計画
(C) 表彰された従業員　　　　　　　　(D) 新製品のデザイン

解説　冒頭に出てくる Employee of the Month（月間最優秀社員）という表現を知っていればすぐに正解できますが、これを知らなくてもトーク全体の内容が理解できていれば分かるでしょう。Kirsten Thomas さんの会社への貢献について述べられていますから、(C) が正解です。その他の選択肢の内容には言及がありません。

8. 正解：(B)
話し手によると、Kirsten Thomas さんに当てはまることは何ですか。
(A) 彼女は昨年会社に入社した。
(B) 彼女はスポーツチームのリーダーである。
(C) 彼女はスポーツセンターで以前に働いていた。
(D) 彼女は現在仕事をしていない。

解説 ステージ1 の終わり、および ステージ2 の最初に言及があります。もしこれを聞き逃してしまった場合でも、トークの内容を押さえていけば消去法でも正解できる問題です。

9. 正解：(D)

Kirsten Thomas さんはどの部署で働いていますか。
(A) 経理部
(B) 製造部
(C) 資材購入部
(D) 商品開発部

解説 ステージ2 の後半に work as an assistant director of product development と言及があります。ここを聞き逃すと正解できない問題です。集中力を切らさないようにしましょう。

10-12. CD-75

Questions 10 through 12 refer to the following excerpt from a talk.

ステージ1 Let me introduce today's guest, Grace Reid, president of Omega Dynamics. ステージ2 Ms. Reid is originally from Wales, in the United Kingdom, but moved to New Zealand 10 years ago to start her own business. **As you know**, Omega Dynamics is the nation's leading clothing retail chain now, and it has started getting attention from outside New Zealand. **Today**, I'd like to hear from her about why she decided to set up her first company here instead of in the United Kingdom and how the company has grown. **Also**, a lot of people are likely to be curious about this company's future plans, **especially** about the news that Omega Dynamics is opening its first overseas store in India, which hit the headlines a few days ago. I'm going to ask her about it as well. ステージ3 **So**, Ms. Reid, welcome to the show.

語句 □retail【名】小売業　□headline【名】大見出しで報じられる記事

【訳】
問題 10-12 は次のトークの一部に関するものです。
今日のゲストを紹介させてください。Omega Dynamics 社社長の Grace Reid さんです。Reid さんはもともとイギリスの Wales 出身ですが、10 年前にニュージーランドに渡り、自分の会社を始めました。ご存じの通り、Omega Dynamics 社は現在では国内の衣服小売りチェーンのトップを走っており、ニュージーランド国外からも注目を集め始めています。本日は、彼女になぜ最初の会社をイギリスではなく、ここに設立することを決めたのか、そしてどのように会社が大きくなっていったのかをお聞きしたいと思います。また、たくさんの人がこの会社の将来の計画、特に、Omega Dynamics 社が最初の海外店舗をインドに開くというニュースに関心があると思います。これは数日前に大ニュースになりました。こちらについても、彼女にお聞きしたいと思います。それでは Reid さん、番組にようこそ。

10. 正解：(A)
Grace Reid さんとは誰ですか。
(A) 会社の社長
(B) ファッションデザイナー
(C) 経済学者
(D) テレビのアナウンサー

解説 最初で述べられている president of Omega Dynamics を聞き取れば正解できますが、これを知らなくてもトーク全体の内容が理解できていれば、(A) を選べます。**company head や head of a company は president の言い換え表現**としてよく出てきます。

11. 正解：(C)
Reid さんは何について話すと思われますか。
(A) 彼女の家族
(B) 彼女の最近の旅行
(C) 彼女の仕事の経験
(D) 彼女の新しいデザイン

解説 ステージ2 の概要をつかみましょう。大まかに意味が理解できれば正解にたどり着けますが、clothing、overseas などのような断片の単語から判断すると間違った答えを選んでしまうかもしれません。全体的な内容とあまり関係しない情報が問われることは少ないので、トークの大きな流れを見失わない聞き方を身に付けましょう。

12. 正解：(A)

Omega Dynamics 社について何が言われていますか。
(A) インドに店舗を開く。
(B) Reid さんの故郷にある。
(C) 放送局である。
(D) ヨーロッパの会社の子会社である。

解説 Omega Dynamics is opening its first overseas store in India とはっきり言及がありますので、(A) が正解です。これが聞き取れなかった場合、消去法でも判断できます。(B) の Reid さんの出身地は Wales です。(C) について、Omega Dynamics は衣料品の会社で、放送局に関係したという言及はありませんでした。(D) の事業を始めた場所はニュージーランドです。

13-15. CD-76

Questions 1 through 3 refer to the following broadcast.

ステージ1 Good evening. You're listening to Lafayette Public Radio. This is *All Things Entertainment*, and I'm your host, Madison King. **Tonight**, you're in for a special treat. ステージ2 Actor Thomas Sanford, who won this year's best actor award for his performance as inventor and entrepreneur Russell Copland in the movie, *Whatever Works*, is here with me in the studio. The film also won the award for best cinematography. For years, Thomas struggled as an actor, playing only minor roles and remaining largely unknown. All that changed, **however**, when director Charlie Robertson cast him in the leading role of *Whatever Works*. ステージ3 In this interview, I will talk to Thomas about the movie as well as his career before making it big. **So** without further delay, here is Thomas Sanford.

208

語句 □inventor【名】発明家　□entrepreneur【名】起業家、投資家
□cinematography【名】映像技法　□struggle【自動】苦労する

【訳】
問題 13-15 は次の放送に関するものです。
こんばんは。お聞きいただいているのは Lafayette 公共ラジオの All Things Entertainment で、私は司会の Madison King です。今夜は特別なお楽しみをご用意しています。俳優の Thomas Sanford さんです。Thomas さんは映画 Whatever Works での発明家・起業家 Russell Copland 役で今年の最優秀俳優賞を受けられましたが、その彼がこちらのスタジオにいらっしゃいます。映画は最優秀映像賞も受けられています。Thomas さんは何年も俳優として苦しい時代があり、端役しかもらえず、あまり名を知られることはありませんでした。Charlie Robertson 監督が Whatever Works の主役に大抜てきしたときから大きな飛躍が訪れました。今日のインタビューでは、有名になる前の経歴と同時に、映画について Thomas さんとお話しできればと思っています。それでは早速ご紹介します。Thomas Sanford さんです。

13. 正解：(D)
受賞作映画を監督したのは誰ですか。
(A) Madison King
(B) Thomas Sanford
(C) Russell Copland
(D) Charlie Robertson

解説 人名を尋ねる問題です。(A) は I'm your host, Madison King. と話し手が述べているため、不適切です。Thomas Sanford, who won this year's best actor award for his performance as inventor and entrepreneur Russell Copland in the movie とあるので、(B) は俳優、(C) は演じる役のことだと分かります。監督しているのは when director Charlie Robertson cast him in the leading role of Whatever Works. と述べられているように、(D) Charlie Robertson です。

14. 正解：(B)

話し手が "Tonight, you're in for a special treat" という際、何を意図していますか。
(A) 彼女は人気のあるケーキのレシピを教える。
(B) 特別ゲストが番組に登場する。
(C) リスナーがプレゼントをもらえる。
(D) リスナーが仕事に関するアドバイスをもらうために電話できる。

解説 文脈を問う問題です。この後に Actor Thomas Sanford, ... is here with me in the studio. と続いているので (B) が正解です。(A)、(C)、(D) は treat に「もてなし」「ごちそう（のお菓子）」「ご褒美」などの意味があることから連想される選択肢ですが、文脈と一致しません。

15. 正解：(B)

聞き手は次に何を聞きますか。
(A) コマーシャル
(B) 俳優のインタビュー
(C) 道路の状態の最新情報
(D) 発明の内容

解説 **ステージ3** の最後で I will talk to Thomas about the movie ... here is Thomas Sanford. と言っているので (B) が正解です。(A) や (C) は TOEIC には頻出の設定ですが、トーク全体の流れをつかめていれば不正解と判断できます。(D) の発明に関する話は **ステージ2** で触れられていますが、これは映画のストーリーの中のことなので不正解です。

16-18. 🎧 CD-77 🇺🇸

Questions 16 through 18 refer to the following telephone message and list.

ステージ1 Hi, Trevor—I'm calling about one of the interviews you are conducting with local business owners. There's a schedule change I want to let you know about. **ステージ2** You're planning to interview the president of Camden Web Services tomorrow, right? I just got a call from her. She said something urgent came up and she won't be able to make it. **ステージ3** Could you call the other interview candidates on the list and see if one of them can do an interview on short notice? That way, we can still publish something in the Sunday paper. Thanks.

語句 □conduct an interview インタビューをする　□local【形】地元の　□urgent【形】緊急な
□come up 生じる、起こる　□make it（予定した場に）現れる、行ける
□candidate【名】候補者　□on short notice いきなり　□publish【他動】〜を出版する

【訳】
問題 16-18 は次の電話メッセージとリストに関するものです。
もしもし、Trevor さん。――地元の企業経営者にしてもらうインタビューの件でお電話をしています。スケジュールの変更があり、そのお知らせです。明日は、Camden Web Services の社長にインタビューすることになっていますね。今、社長からお電話がありまして、緊急の用事が生じてしまい、インタビューにいらっしゃれないそうです。リストにある他のインタビュー候補者に電話して、緊急で誰かインタビューに応じてくれる人がいないか確認してもらえますか。そうしたら、日曜日の新聞に何か載せられます。よろしく。

会社名	インタビューを受ける人
TDM Manufacturing	Sophia Korhonen
Krakow Kitchen	Irena Kaminski
Camden Web Services	Caterina Barbu
Signs 'n' Things	Hanna Renard

16. 正解：(B)
電話の目的は何ですか。
(A) インタビューを依頼する
(B) 予定の変更を知らせる
(C) 間違いについて謝罪する
(D) 問い合わせに対応する

解説 電話の目的は **ステージ1** で述べられています。最初に I'm calling about one of the interviews ... とインタビューのことだと話を切り出し、続けて There's a schedule change I want to let you know about. と述べているので、この部分を言い換えた (B) が正解です。

17. 正解：(C)
図を見てください。話し手は誰から電話をもらいましたか。
(A) Sophia Korhonen
(B) Irena Kaminski
(C) Caterina Barbu
(D) Hanna Renard

解説 **ステージ2** では、**ステージ1** での話題を受けた詳細情報が展開されています。You're planning to interview the president of Camden Web Services tomorrow, right? I just got a call from her. と話し手が言っています。表を確認すると、Camden Web Services という会社名の右には Caterina Barbu とあるので、(C) が正解です。

18. 正解：(C)
聞き手は何をするように言われていますか。
(A) 原稿を提出する
(B) 書類を手直しする
(C) 企業経営者に連絡する
(D) 出張する

解説 **ステージ3** で話し手は Could you call the other interview candidates on the list and see if one of them can do an interview と依頼しています。リストの中でインタビューに応じられる人を探すということを言い換えた (C) が正解です。

Part 4「説明文問題」
Vocabulary List

おまかせ!
重要語句リスト

Part 4 の設問文と選択肢でよく使われる語・語句をまとめました。1 つの語から別の語を関連付けて覚えるようにしましょう。

DL-16

schedule【他動】〜の予定を決める【名】予定表
- the **schedule** for a project プロジェクトの予定表
- **schedule** a meeting ミーティングの予定を決める

派生語
- **scheduled**【形】予定された
  - a **scheduled** flight 予定されたフライト
  - I'm **scheduled** to see 〜 〜に会う予定だ

direct【他動】〜を指示する【形】直接の

派生語
- **direction**【名】管理、指図、方向、道順
- **directly**【形】直接に

provide【他動】〜を供給する、〜を提供する
- **provide** an identification number 身分証明番号を教える
- **provide** +人+ with +もの・こと (もの・こと) を (人) に与える
- **provide** +もの・こと+ to [for] +人 (人) に (もの・こと) を提供する
- **provided** (that) / **providing** (that) もし ... ならば

discuss【他動】〜を話し合う、〜を議論する (= talk about 〜)
- **discuss** a new company policy 新しい会社の方針を議論する
- **discuss** + with +人 (人) と話し合う

213

announce【他動】〜を知らせる

類義語
- **inform**【他動】〜を知らせる
- **notify**【他動】〜を知らせる
  → 用法の違いに注意：(もの・こと) を知らせる
    announce +もの・こと+ **to** 〜、**announce that** ...
    inform/notify +人+ **of** +もの・こと、**inform/notify** 人+ **that** ...
- **announce** a relocation 移転を知らせる
- **inform** of a delay 遅れを知らせる

派生語
- **announcement**【名】発表、告知
- **information**【名】情報
- **notification**【名】通知、告示

complete【他動】〜を完成させる【形】完全な、完成した
- **complete** an order 注文を完了する
- Interior renovations are **complete**. (内装は完成している)

register【自動】登録する (= sign up)
- **register** for 〜 〜に登録する

plan【他動】〜を計画する【名】計画
- **plan** a dinner party 夕食会を計画する
- a cost reduction **plan** 経費削減計画
- **plans** for a movie project 映画のプロジェクトの企画

purchase【他動】〜を購入する【名】購入
- **purchase** department 資材購入部

available【形】(ものが) 入手できる、(人が) 応対できる、手が空いている

order【他動】～を注文する、～を命令する【名】注文、命令、順序
・**order** another product 他の製品を注文する
・place an **order** 注文する
・put items in the correct **order** 品物を正しい順序に並べる

transportation【名】交通機関
・use a different method of **transportation**
　= **use an alternate type of transportation** 別の交通機関を使う

promote【他動】～を進める
・**promote** a recent product 最近の製品を宣伝する
　→ このような「宣伝する」は advertise との言い換えが可能。

detail【名】詳細【他動】～を詳しく述べる
・**detailed** information 詳細情報
・in **detail** 詳しく

coupon【名】割引券、優待券、クーポン　　→ voucher とよく言い換えられる。

invoice【名】送り状

215

Part 5
短文穴埋め問題
Incomplete Sentences

Part 5「短文穴埋め問題」
パートの概要

問題形式と出題・解答の流れ

問題形式

15〜25語程度の英文に空所が1つあり、(A)〜(D)の4つの選択肢から、補うのに最も適切なものを選び英文を完成させます。

問題数：30問
解答時間の目安：1問につき平均30秒以内

サンプル問題

> Most prestigious companies spend a ------- amount of time training their employees.
>
> (A) significantly
> (B) significant
> (C) significance
> (D) signify
>
> Ⓐ Ⓑ Ⓒ Ⓓ

サンプル問題の解答

正解：(B)

【訳】多くの名だたる企業では自社の従業員の研修にかなりの時間を使っている。

(A) significantly	【副】	かなり、重要なことに、意味ありげに
(B) significant	【形】	かなり、重要な、意味ありげな
(C) significance	【名】	重要性
(D) signify	【他動】	〜を意味する

語句 □prestigious【形】名声のある、一流の　□amount【名】量

解説 選択肢には頭の部分が同じつづりになっている単語が並んでいます。これは品詞の区別を問う問題です。空所の前は限定詞である冠詞のa、後ろにはamountという名詞があります。＜限定詞＋形容詞＋名詞＞が基本的な語順なので、空所に入れることができるのは形容詞の (B) significant です。

Part 5 の傾向と対策

Part 5 では主に語彙と文法の知識が試されます。しかし、単純にルールや意味を暗記しただけでは解けない問題も多いため、注意が必要です。

高スコアを目指すなら語彙を重視!

Part 5 で語彙問題が占める割合はほぼ半分です。加えて、文法問題を解く際も、問題文中の知らない語に惑わされないためには、やはり語彙力が必要です。TOEIC で出題される語彙はビジネスシーンで日常的に使われる語が中心です。学問的な語、スラングや若者言葉、文学的な凝った語、ことわざといった英米文化の知識を要するものなどはまず出題されないと思っていいでしょう。その代わりに、基本的な語については単に意味を知っているだけではなく、語法や一緒に使われやすい語 (p.239 を参照) など、その語に深くなじんでいることが要求されます。従って、新しい語を覚えるときは、できるだけ英文の中で覚えることが大事です。

知識の量より質が大切!

文法問題の中では品詞の理解を問う問題が半分近く出題されます。その他の出題されやすい項目は、代名詞、動詞の形を問う問題などの基本的な用法です。ネイティブスピーカーの中でも意見が分かれるような細かい用法などは出題されません。Part 5 はスピードを意識し、なるべく時間をかけないことが大切です。知識をしっかり整理しておいて、素早く解き進めましょう。語彙と同様に、難しい項目をたくさん知っていることよりも、基本的な項目をしっかり理解できているかが問われています。

意味と形の両面にバランスよく気を配りながら、読む英文の量を増やす

Part 5 の対策には、同形式の問題演習を通じて出題パターンと基本的な知識を整理することが大切ですが、普段から英文を読む際に意味 (内容) と形 (文の構造) の 2 つに気を配ることも有効です。その意識が得点力の基礎になる語彙・文法力に結びつきます。和訳したり、日本語の語順や構造に引きずられたりすることなく、英語を英語のままで理解するようにしましょう。英文の構造をとりながらも、きちんと内容が頭に残るような読み方ができるようになるのが理想です。

Part 5「短文穴埋め問題」
Q&A形式で学ぶ攻略ポイント

おまかせ！730点を目指すあなたの
お悩み相談室

Q&A 解答法についてのお悩み

730点を取るため、本番で取るべき戦略は？
試験当日に Part 5 を解くとき、気を付けるべき点はありますか。

解けるものを「サクサク」解くことを意識しましょう。

TOEIC のリーディングは **75 分で 100 問を解かなくてはならないという非常に時間制限の厳しい試験**です。**適切な時間配分**もスコア獲得のためには欠かせません。

Part 5 は残念ながら**「知らないと解けない」タイプ**の問題です。知らない文法事項や単語に悩み、時間をかけても仕方がないので、できる問題に的を絞りましょう。基本的には「サクサク進む」という意識を持つことをお勧めします。文法や語彙の力を付けるのは試験ではなく、日ごろの学習ということを忘れないでください。

反対に、Part 7 の文章などは、時間をかけて読めば正解できるものも少なくありません。Part 5 に時間をかけ過ぎて、Part 7 を読む時間がなくなってしまった、などということにならないよう、気を付けましょう。

Q&A 対策法についてのお悩み

Part 5 が苦手です。

大学入試では文法は割と得意だったはずなのに、Part 5 の正解率はあまり上がりません。TOEIC には特殊な文法事項が出るのでしょうか。大学受験で学んだことを生かす方法はないですか。

問われているポイントを
正確に把握する力をつけましょう。

試される文法知識という視点だけから言えば、TOEIC で出題される問題は中学校で習うものが大半で、大学受験で出題されるレベルのものよりずっと簡単だと思います。注意してほしいのは、**「Part 5 で正解する能力」＝「英文法の力」と単純に考えるべきではない**、ということです。TOEIC の文法が難しく見え、正解できない原因の多くは問題文の空所以外の部分に必要以上に惑わされて、何が問われているかを見失ってしまうことにあります。文構造が複雑に見えたり、語彙が少し難しい場合でも、問われているポイントがどこなのか、素早く突き止められる解答力を身に付けましょう。

もちろん、品詞の区別、文構造の見極め、動詞の変化形など TOEIC 頻出の基本的なルールを忘れている場合には、きちんと整理して頭に入れておくことも大事です。本書では、文法メンテナンスでそういった点をまとめています。また TOEIC では、それに加えて、特に**ビジネスの場面で使われるような英語に触れる機会を増やしておき、英文に慣れることを意識**すると、これまで習った英文法の知識をうまく生かして解答する力が付くでしょう。

Part 5「短文穴埋め問題」
Unit 1　品詞の区別を問う問題

各品詞の「入るべき位置」「語尾」を押さえる

選択肢に同じ単語の変化形（派生語）が 4 つ並んでいる場合、たとえ英文全体の意味を正確に理解していなくても正解できる場合があります。**文構造を見抜き、文の中でそれぞれの品詞が入るべき位置を押さえておく**ことと、選択肢にある**各語の語尾で品詞を判断する**ことが大事です。

例題

品詞の入るべき位置、語尾に注意し、問題の答えとして最も適切なものを 1 つ選びましょう。

Ms. Herbert has ------- stated that she is going to resign by the end of October.

(A) repeat
(B) repeatable
(C) repeated
(D) repeatedly

Ⓐ Ⓑ Ⓒ Ⓓ

解ける人の視点

▶ **英文の意味より形に注目する**

Part 5 では文構造を把握することが大切です。例題では空所の前に Ms. Herbert has があり、後ろに stated that があります。文頭に固有名詞 Ms. Herbert があるのでこれが主語、また、has stated が動詞部分を形成するはずです。つまり、空所は現在完了を作る< have + -ed/-en 形 >の間に入り込むことができる品詞と予測できます。

▶ 語尾を見て品詞の判別をする

文構造をざっと確認したらさっと**選択肢を確認し、同じような形が並んでいたらそれぞれの品詞も確認**しておきましょう。例題の選択肢を見てみます。(A) repeat は動詞か名詞です。-able は形容詞を作る語尾ですから、(B) repeatable は形容詞です。(C) repeated は動詞の -ed/-en 形ですから、形の上では過去形か、前の has と共に現在完了形となるか、あるいは形容詞のように機能するとも考えられます。(D) は -ly で終わっている語なので、大抵は副詞と考えましょう。

▶ 各品詞の入るべき位置を把握する

それぞれの品詞が文中で取れる位置には決まりがあります。これをしっかりと整理しておくことが重要です。例題の<have + -ed/-en 形>の間に入り込むことができるのは、基本的に名詞以外の何にでもかかることができ、位置が比較的自由な副詞です。(A) や (C) のような動詞の原形および変化形は入れることができません。また、(B) の形容詞もこの位置では名詞にかかる働きができないため、入りません。

例題の解答

正解：(D)

【訳】Herbert さんは 10 月の終わりまでに辞めるつもりだとたびたび言っている。

- (A) repeat 　　　　【自／他動】（〜を）繰り返す　【名】繰り返し
- (B) repeatable 　　【形】繰り返し可能な
- (C) repeated 　　　【自動の -ed/-en 形】繰り返した【形】度重なる、繰り返される
- (D) repeatedly 　　【副】繰り返して、たびたび

おまかせ！文法メンテナンス
Part 5 頻出文法①

▌名詞句

Part 5 の品詞問題では、2 つ以上の語のかたまりが文法的にどのような働きをしているのかを見極めることが大切です。このかたまりの中で＜主語＋動詞＞の形でないものが句であり、名詞と同じ働きをする場合、名詞句と呼びます。

● **名詞句の基本パターン（名詞の働き）：**
　＜限定詞(a, an, the/his, her .../this ...)＋形容詞＋名詞＞

his　new　assistant（彼の新しいアシスタント）
限定詞　形容詞　　名詞

→ 3 語全体がかたまりで名詞と同じ働きをする

※上の基本パターンに加えて、限定詞のない場合や形容詞が 2 つ続く場合、限定詞と形容詞の間に副詞が入る場合もある。

● **名詞句の使い方**

名詞句は名詞と同じように、主語になったり、動詞の後ろに来たりします。

1. His new assistant is from London.
　（彼の新しいアシスタントはロンドン出身だ）※文の主語

2. Mimi Rader is his new assistant .
　（Mimi Rader は彼の新しいアシスタントだ）※主語の名詞を説明

3. I met his new assistant yesterday.
　（私は昨日、彼の新しいアシスタントに会った）※動詞の動作の対象

名詞＋＜前置詞＋名詞句＞

名詞句は前置詞と共に名詞にかかり、形容詞のように名詞を説明することもできます。このときの＜前置詞＋名詞句＞のかたまりを形容詞句と呼びます。

Passengers without boarding passes will not be allowed to fly.
　　名詞　　　　（前置詞　＋　名詞句）　形容詞句

（搭乗券を持っていない乗客は飛行機を利用することが許されないだろう）

動詞＋＜前置詞＋名詞句＞

名詞句は前置詞と共に動詞にかかり、副詞のように動詞を説明することもできます。このときの＜前置詞＋名詞句＞のかたまりを形容詞句と呼びます。

Ms. Nakagawa handled the project in a very professional manner .
　　　　　　　　動詞　　　　　　（前置詞　＋　　名詞句）　　副詞句

（Nakagawa さんは仕事に徹したやり方でそのプロジェクトを扱った）

▌品詞の変換

語尾の形を少し変えることで品詞が変わります。典型的なものを以下に紹介するので、関連付けて覚えましょう。

● 名詞／形容詞が動詞に変化

- **-ize**:　　　apology（謝罪）→ apolog**ize**
　　　　　　　final（最終の）→ final**ize**
- **-ify**:　　　simple（単純な）→ simpl**ify**
　　　　　　　clear（明確な）→ clar**ify**
- **-en**:　　　broad（広い）→ broad**en**
　　　　　　　strength（強さ）→ strength**en**

● 形容詞が副詞に変化

- **-ly**:　　　prompt（迅速な）→ prompt**ly**
　　　　　　　thorough（徹底的な）→ thorough**ly**

※ ただし -ly で終わる形容詞には要注意：cost**ly**（高価な）、time**ly**（時宜を得た）
※ -ly で終わるものには、形容詞と副詞の両方で使えるものもある
　：hour**ly**【形】1 時間ごとの、たびたびの【副】1 時間ごとに、たびたびに）、
　　ear**ly**（【形】早い【副】早く、早期に）
※ -ly で終わる動詞もある：rep**ly**（〜に返答する）、comp**ly**（〜に従う）

● 動詞が名詞に変化

- **-er**: copy（〜をコピーする）→ copi**er**
  employ（雇う）→ employ**er**（雇い主）
- **-ee**: employ → employ**ee**（従業員）
  attend（〜に出席する）→ attend**ee**（出席者）
- **-ment**: improve（〜を改良する）→ improve**ment**
- **-tion/-sion**: associate（付き合う）→ associa**tion**
  submit（〜を提出する）→ submis**sion**
- **-ance**: perform（〜を実行する）→ perform**ance**

● 形容詞が名詞に変化

- **-ness**: effective（効果的な）→ effective**ness**
- **-ty/-ity**: novel（目新しい）→ novel**ty**
  original（独創的な）→ originali**ty**
- **-ence**: confident（自信がある）→ confid**ence**
- **-cy**: efficient（能率的な）→ efficien**cy**

● 名詞が形容詞に変化

- **-y**: health（健康）→ health**y**
- **-ic/-ical**: economy（経済）→ econom**ic**/econom**ical**
- **-ful**: success（成功）→ success**ful**
- **-less**: care（注意）→ care**less**

● 動詞が形容詞に変化

- **-able**: manage（管理する）→ manage**able**

思考回路トレーニング

次の **1.**〜**3.** において、文中の空所に当てはまる語を選びましょう。また、その語の文中における品詞を書きましょう。

1. According to a survey, nearly 70 percent of employees have demonstrated a strong ------- for flexible work schedule.

(A) prefer   (B) preferable   (C) preferably   (D) preference

Ⓐ Ⓑ Ⓒ Ⓓ　品詞：(　　　　　　　　　　)

2. Alex Greenfield's energy and experience will be a ------- addition to the firm's marketing team.

(A) value   (B) valueless   (C) valuable   (D) valuation

Ⓐ Ⓑ Ⓒ Ⓓ　品詞：(　　　　　　　　　　)

3. Business owners are encouraged to meet with their accountants ------- to discuss the financial position of their businesses.

(A) regulated   (B) regulation   (C) regular   (D) regularly

Ⓐ Ⓑ Ⓒ Ⓓ　品詞：(　　　　　　　　　　)

思考回路トレーニングの解答と解説

1. 正解：(D)、名詞

【訳】ある調査によると、70パーセント近くの従業員が柔軟性のある勤務スケジュールに強い好感を示した。

(A) prefer 　　　【他動】〜の方が好きである
(B) preferable　　【形】よりよい、より好ましい
(C) preferably　　【副】なるべく、できれば
(D) preference　　【名】好むこと、希望

語句　□survey【名】調査　□demonstrate【他動】〜を示す、〜を明らかにする
　　　　□flexible【形】柔軟な、自由自在な

解説　＜限定詞＋形容詞＞が空所の前にあり、また後ろには＜前置詞＋名詞＞があるため、前の形容詞が説明している対象となる名詞が入ると考えられます。よって (D) preference が適切です。

227

2. 正解：(C)、形容詞

【訳】Alex Greenfield さんの活力と経験は、会社のマーケティング部における貴重な補強になるだろう。

(A) value 　　　　【名】価値（観）　【他動】〜を評価する
(B) valueless 　　【形】価値がない
(C) valuable 　　【形】有益な、高価な　【名】貴重品
(D) valuation 　　【名】評価、価値判断

語句　□addition【名】追加（add【他動】〜を加える　additional【形】追加の　additionally【副】加えて）

解説　**＜限定詞＋形容詞＋名詞＞という名詞句の基本パターン**を押さえておけば、空所には形容詞が入ることが分かります。(B) valueless、(C) valuable はともに形容詞ですが、ここでは文脈から、「活力」や「経験」などが「価値のある」ものだと判断するのが妥当です。

3. 正解：(D)、副詞

【訳】経営者たちは、会計士と定期的に会って、事業の財政状況について話し合うことが奨励される。

(A) regulated 　　【他動（-ed/-en 形）】制限した　【形】制限された
(B) regulation 　【名】制限、規制
(C) regular 　　　【形】定期的な、規則的な　【名】常連
(D) regularly 　　【副】定期的に、規則正しく

語句　□accountant【名】会計士　□financial【形】財政上の

解説　主語は Business owners、動詞部分は are encouraged to です。**be encouraged to do は「〜することが奨励されている」の意味**で、その後の meet with their accountants（彼らの会計士に会う）が奨励されている内容だと分かります。よって、**空所なしでも文が成立する**ため、ここでは副詞である (D) の regularly を入れることで meet の頻度について補足をする形になっています。

Part 5「短文穴埋め問題」
Unit 2　文構造の見極めを問う問題

1文中にある2つの文の かかり方を考える

2つの文をつないで1つの文を作る働きのものに、**接続詞・関係代名詞・関係副詞**があります。接続詞には2種類あり、①2つの文を対等に結ぶFANBOYS接続詞（p.63を参照）、②もう1つの文に副詞的にかかる（when、while、ifなど）と大別されます。関係代名詞や関係副詞と後に続く部分は、前にある名詞に形容詞的にかかります。

例題

2つの文のかかり具合に注意し、問題の答えとして最も適切なものを1つ選びましょう。

The number of tourists ------- visited Germany during the first eight months of this year increased by 20 percent, as compared to the same period last year.

(A) which
(B) while
(C) who
(D) where

Ⓐ Ⓑ Ⓒ Ⓓ

解ける人の視点

▶ **基本的な関係代名詞の機能・用法はマスターしよう**

関係代名詞は代名詞として、後ろに続く節の1要素として機能し、前の名詞を形容詞的に説明します。例題では空所の前の名詞は「人」を表すtouristsで、空所のすぐ後ろに動詞があるため、主語の働きをするものが入るはずだと分かります。

The number of tourists |who| visited Germany during the first eight months of this year ...
　　　　　　　　　名詞　　S　　　V

（今年の最初の8カ月間にドイツを訪れた観光客の数は…）

関係代名詞の格とかかる名詞の種類を確認しておきましょう。

229

かかる名詞 \ 格	主格（主語の働き）	所有限定詞（後ろの名詞にかかる）	目的格（目的語の働き）
人	who	whose	(who/whom)
もの・こと	which	whose	(which)
人・もの・こと	that	whose	(that)

▶＜接続詞＋主語＋動詞＋ ... ＞は副詞的にもう1つの＜主語＋動詞＋ ... ＞にかかる

FANBOYS 接続詞（p.63 参照）以外の接続詞の多くは、接続詞の後ろに＜主語＋動詞＋…＞という文の形がきて、副詞的にもう 1 つの節にかかる働きをします。ここで例題を見ると、空所の後ろには visited とすぐに動詞が来ていて、主語がありません。従って、接続詞の (B) while はここには不適切だと分かります。

Linda has been asked to fill in for her boss **while** he is on vacation.
　　S　　　　　V　　　　　　　　　　　　　　　接続詞　S　V

（Linda は彼女の上司が休暇に出ている間、穴を埋めるように頼まれた）

▶関係副詞は後ろに完全な形の節が来る

かかる名詞が場所ではないという理由からも例題の (D) where は不正解と判断できますが関係代名詞と関係副詞の違いについても押さえておきましょう。関係副詞も後に続くかたまりと共に形容詞のように名詞を説明しますが、**関係副詞の後には完全な形の節が来ます**。

Wade works at the plant **where** his father was an hourly worker for 30 years.
　　　　　　　　　　　　名詞　　　　　　　S　　V　　　　　　　　　　名詞

（Wade は父親が 30 年間時間労働者として働いた工場で働いている）

例題の解答

正解：(C)

【訳】年の最初の 8 カ月の間にドイツを訪れた観光客の数は昨年の同じ期間と比べて 20 パーセント増えている。

(A) which　　　関係代名詞 which
(B) while　　　接続詞 while
(C) who　　　　関係代名詞 who
(D) where　　　関係副詞 where

おまかせ！文法メンテナンス
Part 5 さまざまなthat

The American girl found that[1] that[2] "that[3]" that[4] "that[5]" followed was unnecessary.
（そのアメリカ人の女の子はあの「that」の前のあの「that」は不必要と気付いた）

上の例文は文法的には正しい文です。that にはさまざまな用法があり、それを利用した一種の言葉遊びになっています。

▍指示代名詞／指示形容詞
単独で使うと、「あれ、それ、あの（その）人」で、例文の that[2] のように名詞を後ろに伴うと「あの〜、その〜」です。
That is a strange experience.（それは奇妙な経験だ）
that event（そのイベント）

▍副詞
「このくらい、それほど、とても」など、so と同じ意味で使います。
I don't like Fez **that** much.（私は Fez のことはあまり好きではない）

▍名詞を作る接続詞
例文の that[1] で「…ということ」の意味になり、後ろには完全な文が続きます。この that は省略できます。
- know **that** ...（…を知っている）
- be pleased **that** ...（…でうれしい）
- the fact **that** ...（…という事実）
- so/such ... **that** 〜（とても…なので〜）

▍主格・目的格の関係代名詞
that[4] がこれに当たります。かかる名詞が only や very（まさに）を伴うと、特に that が好まれます。
John is the only person **that** can make me happy.
（John は私を幸せにしてくれる唯一の人だ）
Phoebe always gets what(= all the things **that**) she wants.
（Phoebe はいつも欲しいものはすべて手に入れる）

思考回路トレーニング

次の **1.** と **2.** において、2つの英文（a、b）がほぼ同じ意味となるように、bの空所に入る最も適切な語を書き込み、文を完成させましょう。

1. (a) Due to high fuel costs, a great number of Los Angeles residents started commuting by either bus or train to work.
   (b) Fuel costs significantly went up, (　　) a great number of Los Angeles residents started commuting by either bus or train to work.
2. (a) What always impresses us about Bridge Electronic engineers is how utterly professional they are.
   (b) The thing (　　) always impresses us about Bridge Electronic engineers is how utterly professional they are.

思考回路トレーニングの解答と解説

1. 正解：so

【訳】燃料のコストがとても高くなったので、多くのLos Angelesの住民はバスか車で職場まで通勤し始めた。

語句 □fuel【名】燃料　□a great number of 〜 たくさんの〜　□resident【名】住人、住民

解説 理由を表すものには due to や because of などもありますが、前置詞なので後ろに＜主語＋動詞部分＋ ... ＞というかたまりを取ることができません。意味が同じ前置詞（句）と接続詞（句）の区別を問う問題はTOEICに頻出です。また、FANBOYS接続詞である so との使い分けも大事です。

2. 正解：that

【訳】Bridge Electronic 社のエンジニアたちに話を聞いていつも印象的なのは、彼らがどれだけ本当にプロフェッショナルであるかだ。

語句 □impress【他動】〜に印象を与える（＝make an impression on 〜、give 〜 an impression）
□utterly【副】まったく（＝perfectly）

解説 The thing that の that は関係代名詞で、which に置き換えたり、省略することも可能です。(a)の what は関係代名詞ですが、かかっていく名詞を必要とせず、the thing that で書き換えることができます。

Part 5「短文穴埋め問題」
Unit 3　動詞に関する問題

原形、-ing形、-ed/-en形の使用パターンを押さえる

動詞とその変化形に関する問題は、**「原形」、「語尾が -ing の形」、「語尾が -ed/-en の形」がいつ使われるのか**、典型的な動詞の使い方を押さえておけば、ほとんどの場合に対応できます。

例題

原形、-ing 形、-ed/-en 形のどれが適切か、**動詞の語法**に注意し、問題の答えとして最も適切なものを1つ選びましょう。

Each passenger ------- to carry on one bag and one briefcase or purse as personal belongings.

(A) allow
(B) allowed
(C) is allowing
(D) is allowed

Ⓐ Ⓑ Ⓒ Ⓓ

解ける人の視点

▶「動詞の原形」の使用パターンを確認しよう

動詞の原形を置くことができるのは① **助動詞の後ろ**（Kenji cannot speak English.）、② **to の後ろ**（to eat）、③ make、help、have、let、see など **特定の動詞と一緒のとき**（Jackie made Hide do it.）と決まっています。また、②と③の場合、動詞の原形は文の動詞部分を構成することはありません。例題では空所の後ろの to carry on が②の使い方で、動詞部分を構成できません。よって、文に動詞が必要です。ここでは主語（Each passenger）と数が一致しないため、(A) allow を現在形とすることはできません。

233

▶ -ing形か、-ed/-en形かの判断はかかる名詞との意味関係で決まる

例題において、空所には動詞部分を形成するものが入ると分かりました。形の上では、(C) is allowing も (D) is allowed も可能ですが、意味を考えると乗客は機内に持ち込むことを「許される」ので、受け身が正解です。このような手順で選択肢を絞り込んでいきましょう。

例題の解答

正解：(D)

【訳】各乗客はかばん1つとブリーフケースか財布を所持品として持ち込むことが許可されている。

(A) allow　　　　　動詞 allow の原形、現在形
(B) allowed　　　　動詞 allow の過去形、-ed 形
(C) is allowing　　動詞 allow の現在進行形
(D) is allowed　　 動詞 allow の受け身

語句　□passenger【名】乗客　□carry 〜 on 〜を持ち込む

おまかせ！文法メンテナンス
Part 5 頻出文法②

動詞の「-ing形」と「-ed/-en形」

● -ing形の主な使用6パターン

1. 進行形＜ be ＋ -ing 形＞

The museum is display**ing** the works of local artists.
（その美術館は地元の芸術家たちの作品を展示している）

2. 形容詞として前から名詞を説明する

She had some excit**ing** news to share with her colleagues.
（彼女は同僚に伝えるわくわくするような知らせがあった）

※ この例文のように、-ing 形に続く名詞が -ing で表される動作の動作主であることが基本。ただし、以下のような例では少し異なる。

The company closed one factory in order to reduce operat**ing** costs.
（その会社は運営費を削減するために1つの工場を閉鎖した）

この場合、operating costs = costs for operating（運営するためのコスト）であり、costs は operate の動作主ではない。また、次の文を考えてみよう。

The ris**ing** costs of build**ing** materials are raising home prices.
（建築資材の価格の高騰が住宅価格をつり上げている）

costs は rising の動作主だが、building materials = materials for building（建築のための資材）。

3. 形容詞として後ろから名詞を説明する

David Matsumoto hosts a weekly TV show featur**ing** popular athletes and musicians.
（David Matsumoto さんは有名な運動選手や音楽家が出演する週刊 TV 番組の司会者だ）

4. 「〜すること」という名詞句

Sometimes people overlook the importance of listen**ing** to others.
（時に、人々は他人の話を聞くことの重要性を見過ごす）

5. 副詞として文にかかる

Mr. Maeda now travels across the country, deliver**ing** seminars on TOEIC.
（Maeda さんは TOEIC のセミナーを開きながら、全国を周っている）

6. 特定の動詞と一緒に
Meg noticed Peter gazing at her.
（Meg は Peter が自分のことをじっと見つめているのに気付いた）

● -ed/-en形の主な使用7パターン

1. 過去形
Mark declined an offer from a big company.
（Mark は大企業からのオファーを断った）

2. 受け身＜ be ＋ -ed/-en 形＞
Arianna was promoted to a director position.
（Arianna は役員の地位に昇進した）

3. 完了形＜ have/had ＋ -ed/-en 形＞
My driver's license has expired.
（私の運転免許証は期限が切れている）

4. 形容詞として前から名詞を説明する
People can park in the designated area.
（人々は所定の場所に駐車することができる）

5. 形容詞として後ろから名詞を説明する
A product designed for Japanese customers may not be always the best for people outside Japan.
（日本人客向けに作られた製品が国外の人々にとっても最良とは限らない）

6. 副詞として文にかかる
Queried by reporters on the scene, Ms. Sakai politely replied this morning she had a few dates with her previous boss.
（その場にいた記者に尋ねられると Sakai さんは何度か前の上司とデートしたと今朝丁寧に答えた）

7. 特定の動詞と一緒に
We had new windows installed a week ago.
（私たちは新しい窓を 1 週間前に据え付けた）

注意すべき動詞の使い方

p.233 の例題に出てきた動詞 allow は、＜ allow ＋人＋ to ＋動詞の原形＞（人が〜するのを許可する）という使い方もできます。

The airline allows each passenger to carry on one bag and one briefcase or purse as personal belongings.

よく使われる動詞については自動詞か他動詞かだけでなく、用法についても意識しましょう。注意すべきものを、以下で確認してください。

1. ＜that ＋主語＋動詞＞が後ろに来る動詞

- announce（発表する）
- admit（認める）
- agree（同意する）
- believe（信じる）
- claim（主張する）
- comment（意見する）
- feel（感じる）
- insist（主張する）
- predict（予想する）

PJ Technology announced that it would merge with Techsoft, Inc.
（PJ Technology 社は Techsoft 社と合併することを発表した）

Rob commented that Caitlin looked like a model.
（Rob は Caitlin がモデルのように見えると述べた）

2. ＜to ＋動詞の原形＞が後ろにくる

- afford（余裕がある）
- agree（同意する）
- appear（見える）
- arrange（手配する）
- ask（頼む）
- choose（選ぶ）
- decide（決心する）
- expect（期待する）
- happen（偶然〜する）
- hesitate（ためらう）
- hope（望む）
- plan（計画する）

Most small businesses cannot afford to provide dental insurance for their employees.
（多くの中小企業は自社の従業員に歯の保険を提供する余裕がない）

Offended by the female server's insincere response, Mr. Chou asked to talk to her supervisor.
（女性店員の誠意ない対応に怒り、Chou さんは彼女の上司と話すことを要求した）

3. 動詞の -ing 形が後ろにくる
- admit（認める）
- cannot help（せずにいられない）
- consider（考える）
- enjoy（楽しむ）
- face（直面する）
- finish（終える）
- give up（諦める）
- mind（気にする）
- look forward to（楽しみにする）

The Fountainhead Motor Co. finally finished designing a car run by compressed air.
（The Fountainhead Motor 社はついに圧縮した空気で動く車をデザインした）

Our team has been considering finding a replacement for Sophie.
（わがチームは Sophie の代わりを探すことをずっと考えている）

4. ＜動詞＋人・もの・こと＋動詞の原形＞
- have（してもらう、させる）
- let（させる）
- make（させる）
- feel（感じる）
- hear（聞く）
- help（助ける）
- notice（気が付く）
- see（見る）

Rachel saw Charlie leave the building with Yuka.
（Rachel は Charlie が Yuka と建物を出ていくのを見た）

5. ＜動詞＋人・もの・こと＋動詞の -ing 形＞
- have（してもらう、させる）
- feel（感じる）
- hear（聞く）
- notice（気が付く）
- see（見る）
- observe（気が付く）

Rachel saw Charlie leaving the building with Yuka.
（Rachel は Charlie が Yuka と建物を出ていくところを見た）

→ 4. の原形の場合とは異なり、-ing 形を使うと行動の一部始終ではなく、途中の一部分だけを見たニュアンスになる

Ted found a few girls relaxing by the pool.
（Ted は何人かの女の子がプールのそばでくつろいでいるのを見た）

Part 5「短文穴埋め問題」
Unit 4　語彙に関する問題

文法の知識と他の語との関係で解く

語彙問題の中には、適切な前置詞・副詞を選ぶような文法知識で解けるものもあります。また、2つ以上の語が**慣用的な結び付き方をするもの（コロケーション）**では、**他の語との関係から正解を選べる**場合があります。

例題

基本語の文法、他の語とのつながりに注意し、問題の答えとして最も適切なものを1つ選びましょう。

The meeting is expected to be held on Wednesday, although it has not ------- been officially scheduled.

(A) lately
(B) still
(C) never
(D) yet

Ⓐ Ⓑ Ⓒ Ⓓ

解ける人の視点

▶ **語の意味だけでなく、用法に注意する**

それぞれの語には語順や一緒に使われる語にルールがあります。基本的な単語については、そういった決まりを知っていると解答するスピードが速まります。例題で(A) lately は通常、文の後ろに置かれ Madeline has been really busy lately.（Madeline は最近本当に忙しい）のように使われます。あわせて他の用法も確認しましょう。**lately は通常、＜ have ＋ -ed/-en 形＞と共に使われ、過去のこと（終わったこと）を表すためには recently（最近）、現在のことなら currently（現在）の方がよく使われます**。Tim saw Liz recently.（Tim は最近 Liz に会った）のような場合です。さらに late（遅く、遅れて）と形は似ていますが、lately にはその意味はありません。He came to the meeting late.（彼は会議に遅れてきた）といった文を一緒に覚えておきましょう。

239

▶ **文中の他の語との結び付きに注意する**

例題を解く上でカギになる語は not です。(C) の **never はそれ自体が否定の意味を含んでいるので not と一緒に使うことはできません**。それに対して、(D) ならば not ～ yet の形で用いることができます。yet は否定文または疑問文で用いられると覚えておきましょう。(B) の still は以前からの状況が続いているときに用いられます。Jackie is still angry.（Jackie はまだ怒っている）などがその例です。否定文に使うこともできますが、その場合には、Dylan still isn't ready to marry Brenda.（Dylan はまだ Brenda と結婚する心構えができていない）のように否定語の前に置かれます。

例題の解答

正解：(D)
【訳】まだ正式に予定が決まっている訳ではないが、会議は水曜日に開かれると思われている。

(A) lately　　　　最近
(B) still　　　　　まだ
(C) never　　　　一度も～ない
(D) yet　　　　　まだ（～ない）

おまかせ！文法メンテナンス
Part 5 コロケーション

2つ以上の語の組み合わせを表す「コロケーション」を覚えることは、英語学習において非常に重要です。TOEICでよく出題されるコロケーションを＜動詞＋名詞＞と＜前置詞＋名詞＞の2つのパターンに分けて確認してみましょう。

■動詞＋名詞

- complete a project　　　　　プロジェクトを完成させる
- make a payment　　　　　　支払う
- take note　　　　　　　　　メモをとる
- take place　　　　　　　　　行われる
- place an ad [advertisement]　広告を出す
- propose a plan　　　　　　　計画を提案する
- expand a business　　　　　事業を拡大する
- choose an option　　　　　　選択肢を選ぶ
- obtain permission　　　　　許可を得る
- attend a workshop　　　　　研修会に参加する
- take a moment　　　　　　　時間をとる

■前置詞＋名詞

- in detail　　　　　　　　　詳しく
- in advance　　　　　　　　前もって
- with ease　　　　　　　　　たやすく
- without notice　　　　　　　予告なく
- out of town　　　　　　　　出掛けて、町を離れて
- in regard to ～　　　　　　～に関して
- in response to ～　　　　　～に応えて
- in return　　　　　　　　　お返しに
- on pace　　　　　　　　　　このペースのままで行くと
- of interest　　　　　　　　興味のある
- in person　　　　　　　　　自分で、（本人が）直接に

思考回路トレーニング

次の **1.** ～ **5.** において、2つの英文（a, b）の空所 (A) ～ (E) にはそれぞれ同じ語が入ります。下線の語のかたまりを考えながら、空所に入る最も適切な語を下の語群から選び、文を完成させましょう。なお、同じ語は一度しか使いません。

1. a) The company's future depends (A) the president's leadership.
   b) More information will be found (A) the Web site.

2. a) Please tell us (B) detail what happened.
   b) Paige exited the building (B) a calm manner.

3. a) In this ever-changing world of software development it is extremely important to keep up (C) current technologies.
   b) This printer is equipped (C) several special features that improve the print quality.

4. a) We have (D) a payment today for the order you placed on September 4.
   b) WKO & Co. has finally (D) approval from the city to build a new shopping center.

5. a) Brianna is regarded (E) an expert in her field.
   b) When talking, keep conversations (E) short as possible.

on/ in/ as/ received/ with

思考回路トレーニングの解答と解説

1. 正解：on

【訳】a) 会社の未来は社長のリーダーシップにかかっている。
　　 b) さらなる情報はウェブ上で見つけることができます。

解説 a) depend on ~（~次第である）は頻出です。b) on the Internet など、**電子媒体のときは on** になります。ただし、in the newspaper [magazine]（その新聞 [雑誌] で）のように**紙媒体には in** を使います。

2. 正解：in

【訳】a) 何が起こったか詳しく私たちに話してください。
b) Paige は静かにビルの外に出た。

解説 a) in detail（詳細に）もよく使われる表現です。b) calmly と同じ意味です。< in a/an +形容詞+ manner（〜のやり方で）> はたびたび出題されます。**in an informal manner = informally, in a timely manner（素早く、適宜に）**なども覚えておきましょう。

3. 正解：with

【訳】a) 絶え間なく変わっていくソフトウエア開発の世界においては、最新の技術についていくことが極めて大事なことだ。
b) このプリンターは印刷の質を向上させるさまざまな特徴を備えている。

解説 keep up with 〜で「〜に遅れずについていく」、be equipped with 〜で「〜を備えている」の意味です。

4. 正解：received

【訳】a) 9月4日のご注文の支払いを本日受け取りました。
b) WKO 社は新しいショッピングセンターを建設する承認を市からようやく受けた。

解説 receive a payment（支払いを受ける）、receive approval（承認を受ける）でどちらも receive を使うことができます。なお、**approval は get、win、give、require、seek、need、gain、obtain** など多くの動詞と強い結び付きがあります。

5. 正解：as

【訳】a) Brianna は彼女の分野の中では専門家だと見なされている。
b) 話をするとき、できるだけ会話は手短にしてください。

解説 a) は regard A as B（A を B と見なす）の受け身の形です。as 〜 as possible（できる限り〜）も頻出です。

Part 5 「短文穴埋め問題」
模擬問題にチャレンジ

おまかせ！演習問題

1.〜20. の英文の空所を埋めるのに最も適切な語句を (A) 〜 (D) から選んで解答欄にマークしましょう。

1. Julie Morgenstern used to work at a computer company, ------- she is confident that she can use different software properly.

(A) because
(B) yet
(C) so
(D) therefore

Ⓐ Ⓑ Ⓒ Ⓓ

2. Those who ------- an order before the 23rd will get an extra 10 percent off the sale prices.

(A) realize
(B) place
(C) stock
(D) charge

Ⓐ Ⓑ Ⓒ Ⓓ

3. The Mayor ------- visits local companies in order to hear their views on how best to support business.

(A) frequency
(B) frequent
(C) frequented
(D) frequently

Ⓐ Ⓑ Ⓒ Ⓓ

4. Last week, The South Carolina Times ------- to introduce and launch its newly re-designed Web site at sctimes.com.

(A) pleased
(B) was pleased
(C) is pleasing
(D) was pleasing

Ⓐ Ⓑ Ⓒ Ⓓ

5. Employees are entitled to ------- leave for important or unexpected life events.

(A) pay
(B) paying
(C) payment
(D) paid

Ⓐ Ⓑ Ⓒ Ⓓ

6. Technicians working at L'Etoile Azurée are experienced ------- to handle the most complex repairs with little or no supervision.

   (A) enough
   (B) so
   (C) too
   (D) as

7. Every receptionist must be able to deal with difficult customers in a ------- manner.

   (A) drastic
   (B) keen
   (C) durable
   (D) calm

8. Taka Minekawa, head of Popbiz, Inc., promised all employees ------- the merger with TK Corporation would not bring drastic changes to their working conditions.

   (A) that
   (B) which
   (C) what
   (D) whose

9. Sarah O'Brien won the employee of the year award six times ------- working at Double KO Co. as a sales engineer.

   (A) while
   (B) during
   (C) next to
   (D) for

10. Since he left the company, Mr. Crawford has been out of reach for ------- a decade.

    (A) along
    (B) nearly
    (C) close
    (D) by

11. More than 80 percent of new consultants questioned in a Tekkmap poll said they could imagine becoming wealthy soon or ------- think they are.

    (A) although
    (B) yet
    (C) already
    (D) still

12. Although some details have to be examined, the project is ------- complete.

    (A) gradually
    (B) annually
    (C) similarly
    (D) substantially

13. Naomi Robertson ------- Sonicworld's unusual success to refined marketing tactics.

    (A) analyzes
    (B) blames
    (C) concludes
    (D) attributes

14. Craig Watt got his subordinates to understand the importance of teamwork by repeatedly ------- informal meetings with them.

    (A) have
    (B) had
    (C) having
    (D) to have

15. Since the sound of construction work is likely to ------- their tranquil life, most people in town are opposed to the building of a new entertainment facility.

    (A) affect
    (B) transform
    (C) substitute
    (D) elaborate

16. Health and ------- measures are provided when necessary.

    (A) safe
    (B) safety
    (C) safely
    (D) safer

17. Over the years, KNA Auto has refined and streamlined its engine system to make it as ------- and effective as possible.

    (A) effects
    (B) efficiency
    (C) efficient
    (D) efficiently

18. ------- the stagnant economy, it is astonishing that most automobile companies have been able to keep their finances in order.

(A) Given
(B) Rather than
(C) As well as
(D) No later than

Ⓐ Ⓑ Ⓒ Ⓓ

19. One of the responsibilities of a leader is to create environments that encourage ------- among members of their team.

(A) interactive
(B) interactively
(C) interaction
(D) interact

Ⓐ Ⓑ Ⓒ Ⓓ

20. Members of the marketing team are slated to present their own frank ideas for generating more ------- for the firm's current and future projects.

(A) public
(B) publicized
(C) publicly
(D) publicity

Ⓐ Ⓑ Ⓒ Ⓓ

Part 5「短文穴埋め問題」
模擬問題の解答と解説

おまかせ！演習問題解説

1. 正解：(C)

Julie Morgenstern used to work at a computer company, ------- she is confident that she can use different software properly.
Julie Morgenstern はコンピューター会社で働いていたので、異なるソフトを適切に使える自信がある。

(A) because　　【接】なぜなら
(B) yet　　　　【接】しかし
(C) so　　　　 【接】だから
(D) therefore　 【接副】それゆえに

語句　□confident【形】自信がある、確信している　□properly【副】適切に

解説　文構造の見極めを問う問題。空所の前の部分が空所後の理由となっています。接続詞 (A) because は理由を示しますが、因果関係が逆になってしまいます。逆接の FANBOYS 接続詞 (B) yet は文法的にはこの位置に来ることができますが、空所の前後の2つの意味関係を考えると不適切。(D) は接続副詞なので、文と文をつないで1つの文にすることはできません。

---

2. 正解：(B)

Those who ------- an order before the 23rd will get an extra 10 percent off the sale prices.
23日よりも前にご注文の方は、売値のさらに10パーセント引きになります。

(A) realize　　【他動】〜と分かる、〜に気付く
(B) place　　　【他動】〜を置く
(C) stock　　　【他動】〜を仕入れる、〜の在庫を置く
(D) charge　　 【自動】請求する、充電する

語句　□those who ...　…する人　□extra【形】余分の、追加の

248

解説 意味の異なる動詞が並んでいる語彙の問題。**place an order（注文する）**というコロケーションを知っているかどうかが解答のカギです。

3. 正解：(D)

The mayor ------- visits local companies in order to hear their views on how best to support business.
市長は事業を支援する最良の方法について意見を聞くために、地元の企業を頻繁に訪れる。

(A) frequency　　　【名】頻度、頻繁であること
(B) frequent　　　【形】頻繁な【自動】頻繁に行く
(C) frequented　　動詞 frequent の -ed/-en 形
(D) frequently　　【副】頻繁に

語句 □support【他動】～を支える【名】支持、支援（supportive【形】支えとなる supportively【副】協力的に）

解説 品詞の区別を問う問題。空所の後ろには＜動詞＋形容詞＋名詞＞が続いています。空所の前には＜限定詞＋名詞＞があるので、これが動詞部分の主語になることが予想できます。すると、空所に入ることができるのは副詞のみです。語尾が -ly で終わっている副詞 (D) frequently を選びます。

4. 正解：(B)

Last week, The South Carolina Times ------- to introduce and launch its newly designed Web site at sctimes.com.
先週、South Carolina Times は自社の新しくデザインされた sctimes.com のホームページを喜んで発表した。

(A) pleased　　　　動詞 please の -ed/-en 形
(B) was pleased　　動詞 please の過去形の受け身
(C) is pleasing　　動詞 please の現在進行形
(D) was pleasing　動詞 please の過去進行形

249

語句 □launch【他動】〜を始める、〜を売り出す

解説 動詞に関する問題。まず、文頭の Last week で過去のことだと分かります。よって (C) の現在進行形は不適切。空所の前には固有名詞があり、後ろには単独では動詞部分を構成できない＜to +動詞の原形＞が来ています。ここで文意を考えると、to の後ろに続く introduce（〜を紹介する）や launch（〜を始める）を「喜ばせる」のではおかしいため、他動詞 please を受け身の形にします。**＜ be pleased to ＋動詞の原形＞（喜んで〜する）**は覚えておきましょう。

---

5. 正解：(D)

Employees are entitled to ------- leave for important or unexpected life events.

従業員は重要あるいは不慮の生活上の出来事を理由に有給休暇を取る権利が与えられている。

(A) pay 　　　　　　【他動】〜を払う
(B) paying 　　　　　動詞 pay の -ing 形
(C) payment 　　　　【名】支払い
(D) paid 　　　　　　動詞 pay の -ed/-en 形

語句 □be entitled to 〜 〜の［する］権利を与えられている　□paid leave 有給休暇
□unexpected【形】予期せぬ

解説 品詞の区別、動詞、語彙の問題。空所の前だけを見て、to に続くものとしてすぐに (A) pay を選んでしまうのは早計過ぎます。文の意味が通りません。**be entitled to 〜（〜の権利を与えられている）は動詞の原形も名詞も後ろに取ることができます。**さらに leave には名詞で「休暇」の意味があることを知っているか否かが正解のカギです。**paid leave で「有給休暇」**、paid vacation とも言います。また、paid は paid work（有給の仕事）などの形でも使われることを覚えておきましょう。

6. 正解：(A)

Technicians working at L'Etoile Azurée are experienced ------- to handle the most complex repairs with little or no supervision.

L'Etoile Azurée に勤務している技術者は、最も複雑な修理をほとんど、あるいはまったくの監督なしで行うのに十分な経験がある。

(A) enough　　十分に
(B) so　　　　とても、それほど
(C) too　　　　あまりにも
(D) as　　　　～同様に

語句 □handle【他動】～を扱う（＝deal with）　□complex【形】複雑な

解説 語彙に関する問題。**＜形容詞／動詞／副詞＋ enough ＋ to ＋動詞の原形＞（…するのに十分に～）** を知っているかどうかがポイントです。他の選択肢を含む表現も確認しておきましょう。(C) は＜too ＋形容詞／副詞＋ to ＋動詞の原形＞の形で「～過ぎて…できない」の意味になります。(B) や (D) では＜ so as not to ＋動詞の原形＞で「～しないために」などが頻出です。

7. 正解：(D)

Every receptionist must be able to deal with difficult customers in a ------- manner.

どの受付係も、難しい顧客でも穏やかに応対できなければならない。

(A) drastic　　思い切った、徹底的な
(B) keen　　　鋭い
(C) durable　　耐久性のある
(D) calm　　　穏やかな

語句 □deal with ～　～を扱う

解説 語彙の問題です。選択肢にはすべて形容詞が並んでいます。**in a calm manner（穏やかに）** は頻出の表現なので覚えておきましょう。他の形容詞では文の意味が通りません。

8. 正解：(A)

Taka Minekawa, head of Popbiz, Inc., promised all employees ------- the merger with TK Corporation would not bring drastic changes to their working conditions.

Popbiz の社長である Taka Minekawa 氏は全従業員に、TK 社との合併は彼らの労働条件に大きな変化はもたらさないことを約束した。

(A) that　　　　　接続詞 that
(B) which　　　　関係代名詞 which
(C) what　　　　 関係代名詞 what
(D) whose　　　　関係代名詞 whose

語句 □head【名】社長　□merger【名】合併　□drastic【形】劇的な
□working condition　労働条件

解説 文構造の見極めを問う問題。まず、空所の後ろが限定詞 the で始まっているため、(D) は不適切です。空所の直前の名詞はものではないので関係代名詞の (B) which も使えません。(C) **what はかかる名詞を必要としない関係代名詞**ですが、その後に完全な節をつなげることはできません。空所の後ろは完全な節ができているため、ここでは不適切です。(A) は that が接続詞として使われ、名詞節を形成するので、これが正解。

9. 正解：(A)

Sarah O'Brien won the employee of the year award six times ------- working at Double KO Co. as a sales engineer.

Sarah O'Brien は Double KO 社でセールスエンジニアとして勤務していたころ、最優秀従業員賞を 6 回獲得した。

(A) while　　　　【接】〜する間
(B) during　　　 【前】〜の間
(C) next to　　　〜の隣に
(D) for　　　　　【前】〜のために、〜の間

語句 □win【他動】〜（ゲームなど）に勝つ、〜を獲得する

解説 文構造の見極めおよび前置詞の用法を問う問題です。文脈から「～している間」という内容の語句がくると分かるので、(C) は不適切です。(D) for が期間を表すときは for three weeks のように後ろに時間の長さを表す語句を伴います。(B) during は during the summer のように特定の時期について言及するときに使います。後ろに動詞の -ing を続ける場合は while を用います。問題では while she was working ... の she was が省略されたものと考えられます。

10. 正解：(B)

Since he left the company, Mr. Crawford has been out of reach for ------- a decade.
会社を辞めてからほぼ 10 年間、Crawford さんは音信不通だ。

(A) along 　　【前】～に沿って
(B) nearly 　　【前】ほぼ、もう少しで
(C) close 　　【形】近い【副】近くに
(D) by 　　【前】～によって；～までに；(位置が) ～の近くに；～だけ、～単位で

語句 □out of reach 手の届かないところに

解説 語彙の問題。**nearly は副詞ですが、前置詞の about のように数字を表す名詞（句）の前に来て、「ほぼ、ほとんど」の意味**を表します。似たものに approximately があります。(A) 文が意味を成しません。(C) の close で数量的な近さを表すには close to 10 percent（10 パーセント近く）のように to が必要です。(D) ＜ by ＋数値＞は差・割合・程度などを表すときに使います。

11. 正解：(C)

More than 80 percent of new consultants questioned in a Tekkmap poll said they could imagine becoming wealthy soon or ------- think they are.
Tekkmap 社の世論調査で質問を受けた新しいコンサルタントの 80 パーセント以上が、すぐに裕福になることを想像できるあるいはすでにそうだと思っていると答えた。

253

(A) although 【接】〜だけれど
(B) yet 【接】しかしながら
(C) already 【副】すでに
(D) still 【副】まだ、それでも

語句 □consultant【名】コンサルタント　□poll【名】世論調査　□wealthy【形】裕福な

解説 語彙の問題。(A) although と (B) yet はどちらも接続詞ですが、空所のすぐ前を見ると or があり、接続詞の連続となるのは不適切です。文脈から、以前からの状態の継続を意味する (D) still は不適切です。

12. 正解：(D)

Although some details have to be examined, the project is ------- complete.
いくつかの詳細については精査されなくてはならないが、プロジェクトは実質的に完成した。

(A) gradually 次第に
(B) annually 年に一度
(C) similarly 同様に
(D) substantially 実質的に

語句 □detail【名詞】詳細

解説 語彙の問題です。すべての選択肢が副詞を作る -ly で終わっています。逆接の although で接続されているので、2つの<S＋V＋...＞は対比の関係にあることが分かります。この意味で通るのは (D) の「実質的に」です。

13. 正解：(D)

Naomi Robertson ------- Sonicworld's unusual success to refined marketing tactics.

Naomi Robertson は Sonicworld の珍しい成功を優れたマーケティング戦術によるものだとした。

(A) analyzes 　　　【他動】〜を分析する
(B) blames 　　　　【他動】〜を責める、〜のせいにする
(C) concludes 　　【他動】〜と結論付ける、〜と断定する
(D) attributes 　　【他動】〜のせいにする、〜のおかげと考える

語句　□refined【形】洗練された、緻密な　□tactic【名】戦術

解説　語彙の問題です。選択肢はすべて動詞で、3 人称単数の現在形が並んでいます。(D) attributes は後ろに A to B を伴い、**attributes A to B（A を B のせいにする)**という使い方ができます。その他の選択肢については、この使い方はできません。(A) analyzes は Naomi Robertson analyzed Sonicworld's unusual success. あるいは Naomi Robertson analyzed why Sonicworld has proved an unusual success. の形であれば正解でした。(B) は否定的な内容の文に使われます。また、The company blames the weak economy for a drop in sales.（その会社は売り上げの落ち込みを景気悪化のせいにしている）のように、前置詞は for を用います。(C) の conclude は that 節を使い、Naomi Robertson concludes that Sonicworld's success is due to refined marketing tactics. とすれば意味が通ります。

14. 正解：(C)

Craig Watt got his subordinates to understand the importance of teamwork by repeatedly ------- informal meetings with them.

Craig Watt は非公式に会って話す機会を頻繁にもうけることで、自分の部下に協調性の重要さを理解させた。

(A) have 　　　動詞 have の原形、現在形
(B) had 　　　　動詞 have の過去形、-ed/-en 形
(C) having 　　動詞 have の -ing 形
(D) to have 　　動詞 have の to +動詞の原形

語句　□subordinate【名】部下

解説 動詞の形を問う問題です。空所の前を見ると repeatedly という副詞があり、その前に前置詞 by があるので、原形の (A) の have や＜to +動詞の原形＞の形の (D) to have は不適切。(B) の had を -ed/-en 形と考えて informal meetings にかかるというのは意味の上で不自然です。よって、(C) の having が入り、名詞句を形成します。by 以下のかたまりで手段を表しています。

15. 正解：(A)

Since the sound of construction work is likely to ------- their tranquil life, most people in town are opposed to the building of a new entertainment facility.
工事の騒音が平穏な生活に影響を与えると思われたため、街に住む多くの人は新しい娯楽施設の建設に反対した。

(A) affect 　　　【他動】〜に影響する
(B) transform 　【他動】〜を変える　【自動】変形する
(C) substitute 　【他動】〜を代用する　【自動】代わりになる
(D) elaborate 　【他動】〜を詳しく述べる　【自動】詳細に述べる

語句 □tranquil【形】平穏な　□be opposed to 〜　〜に反対する

解説 語彙の問題で、並んでいるのはすべて動詞です。空所直後の their tranquil life が目的語で、それに対して「影響を及ぼす」と考えると (A) が最適です。他の動詞では意味が通りません。(B) の transform は Meeting Dr. Cho has transformed my life.（Cho 博士と出会ったことで人生が変わった）のように、本質的な変化があるときによく使います。(C) は **substitute A for B（B の代わりに A を使う）** の形で使われます。(D) の elaborate は後ろに on を伴い、**elaborate on 〜（〜を詳細に述べる）** などを覚えておきましょう。

16. 正解：(B)

Health and ------- measures are provided when necessary.
健康安全対策は、必要があれば提供される。

(A) safe 　　　　　【形】安全な
(B) safety 　　　　【名】安全
(C) safely 　　　　【副】安全に
(D) safer 　　　　 形容詞 safe の比較級

語句　□measures 対策

解説　品詞の区別を問う問題です。すべてが safe の派生語・変化形であることが分かります。空所後の形だけを見ると＜名詞＋動詞＞となっていて、空所には形容詞が入りそうですが、英文全体の意味と Health and ------- measures という空所前からの並列関係を考えると「健康安全」対策の意味になる (B) safety を入れ、2つの名詞が measures にかかるのが最も適切です。

17. 正解：(C)

Over the years, KNA Auto has refined and streamlined its engine system to make it as ------- and effective as possible.
何年にもわたって、KNA 自動車はできる限り効率的かつ効果的なものにするべくエンジンシステムを磨き上げ、合理的なものにしてきた。

(A) effects 　　　　【名】効果（複数形）【他動】～をもたらす（3人称単数現在形）
(B) efficiency 　　 【名】効率
(C) efficient 　　　【形】効率的な
(D) efficiently 　　【副】効率的に

語句　□refine【他動】～を磨く、～を精製する　□streamline【他動】～を合理化する
　　　　□effective【形】効果的な

解説　品詞の問題。＜make＋A＋形容詞＞で「A を～の状態にする」の形です。今回は～が as ... as possible（できる限り…）で表現されています。この ... に当たる部分は FANBOYS 接続詞の and でつながれた空所と effective が並列の関係となるため、空所にも形容詞が入ると分かります。選択肢の中で形容詞は (C) efficient のみです。

18. 正解：(A)

------- the stagnant economy, it is astonishing that most automobile companies have been able to keep their finances in order.
停滞した経済を考えると、ほとんどの自動車会社が財政を安定させているのは驚くべきことだ。

(A) Given 　　　　【前】〜を考えると
(B) Rather than 　〜よりも
(C) As well as 　〜に加えて
(D) No later than 〜までに

語句 □stagnant【形】停滞した　□astonishing【形】驚くべき

解説 語彙の問題です。(A) **given 〜 ＝ considering 〜（〜を考えると）** という前置詞としての用法を知っているかどうかが問われています。その他の選択肢では意味が通りません。(B) Rather than（〜よりも）は instead of（〜の代わりに）との言い換えが可能です。(C) は as well as ＝ in addition to 〜であり、「〜に加えて」の意味です。(D) の No later than は by 〜と同様に「〜までに」の意味で、期限などを表すのに使います。

19. 正解：(C)

One of the responsibilities of a leader is to create environments that encourage ------- among members of their team.
指導者の責任の１つは、チームの構成員の間での交流を促す環境を作ることである。

(A) interactive 　　【形】双方向の、対話式の
(B) interactively 　【副】相互に影響して、対話式に
(C) interaction 　　【名】交流
(D) interact 　　　【自】交流する、相互に影響し合う

語句 □leader【名】指導者　□environment【名】環境

解説 空所の前の environments that encourage ------- という関係代名詞 that が作るかたまりを見抜ければ、encourage の目的語になることができる名詞 (C) の interaction が入ると判断できます。その他は文法的に不適切です。

20. 正解：(D)

Members of the marketing team are slated to present their own frank ideas for generating more ------- for the firm's current and future projects.

マーケティングチームのメンバーは会社の現在そして未来のプロジェクトにおいて、より広く知れ渡るための率直な考えを発表することになっている。

(A) public 　　　　【名】市民【形】公の、公共の
(B) publicized 　　動詞 publicize の -ed/-en 形
(C) publicly 　　　【副】公に
(D) publicity 　　　【名】知名度

語句 □be slated to *do* 〜する予定である　□frank【形】率直な

解説 品詞の区別を問う問題です。ここでは、空所前は generating more、後ろに for が続いているため、動詞 generate の対象となる語が必要です。よって名詞である (A) か (D) が入ります。文脈から考え、生み出したいものは (D) の publicity（知名度）が適切です。

Part 5「短文穴埋め問題」
Vocabulary List
おまかせ！重要語句リスト

Unit 4 でもコロケーションについて扱いましたが（p.241）、その他の頻出表現についてもあらためて整理しましょう。

DL-17
<（限定詞＋）名詞＋of>

・a (wide/full) range of ～	（幅広い／あらゆる）種類の～
・a [an] (rich/wide) array of ～	ありとあらゆる～
・a pack of ～	1箱（1セット）の～
・dozens of ～	何十もの～
・scores of ～	多数の～

DL-18
<動詞＋前置詞>

・enroll in ～	～に登録する
・lead to ～	～につながる
・specialize in ～	～を専門にする
・respond to ～	～に応じる

DL-19
<動詞＋名詞＋前置詞＋名詞>

・accompany A with B	AにBを添える
・call upon A for B	AにBを求める
・entitle A to B	AにBの権利を与える
・equip A with B	AにBを備える
・familiarize A with B	AをBに慣れさせる
・incorporate A into B	AをBに取り入れる
・refer A to B	AをBに差し向ける

DL-20
<動詞+名詞(人・もの・こと)+to+動詞の原形>

- authorize A to +動詞の原形 　　A が〜することを許可する
- expect A to +動詞の原形　　　　 A が〜することを期待する
- enable A to +動詞の原形　　　　 A が〜できるようにする
- urge A to +動詞の原形　　　　　 A が〜するように促す

DL-21
<be+形容詞／動詞の-ed/en形+前置詞>

- be engaged in 〜　　　　　〜に従事する
- be committed to 〜　　　　〜に献身的である
- be packed with 〜　　　　 〜でいっぱいである
- be adjusted to 〜　　　　　〜に適応する
- be based on 〜　　　　　　〜に基づく
- be located in 〜　　　　　 〜に位置する
- be known for 〜　　　　　 〜で有名である
- be responsible for 〜　　　〜の責任がある
- be related to 〜　　　　　 〜と関係がある
- be eligible for 〜　　　　　〜の資格がある
- be qualified for 〜　　　　 〜の資格がある
- be impressed by[with] 〜　〜に感銘を受ける

DL-22
<be+形容詞／動詞の-ed/en形+to+動詞の原形>

- be eager to +動詞の原形　　 しきりに〜したがる
- be sure to +動詞の原形　　　きっと〜する
- be supposed to +動詞の原形　〜することになっている

DL-23
動詞系のイディオム

- take part in 〜　　　　　〜に参加する
- take advantage of 〜　　〜を利用する

Part 6
長文穴埋め問題
Text Completion

Part 6「長文穴埋め問題」
パートの概要

問題形式と出題・解答の流れ

問題形式

1つの文書の中に空所が4つあり、当てはまる語・語句・文として最も適切なものを (A) ～ (D) の4つの選択肢から選び、英文を完成させます。
問題数：16問（1つの文書に対し4つの問題が4セット）
解答時間の目安：1問につき35～40秒。パート全体で10分以内

サンプル問題

※実際のTOEICでは1つの文書に対し、4つの問題があります。

Question 1 refers to the following notice.

We are excited to share an improved method in managing your travel plans online. Now you can easily modify your existing travel reservation on our Web site without having to go to a station. -----1-----, when your plans change, you can make sure your rail reservations change with them.

1. (A) However
   (B) Since
   (C) Finally
   (D) Therefore   Ⓐ Ⓑ Ⓒ Ⓓ

サンプル問題の解答

【訳】
問題1は次のお知らせに関するものです。
オンラインで旅行計画を管理するよりよい方法をお客さまにご提供できるようになり、大変うれしく思っております。今後は、手配中の予約を駅に行かなくても、弊社ウェブサイト上で簡単に変更いただくことができます。従って、計画に変更があった際には、それに伴うお客さまの鉄道予約の変更もご確認いただけます。

語句 □modify【他動】〜を変更する、〜を修正する（＝adapt）

1. 正解：(D)

(A) However　　しかしながら　　(B) Since　　〜以来、〜なので
(C) Finally　　すでに　　(D) Therefore　　従って

解説　空所の前後の関係に注目。「予約をウェブサイト上で簡単に変更できる」ことと、「計画に変更があった場合、鉄道予約の変更についても確認できる」というのは順接の因果関係です。空所の前がピリオドであるため、接続副詞が入ります。

Part 6の傾向と対策

Part 6では語彙・文法の知識に加えて、文章の構成や文脈を把握する力が求められています。

Part 5の文法項目が文脈の中で問われる

語彙・品詞・動詞の形・代名詞／限定詞・接続詞・前置詞はPart 5の頻出項目ですが、これらはPart 6にも必要です。その他、前後の文の意味関係を示すつなぎ語としての接続副詞がよく出題されます。しかし、Part 6の多くの設問は空所が含まれている1文だけを読んでも回答できません。問われているのは、前後を読んで適切な時制を判断したり、指している名詞を見つけて正しい代名詞や限定詞を見抜くという力です。つまり、文脈に結びついた文法力が重要なのがPart 6の特徴です。

「つながり」と「まとまり」の理解を問う文選択問題

新形式から導入された、空所に適切な1文を挿入する文選択問題は、前後の「つながり (cohesion)」や文章構成としての「まとまり (coherence)」の理解が問われます。

形式と内容の関係に注意を払って英文をきちんと読む！

新形式の文選択問題でも代名詞・限定詞や接続副詞といった文法事項がヒントになっていることが多く、その選択が文書全体に与える影響を把握しているかどうかが正解のカギになります。これらの力を付けるには、日頃から英文をたくさん読み、慣れておくことも大事ですが、短い文章でも構わないのでひとつひとつの代名詞が何を指しているのか、なぜその時制が使われているのか、などを意識しながら丁寧に読む練習をすることも効果的です。練習用の素材としては、ごく短いニュース記事や英文メール、もしくは解き終わったPart 7の文書などを使うとよいでしょう。

Part 6「長文穴埋め問題」
Q&A形式で学ぶ攻略ポイント

おまかせ！730点を目指すあなたの
お悩み相談室

Q&A 対策法についてのお悩み

Part 6って結局何をすればいいの？

Part 6って結局何をすればいいんでしょうか。Part 5の問題を解いていれば正解するようになるのでしょうか。時間もないので、あまりたくさんのことはできないのですが…

文脈に対する意識を育てよう

Part 6ではPart 5にはない**「文脈を読み取る力」**が問われています。Part 5とは同じ文法項目が問われている場合でも、前後をきちんと読めていないと正解できないような問題が増えています。

例えば、動詞の時制問題のヒントが、空所を含む文にはない場合もあります。前後の文脈から、現在から切り離された出来事である過去形を使うのか、過去に起きたことを現在の問題として扱う <have/has + -ed/-en 形> を使うのかを判断するようなスキルが必要になってきます。まずは、時制・助動詞・限定詞・代名詞・接続（副）詞などを**単なる文法アイテムとしてではなく、文章全体の流れを作る働きをする小道具**なのだ、という意識で見ることから始めてみてはどうでしょうか。具体的には、1文で終わっているものではなく、100〜200語程度で構わないので、メッセージとしてまとまった英文を丁寧に読むことなどが有効です。

Q&A 新形式に対するお悩み

文選択問題の対策は?

新形式で出題されるようになった文選択問題がよく分かりません。カンでしか答えを選べないのですが、何か方法はあるでしょうか。

「つながり」と「まとまり」を見極めよ!

文章の「つながり (cohesion)」と「まとまり (coherence)」にしっかりと注意を向けましょう。前者は代名詞・限定詞を使うことによって、後者は読み手が予測するような論理展開で述べることによって生まれます。ですから、**空所の前後の文と各選択肢内の名詞と代名詞・限定詞をよく見比べ**、代名詞・限定詞がどの名詞を指すと意味が通るのかを考えましょう。また文選択問題では、選択肢の文が空所の前後の内容の言い換えやまとめ、対比関係など**典型的な論理展開パターンに当てはまらないか、を考え**てみると、正解率は少なくとも全くの「カン」よりははるかに高いものになるでしょう。

Part 6「長文穴埋め問題」
Unit 1　英文の「つながり」を見抜く

文の「つながり」に注意する

Part 6 の問題には文脈に依存するものがあります。英文の**「つながり」を生む小道具が
どう使われているのかに注意**すれば十分攻略は可能です。

例題

つながりを意識して、問題の答えとして最適なものを選びましょう。

Questions 1-4 refer to the following article.

Salisbury (August 7)—Lindbergh Café has announced that it ------- installing battery charging stations for customers who use their computers and mobile devices in its stores. Ralph McCain, a spokesperson for the Connecticut coffee shop chain said that the first charging stations would be installed in September, with the number gradually increasing in coming months. ------- "The longer they stay at our café, the more they ------- ," he added. ------- , sales at the company's shops have risen considerably since it started offering customers free Wi-Fi a few years ago.

---

1. (A) is started
   (B) will start
   (C) started
   (D) starts　Ⓐ Ⓑ Ⓒ Ⓓ

2. (A) This is intended to build customer loyalty and boost sales.
   (B) Other café chains are expected to do the same.
   (C) Not all devices will be supported right away.
   (D) Customers must leave when their batteries are fully charged.
   　　　　　Ⓐ Ⓑ Ⓒ Ⓓ

3. (A) depart
   (B) extend
   (C) retain
   (D) spend　Ⓐ Ⓑ Ⓒ Ⓓ

4. (A) As a matter of fact
   (B) In summary
   (C) For example
   (D) On the other hand
   　　　　　Ⓐ Ⓑ Ⓒ Ⓓ

解ける人の視点

▶「時制」は文脈で決定するので、必ず前後関係を確認

Part 5 で時制の問題が出題されるときは、時を表す語句が文中にあります。**Part 6 の場合は、空所を含んだ文の外に時を表すヒントがあることがほとんど**です。**1.** ではバッテリーの充電装置を備え付け始める時期が重要です。空所の前を見ると、記事が 8 月 7 日に書かれたことが分かります。第 2 文に the first charging stations would be installed in September とあり、最初のものが 9 月に設置されるということは、確実に未来のことだと分かります。従って、現在形や過去形ではなく未来を表す (B) will start が正解です。

▶繰り返し使われる言葉や代名詞・限定詞が「つながり」を生む

第 1・2 文を見ると、install、(battery) charging stations という語が繰り返されているのに気付きます。これが文書のテーマです。書き手の立場では、このような語**を繰り返して「つながり」を生むことで、読み手の目線をテーマに集中させる**意図があります。続く文は空欄ですが、ここに入る文も当然、バッテリー充電装置の設置の話になるはずです。その意味で、(B) や (C) の選択肢は話が全くつながりません。正解の (A) は最初に代名詞の This で始まっています。これは前に述べられた言葉を受ける働きをしているので、「バッテリー充電装置を据え付けること」を指していると解釈すると、文書全体に「つながり」が生まれ、すっきりと意味が通ります。このような **this、it、its、the などの代名詞・限定詞は「つながり」を生む小道具として、新形式の文選択問題では重要な役割を演じることが多く**、注意が必要です。

▶文と文の論理的関係を示すディスコースマーカーに注意

例題の **3.** や **4.** は最後の 2 文の「つながり」に関するものです。The longer ... の文は＜ the 比較級 S V, the 比較級 SV ＞の文構造をしていて「彼らが長くいればいるほど、より…する」という意味において適切な動詞を探します。後ろの文を見ると「数年前に Wi-Fi のサービスを始めて以来、売り上げが伸びた」とあるので、客は店に長くいるとお金をより使う、と考えるのが適切です。**4.** は 2 つの文の**論理的関係を示すディスコースマーカー**が使われています。(B) In summary は今まで述べたことをまとめるとき、(C) For example は例を挙げるとき、(D) On the other hand は前と対立することを述べるときに使います。

例題の解答

【訳】
問題 1-3 は次の記事に関するものです。

Salisbury（8 月 7 日）—Lindbergh Café は店内でコンピューターやモバイル機器を利用する客のためにバッテリー充電装置を備え付けることを発表した。このコネティカット州の喫茶店チェーン広報の Ralph McCain 氏は、9 月に最初の充電装置が取り付けられ、その後少しずつ数を増やしていくと述べた。これは固定客を増やし、売り上げを伸ばすことを意図するものである。「お客さまが長く私たちの店舗にいれば、それだけお金を使っていただくことも増えるのです」と彼は付け加えた。実際、同社の店舗では、数年前無料 Wi-Fi を客に提供し始めてから、売り上げが大きく伸びている。

1. 正解：(B)

(A) is started　　　動詞 start の受け身形
(B) will start　　　動詞 start の未来形
(C) started　　　　動詞 start の -ed/-en 形
(D) starts　　　　 動詞 start の現在形（3 人称単数）

2. 正解：(A)

(A) これは固定客を増やし、売り上げを伸ばすことを意図したものである。
(B) 他の喫茶店チェーンも同じことをすることが予想される。
(C) すべての機器がすぐにサポートを受けるわけではない。
(D) 顧客は充電が完了するとすぐに店を出ないといけない。

3. 正解：(D)

(A) depart　　　　出発する
(B) extend　　　　～を拡張する
(C) retain　　　　 ～を維持する
(D) spend　　　　お金を使う

4. 正解：(A)

(A) As a matter of fact　実際には
(B) In summary　　　　 要約すると
(C) For example　　　　例えば
(D) On the other hand　 だが一方で

おまかせ！文法メンテナンス
Part 6 「つながり」を出す小道具の用法

複数の文の「つながり (cohesion)」は次のような小道具によって生み出されます。これらの語は見過ごされがちですが、注意を払うことで格段に読解の精度が深まります。

代名詞

Hiroko Oyamada is a popular teen idol. **She** has starred in several hit blockbuster movies.
（Hiroko Oyamada さんは 10 代の人気アイドルだ。彼女はいくつかの超大作映画に出ている）

The workshop will be held at Lawrence Public Library. **It** is open to all.
（その研修会は Lawrence 公共図書館で開かれる。これには誰もが参加できる）

My apartment building will undergo **extensive renovations**. **These** include updating the bathrooms, kitchens, storage areas and balconies.
（私のアパートは外装工事をする。これらにはトイレ、台所、物置、バルコニーの修繕を含む）

限定詞

A great number of people came to **Mr. Tanaka's retirement party**. **The** banquet room was nearly full.
（多くの人が Tanaka さんの退職祝いに訪れた。宴会場はほとんど満員だった）

George McFly won a prestigious literary award. **This** great news pleased his entire family members.
（George McFly は名誉ある文学賞を受賞した。この朗報は彼の家族全員を喜ばせた）

Peggy bought a real estate, invested in stocks, and ran her own company. None of **these** activities, however, made her rich.
（Peggy は不動産を購入し、株に投資し、自分の会社を運営した。これらの行為のどれも、彼女を金銭的に豊かにはしなかった）

ディスコースマーカー

Karl Rosvold writes books about TOEIC TEST. He edits what other people write **as well**.
(Karl Rosvold さんは TOEIC テストの本を書く。また、他の人が書いたものの編集もする)

Shawn gave up going to Stanford. He decided to study at Oregon State University **instead**.
(Shawn は Stanford に行くのを諦めた。代わりに Oregon 州立大学で勉強することに決めた)

I agree with Mr. Marshall's suggestion to draw up new guidelines for employee travel expenses. **Indeed**, some employees waste a lot of money while on business trip.
(従業員の交通費に関する新しい指針を作るという Marshall さんの提案には賛成だ。実際、出張時に多くのお金を無駄使いする従業員もいる)

思考回路トレーニング

次の各 A) と B) のどちらを先にして並べると、2 つの文が自然につながりますか。記号で答えましょう。

1. A) This pamphlet provides a brief overview of our business activities.

    B) For more detailed information, however, visit our company Web site.

2. A) They have known each other for more than ten years.

    B) Emiko and Natsuko are friends.

3. A) A flight attendant jobs are also popular although not as popular as they were twenty years ago.

    B) A wedding planner is a profession that many teenage girls yearn to become.

4. A) This includes familiarity with current events and global politics.

    B) Being a successful investor requires a surprising amout of knowledge.

5. A) The mistake had a significant impact on their relationship.

    B) Rob inadvertently called his wife Becca, the name of his ex-girlfriend.

思考回路トレーニングの解答と解説

1. 正解：A) → B)
このハンドブックは私たちの仕事の概要を教えてくれます。しかし、さらに詳しい情報は、弊社のホームページをご覧ください。

解説 however という逆接を表すディスコースマーカーに注意。

2. 正解：B) → A)
Emiko と Natsuko は友人です。10年以上もの間、2人はお互いに知り合いです。

解説 A) の文頭の代名詞 They が、B) の Emiko and Natsuko を受けています。

3. 正解：B) → A)
ウェディングプランナーは10代の女性がなりたいと憧れる職業です。客室乗務員も、20年前ほどではないですが、人気があります。

解説 追加を表すディスコースマーカーの also に注意。

4. 正解：B) → A)
成功した投資家としてやっていくには驚くほど多くの知識を必要とします。これには、時事問題や国際政治に詳しいことも含まれます。

解説 A) の代名詞 This の働きに注意。これは B) の a surprising amout of knowledge という部分を指しています。

5. 正解：B) → A)
Rob はうっかり妻のことを Becca と呼んでしまいましたが、それは昔の恋人の名前でした。この過ちは2人の関係に大きな衝撃を与えました。

解説 ＜限定詞＋名詞＞による「つながり」です。A) の This mistake は B) 全体を指します。

Part 6「長文穴埋め問題」
Unit 2　英文の「まとまり」から解く

構成や論理展開の基本パターンから推測する

複数の文の「つながり」に加えて、ネイティブがほぼ無意識に従っている、**文章に「まとまり」を出すための基本パターン**がヒントになることもあります。

例題

まとまりのパターンを意識し、問題の答えとして最適なものを選びましょう。

Questions 1-4 refer to the following letter.

November 1

Grace Kallik
3720 Antler Drive
Silver Springs, AK 99573

Dear Ms. Kallik,

Thank you for being a loyal customer with Pullman Insurance. I am writing to remind you that your homeowner's insurance ------- on December 15. To ensure uninterrupted coverage, be sure to renew your policy ------- that date. -------. If you purchase a twelve-month extension, you will receive a 10 percent discount.
To renew your coverage, please ------- the enclosed form with your signature and send it through the mail.

We look forward to continuing to serve you.

Sincerely,
Customer service
Pullman Insurance Company

275

1. (A) has expired
(B) will be expiring
(C) to expire
(D) are expired

Ⓐ Ⓑ Ⓒ Ⓓ

2. (A) prior to
(B) as soon as
(C) in advance
(D) for the sake of

Ⓐ Ⓑ Ⓒ Ⓓ

3. (A) After that, I will visit your home to assess the damage.
(B) Even so, we generally receive positive feedback.
(C) Also, you may be able to save money.
(D) Instead, you may call me if you prefer.

Ⓐ Ⓑ Ⓒ Ⓓ

4. (A) fill out
(B) turn in
(C) sign up for
(D) put aside

Ⓐ Ⓑ Ⓒ Ⓓ

解ける人の視点

▶常にマクロとミクロの関係に注意する

文書の冒頭、第1文から書き手は保険会社の人間で読み手は顧客と分かります。第2文で I am writing to remind you that ... とあるので手紙の目的が述べられています。**1.** では、空所の前は insurance という名詞があり、後ろに on December 15 とあります。選択肢には expire（期限が切れる）という動詞の変化したものが並んでいます。ここまでのミクロな視点（個々の表現）から判断すると、文構造的に動詞部分を構成できない (C) to expire と be + -ed/en 形で受け身となっている (D) are expired は除外できます。ここで、保険が「すでに期限切れになっている」のか、「もうすぐ切れる」のかについては、マクロな視点（全体的な文書の構成）で周りを見る必要が出てきます。文書では To ensure uninterrupted coverage と続き、この手紙の時点ではまだ保険サービスは切れていないことが分かります。また、手紙の一番上を見ると November 1 と日付の記載があり、これもヒントです。このように、**全体像を意識するマクロな視点と個々の表現を見逃さないミクロな視点の両方を使う**と、つながりが見えてきます。

▶「抽象から具体」、「概要から個別」という大原則

3. は文選択問題です。空所の後ろには、「12カ月の延長に加入すれば割引になる」という内容が続きます。これは、それ以前の「期限が迫っていて更新する」という内容にはなかった新しい情報であり、全体として「まとまり」を出すにはこの2つの情報をうまくつなげる必要があります。英語の論理展開のパターンから考えると、a twelve-month extension や a 10 percent discount といった具体的な情報がいきなり出てくるのは唐突なので、その前に概要を示すような文が来るはずです。すると、Also という付加情報を与えるときに使うディスコースマーカーや「お金を節約できます」という新しい情報の概要を示した選択肢 (C) が適切と分かります。英語には「抽象から具体（abstract to concrete）」、「概要から個別（general to specific）」という展開の大原則があることを頭に入れておきましょう。

▶語彙は文脈・場面に結びつけて記憶しておく

4. では語彙問題で頻出の句動詞が並んでいます。正解はフォームで必ずといってよいほど求められる行動、「記入する」の (A) fill out です。他の句動詞についても、文書に関連するものが多いですが、(B) の turn in は文書などを「提出する」、(C) sign up for は研修会などに「申し込む」、など、場面と関連付けて意味を記憶していきましょう。そうすれば、文脈と照らし合わせて判断することができるようになります。

例題の解答

【訳】
問題 1-3 は次の手紙に関するものです。
11月1日
Grace Kallik
3720 Antler Drive
Silver Springs, AK 99573
Kallik さま
いつも Pullman 保険をご愛顧いただき、ありがとうございます。今回ご連絡したしましたのは、お客さまの住宅保険が12月15日に満期となるためです。引き続きご利用いただくためには、その日付までに必ずご契約を更新してください。また、節約にもなります。12カ月の延長にご加入いただいた場合、10パーセントの割引となります。

保険の更新には、同封の申込書にご記入、ご署名の上、郵送をお願いいたします。引き続きご愛顧いただけることをお待ちしております。

敬具

顧客サービス担当

Pullman 保険会社

語句 □loyal【形】忠義な　□homeowner【名】持ち家のある人　□ensure【他動】〜を確実にする
□uninterrupted【形】途切れのない　□coverage【名】(保険の)保障
□renew【他動】〜を更新する　□policy【名】保険証書、保険契約　□extension【名】延長

1. 正解：(B)

(A)	has expired	動詞 expire の現在完了形
(B)	will be expiring	動詞 expire の未来進行形
(C)	to expire	動詞 expire の to 不定詞
(D)	are expired	動詞 expire の受け身形

2. 正解：(A)

(A)	prior to	〜以前に
(B)	as soon as	すぐに
(C)	in advance	前もって
(D)	for the sake of	〜のために

3. 正解：(C)

(A) その後、ご自宅に伺って被害のほどを査定させていただきます。
(B) それでも、一般的には良い反応をいただいております。
(C) また、節約にもなります。
(D) もし、その方がよろしければお電話でも構いません。

4. 正解：(A)

(A)	fill out	〜に記入する
(B)	turn in	〜を提出する
(C)	sign up for	〜に登録する
(D)	put aside	〜を無視する

おまかせ！文法メンテナンス
Part 6 「まとまり」を生む展開パターン

英文の「まとまり（coherence）」をつかむには、論理の流れのパターンを押さえることが何より大事です。大原則である「抽象から具体（abstract to concrete）」、「概要から個別（general to specific）」に加えて、いくつかの典型的な展開パターンを見ていきます。

▍point to example　ポイントを挙げて例を示す

Peter Armstrong's latest book *Working Your Dream* has excellent advice for first-time job seekers. He provides step-by-step instructions for résumé writing and gives tips for getting letters of recommendation.

（Peter Armstrong の最新刊『夢を実行に移す』は求職活動を初めてする人に対し、優れたアドバイスを掲載している。履歴書の書き方を逐一示し、推薦状をもらうコツを伝授している）

▍positive to negative　肯定的な情報の後、対比となる否定的な情報を述べる

Janice Wilson was once a popular actress in England. These days, however, her popularity is on the wane.

（Janice Wilson はかつてイギリスの有名女優だった。しかし最近、彼女の人気は衰えている）

▍opinion to reason　意見を述べた後、理由を示す

Island Hill Company should do more to promote its services internationally. Its translators already operate globally, so country-specific marketing campaigns would be really effective.

（Island Hill 社は自社サービスを国際的に宣伝するべきだ。同社の翻訳者はすでに世界規模で業務を行っているため、各国に特化したマーケティング企画はとても効果があるだろう）

objective to subjective　客観的な事実や情報の後、主観的コメントを添える

Banquet attendees included scores of famous movie stars and directors. I couldn't conceal my excitement of seeing them up close and in person.
(宴会場は有名な映画俳優や監督であふれかえっていた。私は彼らを近くで直接見る興奮を隠すことができなかった）

time order　時系列に述べる

Just a couple of years ago, Asami Shiba started working as a sales representative at our retail store in Nagoya. She showed strong leadership skills, and within one year she was promoted to store manager.
(わずか数年前、Asami Shiba は私たちの名古屋の小売店で販売員として働きだした。優れたリーダーシップを発揮し、1年もしないうちに店長に昇格した）

思考回路トレーニング

「文法メンテナンス」での「まとまり」を生む展開パターンを意識し、次の各 A) と B) のどちらを先にして並べると、2 つの文がまとまるかを考え、記号で答えましょう。

1. A) They now also collaborate on the production of movies and television commercials.

   B) Virtual Kids' business is no longer limited to developing video games.

2. A) Todd Rucynski spent a large amount of money advertising his company.

   B) This investment failed to improve the company's sales, let alone make it profitable.

3. A) Being corrected in public is often humiliating, and it seldom leads to improved performance.

   B) Managers should not point out their subordinates' mistakes in front of other people.

4. A) I find this assignment a bit challenging.

   B) I have been assigned to complete two sales reports by Friday.

5. A) Bobby Bradley started a landscaping business six years ago.

   B) In just two years, the company expanded operations to three states, and seemed to be doing quite well, but last summer it unexpectedly went bankrupt.

思考回路トレーニングの解答と解説

1. 正解：B) → A)
Virtual Kids' の業務はもはやテレビゲームの製作にとどまらない。彼らは今いくつかの映画や音楽の製作にも協力している。

解説 point to example です。最初にゲームだけではないと述べ、続く文でその具体例を挙げています。

2. 正解：A) → B)
Todd Rucynski は多大なお金を彼の会社の宣伝に費やした。この投資は会社の売り上げを伸ばすことはなく、ましてや利益をもたらすことはなかった。

解説 positive to negative です。投資をするという行為を述べた後、結果としてマイナスとなってしまったという情報を提供しています。

3. 正解：B) → A)
管理職の人は人前で部下の失敗を人前で指摘するべきではない。人前で誤りを直されるのは恥ずかしいものであるし、パフォーマンスの向上にはほとんどつながらない。

解説 opinion to reason です。自分の意見を述べてから、その理由を示しています。

4. 正解：B) → A)
私は金曜までに2つの営業報告書を仕上げるように命じられた。これは少しきついと思う。

解説 objective to subjective です。実際に起きていることに対して自分の感想を述べています。

5. 正解：A) → B)
Bobby Bradley は6年前に造園業を始めた。たった2年間で3つの州に事務所を構えるまでに成長し、順調そうに見えたが、昨夏、突然倒産した。

解説 time order です。会社ができ、事業拡大をしてから倒産するまでが時間順に述べられています。

Part 6「長文穴埋め問題」

模擬問題にチャレンジ

おまかせ！演習問題

1.〜 8. の空所を埋めるのに最も適切な語句を (A) 〜 (D) から選んで、解答欄にマークしましょう。

Questions 1-4 refer to the following e-mail.

To: Tengku Chen <tchen@imal.com.my>
From: Nalina Altman <naltman@aftersevenapparel.com>
Date: May 7
Re: Kuala Lumpur Trip

Dear Mr. Chen,

I am writing to confirm the details of ------- upcoming trip to Kuala Lumpur. I will visit your office on May 12. The main purpose of the visit is to ------- samples of the clothing we have contracted you to manufacture for our fall collection of blouses. This is a standard part of our quality control process. -------. After our meeting in your office, I would like to tour the factory where the clothes ------- manufactured. I look forward to seeing you next week.

Sincerely yours,
Nalina Altman
Purchasing Manager
After Seven Apparel

---

1. (A) my
   (B) your
   (C) our
   (D) their

   Ⓐ Ⓑ Ⓒ Ⓓ

2. (A) discuss
   (B) generate
   (C) inspect
   (D) order

   Ⓐ Ⓑ Ⓒ Ⓓ

3. (A) I want to verify the fabric is free of defects.
   (B) Be aware that the schedule is subject to change.
   (C) We need to start production right away.
   (D) A large number of garments will be stored in your warehouses.

   Ⓐ Ⓑ Ⓒ Ⓓ

4. (A) were
   (B) is
   (C) should have been
   (D) will be

   Ⓐ Ⓑ Ⓒ Ⓓ

Questions 5-8 refer to the following e-mail.

To: Andrea Howe < ahowe@gslenterprise.com >
From: Larry Kinsella <lkinsella@gslenterprise.com >
Date: March 16
Subject: Workshop

Hi Andrea,

This is in reply to your e-mail requesting a ---5.--- of the workshop I attended last Friday.

The presenter, Masaru Horioka, ---6.--- a number of strategies for attracting customers. ---7.--- For example, he described how one online store doubled the number of customers in six months after it started using more product photographs on its Web site.

All in all, many of us found Friday's workshop quite beneficial. I strongly recommend ---8.--- participate in the session on April 2, which covers the same content.

Larry

5. (A) description
   (B) handout
   (C) theme
   (D) participant

6. (A) will share
   (B) is sharing
   (C) shared
   (D) shares

7. (A) I was already familiar with most of them.
   (B) He divided us into four groups.
   (C) Some of them sounded really effective.
   (D) Participants asked him a lot of questions.

8. (A) he
   (B) I
   (C) they
   (D) you

Part 6「長文穴埋め問題」
模擬問題の解答と解説

おまかせ！演習問題解説

1-4.

【訳】
問題 1-4 は次の E メールに関するものです。
宛先：Tengku Chen <tchen@imal.com.my>
差出人：Nalina Altman <naltman@aftersevenapparel.com>
日時：5 月 7 日
件名：Kuala Lumpur への出張

Chen さま

私の Kuala Lumpur への出張の詳細を確認させていただきます。そちらのオフィスに 5 月 12 日に伺います。この出張の主な目的は、当社のブラウスの秋コレクションのために製造をご依頼した衣類のサンプルを検査するためです。これは弊社の標準的な品質管理の工程の一環です。生地に不具合がないか確認したいです。貴社での打ち合わせの後、生地を製造することになる工場を見学させていただければ幸いです。

来週よろしくお願いします。

敬具

Nalina Altman
購買部長
After Seven Apparel

語句 □confirm【他動】〜を確認する　□detail【名】詳細　□contract【他動】〜を請け負う　□manufacture【他動】〜を製造する

---

1. 正解：(A)

(A) my	私の	(B) your	あなたの
(C) our	私たちの	(D) their	彼らの

解説 正しい代名詞を選ぶ問題です。空所のある文を読むだけでは、(A) 〜 (D) のいずれを当てはめることも可能です。直後の文で I will visit your office on May 12. とあるので、自身の話であることが分かり、(A) my が正解です。

285

2. 正解：(C)

(A) discuss　　　　〜について話し合う
(B) generate　　　 〜を生み出す
(C) inspect　　　　〜を検査する
(D) order　　　　　〜を注文する

解説 語彙の問題で選択肢には動詞が並んでいますが、単に動詞の用法ではなく文脈から意味で判断する必要があります。空所に入る動詞の目的語は samples です。その後ろをよく読むと、これはメールの受け手に製造を依頼しているものなので、送り手が samples の質を確認するのが文脈的に自然と判断できます。正解は (C) inspect です。

3. 正解：(A)

(A) 生地に不具合がないか確認したいです。
(B) 予定は変わることがあるのでご注意ください。
(C) 生産をすぐに始める必要があります。
(D) たくさんの衣類が御社の倉庫に保管されることになります。

解説 文選択問題です。空所の直前で品質管理について述べられているので、(A) が入ります。(B) schedule や (D) warehouses に関する内容はまったく述べられていないため、内容的につながりません。(C) を入れると、right away と突然に時間の話になるため、これも不適切です。

4. 正解：(D)

(A) were　　　　　　be 動詞の過去形
(B) is　　　　　　　be 動詞の現在形
(C) should have been　should + have + -ed/-en 形
(D) will be　　　　　be 動詞の未来形

解説 文脈から時制を選ぶ問題です。(B) は複数形の clothes と文法的に対応しないので誤りです。(A) はこれからの秋コレクションに必要な生地を製造する話題において、過去の話をするのはおかしいため、不適切です。(C) should have + -ed/en 形も「するべきだった」という過去への後悔を表す時制なのでここには合いません。従って、未来を表す (D) が正解です。

5-8.

問題 5-8 は次の E メールに関するものです。

宛先 : Andrea Howe < ahowe@gslenterprise.com >
差出人 : Larry Kinsella <lkinsella@gslenterprise.com >
日付 : 3 月 16 日
件名 : ワークショップ

Andrea さん、

金曜日に私が参加した研修会の内容を尋ねるメールへの返信です。発表者のMasaru Horioka さんは、顧客を引き付けるためのたくさんの戦略を紹介してくれました。それらのうちのいくつかは本当に有益でした。例えば、彼はあるオンライン店舗が自社のホームページに載せる商品の写真を増やし始めた 6 カ月後に売り上げを 2 倍に伸ばした様子を教えてくれました。

まとめると、私たちの多くは金曜の研修会をすごくためになると思いました。4 月2 日に同じ内容のセッションがあるので、それに参加することを強くお勧めします。

Larry

語句 □strategy【名】戦略　□attract【他動】〜を魅了する　□double【他動】〜を2倍にする
□beneficial【形】ためになる

5. 正解 : (A)

(A) description　　描写
(B) handout　　　資料
(C) theme　　　　テーマ
(D) participant　　参加者

解説 語彙の問題です。空所を含んだ文を読むと、読み手は書き手に workshop に関する何かを求めているのが分かります。その後を読むと、その workshop の様子を詳しく述べているため、正解は (A) です。(B) や (D) に関することは出てきません。また (C) theme は workshop の内容というよりも、スローガンなどのもっと大枠に当たるものを意味する語なので、文脈上、不適切です。

6. 正解：(C)

(A) will share　　　動詞 share の未来形
(B) is sharing　　　動詞 share の現在進行形
(C) shared　　　　動詞 share の過去形
(D) shares　　　　動詞 share の現在形

解説 時制の問題です。これは比較的解きやすい問題と言えます。空所の前の段階を見ると last Friday とあり、workshop が先週行われたことが分かります。空所の後を見ていくと、He described と過去形が使われています。これに合わせると (C) shared と過去形にするのが正解です。

7. 正解：(C)

(A) それらの大部分は私にはなじみのあるものでした。
(B) 彼は私たちを4つのグループに分けました。
(C) それらのうちのいくつかは本当に有益でした。
(D) 参加者は彼にたくさんの質問をしていました。

解説 文選択の問題です。空所の前の文では、strategies の語があり、それに続けて、その strategies がどのようなものであったかを述べるのが普通の話の展開です。それに合わせて考えると、some of them という代名詞を使って話を続けている (C) が正解です。

8. 正解：(D)

(A) he
(B) I
(C) they
(D) you

解説 適切な人称代名詞を選ぶ問題です。文脈から、メールの書き手が読み手に勧めていると解釈するのが最も自然なので、正解は (D) you です。

Part 6 「長文穴埋め問題」
Vocabulary List
おまかせ！重要語句リスト

Part 5、Part 6 ではよく似ていても品詞ごとに形が違って混乱しやすい語が出題されるので、本書で取り上げたものや、注意しておくべきものを整理しました。品詞と語義をきちんと押さえるようにしましょう。

DL-24

advantage【名】有利さ、利点、長所
派生語
・advantageous【形】有利な、都合のよい
・advantageously【副】有利に

benefit【自動】利益を得る 【他動】～に利益をもたらす 【名】利益、手当
派生語
・beneficial【形】有益な　　・beneficially【副】有益に

finance【名】財務（状態） 【他動】～に融資する
派生語
・financial【形】金銭の　　・financially【副】経済的に

profession【名】職業
派生語
・professional【形】専門職の、仕事上の
・professionally【副】職業上、専門家として
・professor【名】教授

separate【形】別の、分かれた 【他動】～を分ける、～を分離する
派生語
・separation【名】分離、離脱、別居
・separately【副】別々に
・separable【形】分けることができる

manage【他動】~を経営［管理］する、~を成し遂げる、~を何とかする

派生語
- manageable【形】扱いやすい
- manager【名】経営者、責任者
- managerial【形】経営の
- management【名】経営、管理

submit【他動】~を提出する 【自動】応じる、服従する

派生語
- submission【名】提出、服従
- submissive【形】従順な
- submissively【形】従順に

→ 動詞は「提出する」の意味が普通。言い換えは hand in。

produce【他動】~を生み出す、~を作る 【名】農産物

派生語
- production【名】生産、製作、製造
- productive【形】生産的な
- productively【副】生産的に
- productivity【名】生産性

oppose【他動】~に反対する、~と争う

派生語
- opposite【前】~の向かいに 【形】反対（側）の
- opposition【名】反対、相手
- opposed【形】反対している
- opposing【形】相対する、相いれない

→ oppose を使ったコロケーションは要注意。
be opposed to ~（~に反対する）、in the opposite direction（反対方向に）、on the opposite side of ~（~の向こう側に）、opposing views [ideas]（反対意見）などを覚えておくとよい。

raise【他動】~を上げる、~（話題・問題）を持ち出す、~を掲げる 【名】昇給、賃上げ

→ rise（【自動】上がる、増加する【名】増加、上昇）との違いをしっかり区別すること。

動詞の活用：raise – raised – raised – raising
　　　　　　 rise – rose – risen – rising

Part 7
読解問題
Reading Comprehension

Part 7「長文読解問題」

パートの概要

問題形式と 出題・解答の流れ

問題形式

Eメール、広告、記事などの文書を読み、その内容に関する2～5問の設問に答えます。各設問の選択肢 (A)～(D) の4つの中から最も適切なものを選ぶ問題です。

問題数：シングルパッセージ9文書、計29問、ダブルパッセージ2セット、計10問、トリプルパッセージ3セット、計15問

解答時間の目安：1問につき1分強。パート全体で約50～55分以内。

サンプル問題

Questions 1-2 refer to the following advertisement.

> Get the *Toronto Times News* delivered to your doorsteps Monday through Saturday saving up to 65 percent off the cover price!
>
> You can cancel your subscription at any time and we have a Money Back Guarantee for any undelivered papers, so you can rest assured with this 16-week, no-strings subscription. Contact the *Toronto Times News* at 1-800-555-4371 to start enjoying the convenience of home delivery. Please provide promotional code NS062010.

1. What is being advertised?
   (A) A newspaper
   (B) A banking service
   (C) Car insurance
   (D) Houses fo sale
   Ⓐ Ⓑ Ⓒ Ⓓ

2. How does one apply for this offer?
   (A) By showing a 65 percent off coupon
   (B) By returning a form
   (C) By calling the company
   (D) By word of mouth
   Ⓐ Ⓑ Ⓒ Ⓓ

サンプル問題の解答

問題 1-2 は以下の広告に関するものです。

『Toronto Times News』を月曜日から土曜日の間、通常料金の最大 65 パーセント引きで玄関先までお届けします！

購読はいつでも停止でき、配達されなかった分には返金保証が付いています。16 週間は制限なく安心してご利用いただけます。便利な配達サービスを始めるには 1-800-555-4371 の『Toronto Times News』までご連絡ください。販売促進コード NS062010 をお知らせください。

語句 □subscription【名】定期購読(料)　□rest assured 安心する

1. 正解：(A)

何が広告されていますか。
(A) 新聞
(B) 銀行サービス
(C) 自動車保険
(D) 売り家

解説 Los Angeles Times など、新聞名には Times と付くものがたくさんあります。また、新聞名以外にも (un)delivered、subscription などのキーワードから判断できます。

2. 正解：(C)

このサービスに応募するにはどうすればよいですか。
(A) 65 パーセント割引券を見せる
(B) 記入用紙を送り返す
(C) 会社に電話する
(D) 口頭で伝える

解説 **広告の場合、命令形になっている情報は要注意**です。Contact ... の文から、電話をかけるように促されていると分かります。

Part 7の傾向と対策

Part 7は誤解を恐れずに言えば、一番対策が簡単なパートです。基本的な読解力が備わっていれば回答できる設問がほとんどだからです。

「まず森」を見て、「必要に応じて木」も見る読解力が求められている

Part 7を難しいと感じる人は「一応、頭の中で文書を全部訳したものの、いざ問題を解こうとすると内容が頭に残っていない」という状況に陥っている場合があります。本当に「読む」というのはそうではなく、常に頭の中で「何についての文書か」「メインアイデアは何か」を探すことです。これが「森」に当たります。詳細については、自分が読み取ったメインアイデアとの関係さえ押さえていれば、読み飛ばして構いません。これが「木」です。この「木」は設問で問われたときには重要ですから、常に「どこにあったか」は把握しておきましょう。英文を読むときには常に、メインアイデア（森）の把握と、詳細（木）との関係性を意識する練習が必要です。

背景知識・関連した語彙が高得点のキーになる

Part 7の文書自体が難しいと感じるとしたら、その理由は「背景知識がない」「語彙力がない」のいずれかである場合が多いです。「背景知識」については、TOEIC形式の問題を解くごとに、お決まりの設定などをひとつひとつ覚えていくとよいでしょう。演習を重ねるうちにパターンが見えてきます。また、このときにそういう場面でよく使われる「関連語彙」を覚えていくと、語彙力の強化につながります。学校で習う英語や日常の英会話で頻出する単語とは違う語も多くありますから、用法やコロケーションとともに覚えていきましょう。格段にPart 7の文書を読むのが楽になるはずです。

新形式で「新たに」問われるスキルは意外と少ない

2016年5月以降の新形式導入で、Part7は一見、とても大きく変わったように見えます。ところが実際のところ、設問を解くために新たに身に付けなければいけないスキルという意味では、それほど多くはありません。例えば、チャット形式の文書については、Part 3、Part 4のための対策がそのまま使えます。さらに文字で書かれている分、リスニングよりも楽に感じるはずです。トリプルパッセージも、これまでにダブルパッセージを解くのに使っていたスキルと基本的には同じです。必要以上に形式に惑わされずに、きちんとした英語の読解力を身に付けること、背景知識と語彙を増やしていく努力を地道に続けていきましょう。

Part 7「長文読解問題」
Q&A形式で学ぶ攻略ポイント

おまかせ!730点を目指すあなたの
お悩み相談室

Q&A 対策法についてのお悩み

単語をたくさん覚えれば、長文は読めるようになりますか。

Part 7 の読解はどうしても苦手です。語彙力不足がいけないのかなと思い、単語集を使って単語を覚えようかと思っています。たくさん覚えるほど、長文も読みやすくなりますよね？

それぞれの単語が英文の中で果たす役割を考えよう

もちろん、英文を読むには語彙力がないと意味が理解できません。未知の語が少なくなるほど、読みやすくなるのは事実です。ただし、そのために単語集のようなものを使って単語を覚えるのが最も効果的な方法とは限りません。

Part 7 で問われる語彙力は、**英文の中でのその語がどのように使われているかを正しく把握する能力**であり、単語の普遍的な意味を答える力ではないからです。

単語集でまず基本的な意味を覚えることは間違いではありませんが、単調で飽きてしまったり、実際に英語を読むには応用が利かないと感じるかもしれません。単語が、**文の中でどんな語義で使われ、どんな役割を果たしているのかイメージしながら覚える**ことをお勧めします。

そうすることで、英文を正確に理解しながら読み進める力が付いてきて、読解問題も楽に解けるようになってくるはずです。

Q&A 対策法についてのお悩み

読解力をつける方法はありますか。

Part 7 は文書が長くて読むのが大変です。時間がなくなってしまうこともあります。読解力をつけるために何かいい方法はないでしょうか。

読んだ内容を簡単にまとめる練習をしてみよう

Part 7 で時間が足りなくなった、という声はある程度高いスコアが取れる方からも聞くことがあります。さらに、ここ数年でPart 7 は長文化しているとも言われ、英語を日常的に読む習慣のない人には極めて苦しいパートかもしれません。

Part 7 は誤解を恐れずに言えば「きちんと読めていれば」確実に正解できる問題しか出題されません。推測を伴う問題でも、**ヒントになる記述は本文中に必ずあります**。従って時間内に正確な読解をすることが大切です。正確な読解というと、文構造を分析したり、きっちりと和訳することをイメージするかもしれませんが、必ずしもそういう意味ではありません。和訳はTOEICでは出題されませんし、むしろ英語を英語のまま理解できたら、それに越したことはありません。

ここでいう正確な読解に大事なのは、必ず**「誰が（Who）」「いつ（When）」「どのような状況で（Where）」「どのような目的で（Why）」「何を（What）」**述べているのか、また伝えるために**「どういう（How）」**工夫をしているのか、という 5Ws + How を意識して読むことです。そして、これをスピードを落とさずにやるため、**前に戻らないで読む**意識を磨くことも必要です。

具体的な練習法は、問題を解くのとは別に、**英文を読んだ後にたった今自分が読んだ内容をまとめられるかどうかを確認する**ことです。できれば英語がよいですが、日本語で説明するのも構いません。練習を積めば、必ず読解力は伸びるはずです。

Part 7「長文読解問題」
Unit 1　Eメール・手紙・連絡メモ

「受け手」「送り手」「用件」を まず確認する

TOEIC で最もよく出題される E メールに加え、手紙や連絡メモなどの社内文書は まず、**誰が (who) 誰に (to whom) 送ったものなのかを確認**することが大事です。 これらの情報は本文ではなく、本文よりも前、もしくは後に書かれています。

例題

受け手、送り手、用件を確認しながら文書を読み、それぞれの設問に答えましょう。

Questions 1-4 refer to the following e-mail.

To:	Vic Nguyen <nguyen@blc.com>
From:	Peggy Woods <p-woods@dreamroute.com>
Date:	January 13
Subject:	Points to be considered

Attachment: 📎 List

Dear Mr. Nguyen:

Thank you for permitting me to observe how your business is going as well as providing me with sufficient data for the evaluation. We have concluded that although BLC is overall under sound management, better sales results could be expected by improving three areas, as follows.

First of all, BLC should raise its public awareness. Based on research that we have conducted, more than 30 percent of females concerned about what they eat are not familiar with your company name. I strongly recommend that your company Web site fully describe what BLC makes, in what way and for what purpose, so that a larger number of people will show interest in purchasing BLC's health products.

Second, I'd like to point out that customer options are limited. Currently, all they can do is choose one of three packaged services provided online – a purchasing system which is not exactly user-friendly. Generally, customers prefer services with more options when purchasing products online. You might want to consider creating a new online purchasing system to replace the existing one.

Finally, there seem be to some ways to cut down costs. Although it is not advisable to use low-cost alternative materials, contracting with different businesses for both logistics and inventory support may help you save on expenses. I am attaching a list of recommended companies working in this field, which offer first-rate services with quite reasonable prices.

I gather updating the purchasing system and Web site would take a certain length of time, so I advise you to work on the relatively easier problem immediately, while taking time to gauge the best steps to carry out the other two problems. Should you have any further questions, do not hesitate to contact me at this e-mail account at any time.

Sincerely,
Peggy Woods

1. Why did Ms. Woods send the e-mail to Mr. Nguyen?
   (A) To reconfirm an upcoming meeting
   (B) To apologize for the delay in logistics
   (C) To point out room for improvement
   (D) To report managerial changes

   (A) (B) (C) (D)

2. What type of business most likely is BLC?
   (A) A business consulting firm
   (B) A health food company
   (C) A temporary employment agency
   (D) A woman's clothing store

   (A) (B) (C) (D)

3. According to Ms. Woods, what do customers shopping online desire?
   (A) The frequent updating of the Web site
   (B) A wide array of options
   (C) Goods recommended by celebrities
   (D) Practical advice from experts

   (A) (B) (C) (D)

4. What does Ms. Woods recommend that Mr. Nguyen undertake first?
   (A) Using businesses providing services at lower rates
   (B) Altering the purchasing system to a new one
   (C) Launching a Web page to earn wider recognition
   (D) Filling out required information on an attached form

   (A) (B) (C) (D)

解ける人の視点

▶本文以外を見ることが文書の概要理解につながる

解答を始める際、つい本文から読み始めたくなりますが、その前に少し時間を取って**受信者、送信者に関する情報、件名などを必ず確認**するようにしましょう。人間関係の整理や、メール内容の推測に役立ちます。例題の **1.** では文書の目的が問われていましたが、最初に件名に注目して Points to be considered（考慮すべき点）を確認していれば、改良などに言及している (C) がおそらく正解だろうと見当をつけて、読み進めることができます。その上で第 1 段落に入ると、本文が会社を評価した上で We have concluded that ... better sales results could be expected by improving three areas, as follows. と続くのが確認できます。

▶キーワードを頼りにヒントになる詳細情報をつかむ

設問に登場している固有名詞などは、問題を解く際のヒントになると考えましょう。例題の **2.** でいえば、BLC という社名に言及があったので、それが何度も出てくる第 2 段落を重点的に読むと、females concerned about what they eat および purchasing BLC's health products などと記載があります。よって、(B) の健康食品の会社であることが推測できます。

▶文章の「つながり」と「まとまり」、全体と部分に注意を払って読む

1 つの文書に対する複数の設問のうち、後半にあるものはきちんと**文書全体の構成・内容の両面を踏まえていないと正解できない**問題になっています。これが Part 6 でも説明した英文の「つながり」と「まとまり」です。例題の文書は、第 1 段落で概要として会社に改善点があると示され、第 2～4 段落は First of all、Second、Finally、とディスコースマーカーを使って改善点を 1 つずつ列挙していました。その上で、第 5 段落を読むと I gather updating the purchasing system and Web site would take a certain length of time, so I advise you to work on the relatively easier problem immediately とあり、第 1、第 2 の点を改善するには時間がかかるので、比較的やさしい問題から取り組むべき、と助言し、第 3 の改善点から始めるよう促していると判断できます。それが第 4 段落の内容であるコスト削減に関連するところで、例題の **4.** の正解になっています。このように、最終的には文書の一部だけではなく全体を読み、**各段落がどのように「つながり」、全体としてどんな「まとまり」を成しているのかを理解**するだけの読解力が要求されています。

例題の解答

問題 1-4 は次の E メールに関するものです。

宛先：	Vic Nguyen <nguyen@blc.com>
送信者：	Peggy Woods <p-woods@dreamroute.com>
日付：	1 月 13 日
件名：	考慮すべき点
添付：	🔗 リスト

Nguyen さま

業務視察の許可、ならびに評価に要する十分な情報提供をいただき、ありがとうございます。わが社の結論としては、BLC においてはおおむね健全な経営がなされていますが、以下の 3 点を考慮すればさらなる売り上げの向上が認められると考えております。

最初に、BLC は一般的な認識度を高めるべきと存じます。わが社が実施しました調査によると、自身の食生活について懸念を抱いている女性のうち 30 パーセント以上が御社の名前になじみがありません。より多くの方が BLC の健康食品を購入することに興味を示すよう、御社のウェブサイトにおいて、BLC がどのような方法で何を目的に何を製造しているのかを十分に説明することを強くお勧めいたします。

次に、顧客の選択肢が制限されていることにも言及させていただきます。現在のところ、消費者ができることはオンライン上で提供の 3 つのパック商品のいずれかを選択することです。この購入システムでは本当に使いやすいものとは言えません。一般的にオンラインで商品を購入する際、消費者はより選択肢の多いサービスを好むものです。現在のものにとって代わる新たなオンライン購入システムをご検討になるとよいでしょう。

最後に、コストを削減する方法がいくつか残っているように思われます。安価な代わりの原料を使うことはお勧めできませんが、物流や在庫管理は別の会社と契約なさると、費用をいくらか抑えることができるかもしれません。この業界においてのお勧めの会社リストを添付いたします。いずれも、安価で質の高いサービスを提供しています。

購入システムやウェブサイトを更新するにはかなりの時間がかかると思われますので、比較的解決しやすい問題にすぐに取り掛かりながら、一方で他の 2 つの問題を解決する最適な方法を探るのに時間を使うことをお勧めします。もし、ご質問などございましたら、いつでもご遠慮なくこの E メールアカウントまでご連絡ください。

敬具
Peggy Woods

語句 □permit【他動】〜を許可する　□observe【他動】〜を観察する　□sufficient【形】十分な
□sound【形】健全な　□awareness【名】認識
□user-friendly【形】ユーザーフレンドリーな、使いやすい　□existing【形】現存する
□advisable【形】賢明な　□alternative【形】代わりになる　□logistics【名】物流
□inventory【名】在庫　□expense【名】出費　□first-rate【形】一流の
□gather (that) ... …だと推測する　□gauge【他動】〜を測る、判断する

1. 正解：(C)
なぜWoodsさんはNguyenさんにメールを送ったのですか。
(A) 今度の会議を再確認するため
(B) 物流に遅れがあることをわびるため
(C) 改善の余地を指摘するため
(D) 経営陣に変化があったことを伝えるため

2. 正解：(B)
BLCはどのような業種の企業だと考えられますか。
(A) 経営コンサルタント会社
(B) 健康食品会社
(C) 人材派遣会社
(D) 女性用の衣料品店

3. 正解：(B)
Woodsさんによると、オンラインで買い物をする消費者は何を望みますか。
(A) ウェブサイトの頻繁な更新
(B) 豊富な選択肢
(C) 有名人推薦の商品
(D) 専門家による実践的なアドバイス

4. 正解：(A)
WoodsさんはNguyenさんはまず何に取り掛かるように勧めていますか。
(A) より低価格でサービスを提供する会社を利用すること
(B) 購入システムを新しいものに変更すること
(C) 知名度を高めるためにウェブサイトを立ち上げること
(D) 添付の用紙に必要な情報を記入すること

Part 7「長文読解問題」
Unit 2　アンケート・フォーム

「項目名」を確認して、必要な情報を探し出す

アンケート・フォームなどは**「名前」「住所」などの文書内の項目名を確認すれば正解が見つかります**。読む量が少なく、視覚的に情報を得やすいので、素早く解答しましょう。

例題

表の項目名を中心に確認しながら、次の文書に関する設問に答えましょう。

Questions 1-4 refer to the following form.

Employee's Report of Injury Form

Directions: Employees must use this form to report all work-related injuries. This aims to help us identify and minimize risks before they cause serious injuries. This form must be completed by employees as soon as possible and be turned in to a supervisor for further action.

Your Name: Laura Cole	Job title: Office Designer, Property Development
Supervisor: Toshikazu Shono	Have you told your supervisor about this injury? ☑ Yes　☐ No
Date of injury July 7	Time of injury 4:45 P.M.
Names of witnesses: Shi Ann Cho — we were working together.	
Where did it happen? Holland Village Office, Singapore	
What were you doing at the time? I was pulling down an old ceiling tile hanging down from the ceiling.	
Describe how it occurred. I stood on a folding table, which flipped over as I reached up. Shi Ann Cho spotted me, but she couldn't hold the table or break my fall.	

What could have been done to prevent this injury? We shouldn't have used the table. We will use a sturdy ladder next time.	
What parts of your body were injured? Shoulder	Has it been injured before? ☑ Yes ☐ No
	If yes, when? November 24, last year
Did you see a doctor? ☑ Yes ☐ No	What medical treatment did you have? They took an X-ray and reset my shoulder.
If yes, who did you see? Dr. Aileen Chen, Bedok City Clinic	
Date: July 8	Time: 9:15 P.M.

Your signature: *Laura Cole*   Date: July 9

1. Who most likely is Shi Ann Cho?
 (A) Ms. Cole's doctor
 (B) Ms. Cole's coworker
 (C) Ms. Cole's supervisor
 (D) Ms. Cole's customer

2. What is the purpose of the form?
 (A) To report an accident at work
 (B) To claim reimbursement for travel expenses
 (C) To make an appointment for a consultation
 (D) To order a table listed in a brochure

3. When was the form written?
 (A) On July 7
 (B) On July 8
 (C) On July 9
 (D) On November 24

4. What solution does Ms. Cole suggest?
 (A) Changing a location
 (B) Taking enough time to rest
 (C) Securing a table to the wall
 (D) Using a durable ladder

解ける人の視点

▶「項目名」を使って必要な情報を探す

アンケートフォームなどの形式では、各項目が簡単な単語ではっきりと明示されているため、設問文と照らし合わせると解答を探しやすくなります。例題の **1.** は Shi Ann Cho さんに関する問いです。Names of witnesses（目撃者の名前）の項目にこの名前があり、一緒に働いていたとあることから正解が分かります。

▶サインや注など文書の下にある情報に注意する

記入フォームの場合、**署名や記入日などの情報は文書の最後に来ることが多い**と考えましょう。申込書では、欄外に特定の条件が言及されている場合もあり、文書の下部には重要な情報が詰まっています。例題の **3.** では日付が問われていますが、文書中には 4 つの日付が登場しています。このときにフォームの形式が頭に入っていると、該当箇所が探しやすくなりますね。文書の一番下に署名欄があり、すぐ横に日付が記入されているので、それが文書の提出された日です。

▶設問文中のキーワードに注意

文書を効率よく読み進めるには、**設問文のキーワードから、自分の求める情報を探す**姿勢が重要です。例題の **4.** では solution という語を頼りに、What could have been done to prevent this injury? の項目にヒントがないかを探します。ここで答えている内容を言い換えているのが正解の (D) でした。

例題の解答

問題 1-4 は次の書類に関するものです。

従業員けが報告書

説明：従業員はこのフォームを使って業務に関係するけがを逐一報告しなければならない。これは重大なけがを引き起こす前に危険を認識し、最小限に食い止めるためのものである。このフォームは直ちに従業員によって記入され、今後の措置を決めるため、上司に提出されなければならない。

名前： Laura Cole	職名： オフィス・デザイナー、土地開発部
上司： Toshikazu Shono	このけがについて上司に報告しましたか ☑ はい　☐ いいえ
負傷した日 7 月 7 日	負傷した時間 午後 4 時 45 分
目撃者の名前： Shi Ann Cho　一緒に作業をしていました。	
それはどこで起きましたか Holland Village Office、シンガポール	
そのとき何をしていましたか 天井からぶら下がっていた古い天井タイルを引きはがそうとしていました。	
どのようにそれが起きたのか説明してください 折り畳み式のテーブルの上に立ったら、手を伸ばすときにひっくり返ってしまいました。Shi Ann Cho がすぐに私に気付きましたが、彼女はテーブルを支えたり、私が落ちるのを受け止めることはできませんでした。	
このけがを防ぐために何ができましたか あのテーブルを使うべきではありませんでした。次回は頑丈なはしごを使います。	
体のどの部分をけがしましたか 肩	その部分に以前にけがをしたことがありますか ☑ はい　☐ いいえ
	「はい」の場合、いつですか 昨年の 11 月 24 日
医者にみてもらいましたか ☑ はい　☐ いいえ	どんな治療を受けましたか レントゲンを撮って、肩を整復してもらいました。
「はい」の場合、担当したのは Aileen Chen 先生, Bedok City Clinic	
日付： 7 月 8 日	時間： 午後 9 時 15 分

署名： *Laura Cole*　日付：7 月 9 日

語句　□injury【名】けが　□identify【他動】〜を認識する
□minimize【他動】〜を最小化する　□flip over ひっくり返る
□spot【他動】〜に気付く　□sturdy【形】頑丈な

1. 正解：(B)
Shi Ann Cho は誰だと思われますか。
(A) Cole さんの担当医
(B) Cole さんの同僚
(C) Cole さんの上司
(D) Cole さんの顧客

2. 正解：(A)
この書類の目的は何ですか。
(A) 職場での事故を報告するため
(B) 交通費の払い戻しを申請するため
(C) コンサルティングの予約をするため
(D) パンフレットにあるテーブルを注文するため

3. 正解：(C)
この書類はいつ書かれましたか。
(A) 7 月 7 日
(B) 7 月 8 日
(C) 7 月 9 日
(D) 11 月 24 日

4. 正解 (D)
Cole さんはどのような解決方法を提案していますか。
(A) 場所を変える
(B) 休む時間を十分に取る
(C) テーブルを壁に固定する
(D) 頑丈なはしごを使う

Part 7「長文読解問題」
Unit 3　チャット

構造と要点を
つかみながら読む

チャットは Part 7 の中では比較的やさしい文書と言えます。TOEIC のチャットは、ネイティブが日常で使うスラングや省略形は出てきません。また、やり取りの内容は **Part 3 とほとんど同じか、より単純化された** ものです。チャットの基本的な構造を押さえて、読み進めましょう。

例題

「解決しなければいけない問題は何か」「どう解決するのか」 に注意して次のチャットを読み、問題に答えましょう。

Questions 1-4 refer to the following online chat discussion.

Markowitz, Jeremy [1:05 P.M.]
Hi, everyone. I just wanted to see how you are all coming along with preparations for the technology show this weekend.

Patras, Mikaela [1:07 P.M.]
I've taken care of the hotel. I booked four single rooms at the Sterling Hotel, checking in on September 3 and checking out on September 5.

Lin, Todd [1:08 P.M.]
Is it close to the conference center?

Patras, Mikaela [1:09 P.M.]
It's a five-minute walk.

Song, Ji-hoon [1:11 P.M.]
Great. Also, the large format printer was malfunctioning. You know, the one we are planning to bring for demonstrations. Fortunately I could fix it, and I've already shipped it to the conference center. It will be there when we arrive.

Markowitz, Jeremy [1:12 P.M.]
What about the brochures for our new line of printers?

Lin, Todd [1:13 P.M.]
I've got that covered. There was an error in the information about the LFP-9000, but I corrected it. The brochures are being printed now.

Markowitz, Jeremy [1:14 P.M.]
Will they be ready before we have to leave?

Lin, Todd [1:17 P.M.]
Friday morning. I'll pick them up on my way to the airport.

Markowitz, Jeremy [1:18 P.M.]
Sounds good. Is there anything I've forgotten?

Song, Ji-hoon [1:19 P.M.]
We need to bring a variety of different papers to print on for the demonstrations.

Patras, Mikaela [1:21 P.M.]
I have the e-mail with the list you sent me yesterday. I'll order them this afternoon.

Song, Ji-hoon [1:21 P.M.]
Thanks, Mikaela.

1. What is indicated about the Sterling Hotel?
   (A) It is close to a convention hall.
   (B) It offers discounts for groups.
   (C) It is hosting an industry fair.
   (D) It has a large parking lot.

   Ⓐ Ⓑ Ⓒ Ⓓ

2. At 1:13 P.M., what does Mr. Lin most likely mean when he writes, "I've got that covered"?
   (A) He has sent some documents to a conference center.
   (B) Some equipment has been put in storage.
   (C) He has purchased insurance for the trip.
   (D) Some promotional materials will be ready in time.

   Ⓐ Ⓑ Ⓒ Ⓓ

3. What is suggested about the LFP-9000?
   (A) It is quiet.
   (B) Its sales have declined.
   (C) Its quality is low.
   (D) It is a new model.

   Ⓐ Ⓑ Ⓒ Ⓓ

4. Who will order printer paper?
   (A) Mr. Markowitz
   (B) Ms. Patras
   (C) Mr. Song
   (D) Mr. Lin

   Ⓐ Ⓑ Ⓒ Ⓓ

解ける人の視点

▶チャットはPart 3が文字になったもの
チャットは2人だけのやり取りだけでなく、3人以上の場合もありますが、基本的には次のような構造をしています。これはPart 3と同じです。
・冒頭：**解決しなければいけない問題**が提示される
・真ん中：提示された問題への解決をめぐって、**情報のやり取り**をする
・最後：問題の解決を受けて、**未来へ言及**がなされる
例題の会話では最初にtechnology showの準備という話題がJeremy Markowitzによって提供されます。その後、この話題についての細かなやり取りが続いていきます。

▶文脈を問う問題は表現よりもその前後に注意する
2. は文脈を問う問題ですが、Part 3やPart 4と同じで、**問われている表現自体を知っていることよりも、前後の文脈をきちんと読み取れるかが解答のカギ**です。I've got that coveredはよく聞く口語表現で「それはやっておくよ」といった意味です。何を請け負うかは前後を見て確認します。前ではbrochuresについて尋ねており、後ろではそれが今、印刷中であると述べられています。(B)のput 〜 in storageや(C)のinsuranceは、問われている表現の「カバーされる」というニュアンスから連想されますが、文脈とは関係のない引っ掛けの選択肢です。

▶Part 2に出てくるような助動詞や定型表現に注意する
Will you ...? / Should we ...? などの助動詞を使った疑問文やWhat about ...? / Why don't you ...? といった表現はやり取りの流れをつかむ上で大事です。**3.** は、LFP-9000についての質問です。この製品は午後1時13分のToddの発言There was an error in the information about the LFP-9000に出てきます。その前にあるWhat about the brochures for our new line of printers? を受けての発言であるため、これは新しいプリンターであることが分かります。

▶代名詞や限定詞が何を指しているのかを把握して、「つながり」を見抜く
午後1時21分にI'll order them this afternoon. とありますが、ここではthem = a variety of different papersです。よって、**4.** の正解はPatrasさんです。このように、**代名詞や限定詞が何を指すのかをきちんと確認**しながら読めば、文の「つながり (cohesion)」を見失わず、文脈を押さえることができます。

例題の解答

問題 1-4 は次のオンラインチャットでの話し合いに関するものです。

🖼 Markowitz, Jeremy [午後 1 時 5 分]
やあ、みんな。今週の技術展示会の準備の進み具合を確認したいんだけど。

Patras, Mikaela [午後 1 時 7 分]
私はホテルを予約したわ。Sterling Hotel にシングルを 4 部屋とったわ。チェックインは 9 月 3 日でチェックアウトは 9 月 5 日よ。

Lin, Todd [午後 1 時 8 分]
そこは会議場から近いの？

Patras, Mikaela [午後 1 時 9 分]
徒歩 5 分よ。

Song, Ji-hoon [午後 1 時 11 分]
バッチリだね。それから、大判プリンターの調子が悪かったよね。あの、実演に持って行く予定の。幸運にも直せたから、会議場に送っておいたよ。僕たちが向こうに着くころには着いているはずだ。

🖼 Markowitz, Jeremy [午後 1 時 12 分]
新しいプリンターのシリーズのカタログはどう？

Lin, Todd [午後 1 時 13 分]
それはぼくがやっているよ。LFP-9000 の情報に間違いがあったけれど、直しておいた。カタログは今印刷中だよ。

🖼 Markowitz, Jeremy [午後 1 時 14 分]
出発前には準備ができるかい？

Lin, Todd [午後 1 時 17 分]
金曜の朝に、空港へ向かう途中で取りに行くよ。

🖼 Markowitz, Jeremy [午後 1 時 18 分]
順調だね。何か忘れていることはないかな？

Song, Ji-hoon [午後 1 時 19 分]
印刷の実演のために、いろいろな種類の紙を持っていかないと。

Patras, Mikaela [午後 1 時 21 分]
昨日、送ってくれたリストがついたメールを持っているの。今日の午後、注文しておくね。

Song, Ji-hoon [午後 1 時 21 分]
ありがとう、Mikaela。

語句 □come along 順調に進む (= progress) 　□technology show 技術展示会
　　　□large format printer 大判プリンター　 □malfunction【自動】うまく作動しない
　　　□demonstration【名】実演、デモ　 □line【名】(一定規格の) シリーズ、一連の商品

1. 正解：(A)
Sterling Hotel について示されていることは何ですか。
(A) 展示会場に近い。
(B) 団体割引がある。
(C) 産業展示会を催している。
(D) 大きな駐車場がある。

2. 正解：(D)
午後 1 時 13 分で Lin さんが "I've got that covered" と書いているのはどのような意味ですか。
(A) 彼は会議場に資料を送ってある。
(B) 装置は保管されている。
(C) 旅行保険に加入済みである。
(D) 宣伝用の資料の準備は間に合う。

3. 正解：(D)
LFP-9000 について分かることは何ですか。
(A) 静かである。
(B) 売り上げが落ち込んでいる。
(C) 質が悪い。
(D) 新型である。

4. 正解：(B)
誰がコピー用紙を注文しますか。
(A) Markowitz さん
(B) Patras さん
(C) Song さん
(D) Lin さん

Part 7 「長文読解問題」
Unit 4　記事

冒頭で「話題」、さらに関係する「概要」「詳細」を把握

新聞や雑誌の記事は読む量が多いので敬遠されがちですが、**英文の論理構成を踏まえた読み方**ができれば対応できます。このような文書では、**冒頭（多くの場合最初の段落）で記事の話題・概要が示され、以降はその話題に関する詳細**がポイントごとに示されています。そのような文章の「つながり」と「まとまり」を押さえた読解を心掛けましょう。

例題

英文の論理構成に注意して次の文書を読み、設問に答えましょう。

Questions 1-3 refer to the following article.

Shin to Open Business School
By Catherine Cheetam

San Francisco (May 8)—Wayne Shin announced Friday that he is leaving Macropedia, where he has served as chief executive officer for the past seven years. When asked about the reason for his decision, Shin disclosed that he has plans to open a business school in his hometown of Shanghai. — [1] —.

This is not the first time, though, that Shin has made a seemingly abrupt career change. He was a professional soccer player in China with a promising future when he was still in his teens. Shortly before his 24th birthday, however, an injury suddenly ended his sports career. After that he moved to Los Angeles, where he tried his hand at acting for a few years before leaving that to join Macropedia. —[2]—.

Luckily for Shin, his unique career has provided him with strong business connections. —[3]—. He said his new undertaking is only possible with support from these people. For example, Vanessa Rodriguez, currently a professor of marketing at Mattoon City College, will move to Shanghai to become the dean of Shin's new school.

"A lot of thought went into my decision," Shin said. "Macropedia has been doing well, and I am confident that the company's management team will be able to continue to succeed without me." —[4]—. He also revealed that Beni Kubota, currently Vice President, will be succeeding him.

312

1. What is indicated about Macropedia?

    (A) Its headquarters is located in Shanghai.

    (B) It produces a variety of television programs.

    (C) It has announced some changes in management.

    (D) Its sales have been declining for seven years.

2. What is NOT suggested about Mr. Shin?

    (A) He was a professional athlete.

    (B) He has received help from a large number of people.

    (C) He was recently interviewed by Beni Kubota.

    (D) He has repeatedly changed the direction of his career.

3. In which of the positions marked [1], [2], [3], and [4] does the following sentence best belong?

    "This decision comes as a surprise because he has never publicly shown interest in education."

    (A) [1]

    (B) [2]

    (C) [3]

    (D) [4]

解ける人の視点

▶論理構成に注意を払い、まずは概要をつかむ

新聞・雑誌などの長い文書は論理構成に注意して読むことで効率よく読み進め、対応することができます。1文1文を読みながらも、常に**全体として何が書かれているのか、そして今読んでいる文はその全体の中でどういう役割を果たしているのか**を意識して読むことが大切です。

▶冒頭を読んで概要をつかむ

記事のタイプでは、**設問文を読む前にざっと記事を見て何について書かれているのかをつかんでおく**とよいでしょう。設問を確認した後で、どこを重点的に読み直せばいいのかが分かりやすくなります。**必ず押さえたいのが「冒頭」**です。その文書のアウトラインが示されているので概要がつかめます。例題では、記事の見出しにShin to Open Business School とあります。中心人物の Shin という人が学校を開くことがわかります。

▶設問中のキーワードに注意

詳細を尋ねる質問はキーワードを使って答えを探す必要があります。**1.** は Macropedia が何かをまず判断します。第1文に、he is leaving Macropedia, where he has served as chief executive officer とあるので、Wayne Shin が CEO として勤めてきた会社であり、彼がこの会社を辞めるということが分かります。よって、これを some changes in management と言い換えた (C) が正解だと分かります。

▶NOTのある問題は選択肢に当てはまる記述、矛盾する記述を探す

設問文に NOT を含む問題は、各選択肢の内容を本文中の記述と照らし合わせて解答します。1つだけ、文書に記述されていないか、あるいは文書中の記述に対して明らかに矛盾した内容になっています。こういった問題では基本的に**消去法を使い、本文と一致する選択肢を外していきますが、明らかに矛盾した記述を見つけた場合はそれが正解と判断して先に進んでも構いません**。例題では **2.** が NOT 問題でした。それぞれの選択肢を見ていくと、(A) は第 2 段落に He was a professional soccer player in China と言及されています。(B) は第 3 段落の He said his new undertaking is only possible with support from these people. から、Shin 氏がいろいろな支援を受けてきたことが分かります。(D) は記事全体の内容を把握していれば判断できます。第 2 段落に This is not the first time, though, that Shin has made a seemingly abrupt career change とあり、その後に詳細が述べられています。最後に (C) ですが、第 4 段落に Beni Kubota, currently Vice President, will be succeeding him とあり、該当する女性の名前は登場しますが、Shin 氏にインタビューをしたという記述はありません。よって、これが正解です。

▶位置選択問題は「つながり」と「まとまり」で解く!

設問中に示された文を文書中の空所の適切な箇所に挿入する位置選択問題は、Part 6 で学んだような、文書の「つながり (cohesion)」「まとまり (coherence)」を見抜く力があるかが問われています。従って、Part 6 同様、挿入する英文はもちろん、**空所の前後にある代名詞・限定詞・ディスコースマーカーおよび英文の展開パターンに注意を払う**ことが必要です。**3.** では、まず挿入する文の This decision が何を指すのかを考え、その上で筋が通る答えを選ばないといけません。英文を見ていくと、[3] [4] は前後に this decision が指し得るものがないので不正解です。[2] は Los Angeles で役者を目指すことを this decision と考えることはできますが、acting は education とは直接関係ないので不正解です。従って、[1] のすぐ前、「企業の責任者をやめて学校を作る」を指すことにするとうまくいくことが分かります。

例題の解答

問題 1-4 は次の記事に関するものです。

Shin 氏がビジネススクールを開校
Catherine Cheetam

San Francisco（5月8日）— Wayne Shin 氏は金曜、過去7年間 CEO を務めてきた Macropedia を退社すると発表した。決断の理由を尋ねられると、Shin 氏は故郷の Shanghai にビジネススクールを開く構想があることを明らかにした。教育への関心を公に示したことがない彼のこの決断は、周囲を驚かせた。

しかしながら、Shin 氏が突然とも思える経歴変更を行うことはこれが初めてではない。10代のころには中国でプロサッカー選手として前途有望だったが、24歳の誕生日を前にして突然のけがによりアスリートとしてのキャリアを終えた。その後、Los Angeles に渡って、何年か俳優に挑戦した後、Macropedia に入社した。

Shin 氏にとって幸運なことに、彼の特異な経歴は、仕事をする上で強い人間関係を提供した。彼は新事業はこれらの人々の援助があって成し得るものだと語っている。例を挙げれば、現在 Mattoon 市立大学において経営学教授の Vanessa Rodriguez 氏は Shin 氏の新しい学校の学部長になるべく Shanghai に移り住むことになっている。

「決断にはいろいろな思いがあった」と Shin 氏は語る。「Macropedia の業績は好調で、私がいなくても当社の経営陣はうまくやっていくだろう」。また、彼は現在副社長の Beni Kubota 氏が彼の後を引き継ぐことを発表した。

語句
- □serve as 〜 〜として働く □seemingly【副】一見したところ
- □abrupt【形】突発的な □promising【形】将来性のある
- □try one's hand やってみる □undertaking【名】事業
- □dean【名】学（生）部長 □succeed【他動】〜を引き継ぐ

1. 正解：(C)
Macropedia について分かることは何ですか。
(A) 本社が Shanghai にある。
(B) さまざまなテレビ番組を制作している。
(C) 経営陣の変更が発表された。
(D) 7 年間の営業成績は下がっている。

語句 □headquarters【名】本社(sで終わっているが単数扱い)　□management【名】経営陣

2. 正解：(C)
Shin 氏について示されていないことは何ですか。
(A) プロスポーツ選手だった。
(B) たくさんの人から援助を受けてきた。
(C) 最近 Beni Kubota からインタビューを受けた。
(D) 経歴の方向を何度も変えてきた。

3. 正解：(A)
[1]、[2]、[3]、[4] と記載された箇所のうち、次の文が入るのに最もふさわしいのはどれですか。
教育への関心を公に示したことがない彼のこの決断は、周囲を驚かせた。
(A) [1]
(B) [2]
(C) [3]
(D) [4]

語句 □come up as a surprise 予期していなかった　□publicly【副】公に

Part 7「長文読解問題」
Unit 5　ダブルパッセージ

最初の文書を読み、ストーリーを押さえる

Part 7 後半では複数の文書を読み、それらに関する 5 つの設問を解きます。設問は**いずれかの文書を読めば答えられるもの**が大半ですが、**2 文書の関係が分からないと解けない問題**も出題されます。まずは最初の文書をしっかり読み、ストーリーを押さえましょう。

例題

最初の文書のストーリーを押さえ、次の問題を解きましょう。

Questions 1-5 refer to the following e-mail and advertisement.

From:	rblackwell@konanmotors.com
To:	webmaster@workfinder.co.ie
Date:	October 18
Subject:	Job ID: 4258

To whom it may concern:

I am writing with regard to the advertisement for the Tech Line Specialist position that we posted.

Thanks to the popularity of your service, we have been receiving a wide array of applications from all over the world. At the same time, we have been repeatedly asked many questions regarding where their prospective workplace will be. Although such information is available through our Web site, we would find it practical if it were publicized on your Web site as well. Consequently, I want you to add the following information to the "location" section:

Konan Motors has four call centers: São Paulo, Mumbai, Auckland, and Belfast. Successful candidates will participate in a three-month in-house training program in London (paid at 2,000 Euros per month plus travel expenses) before being assigned to one of the call centers.

Since we are slated to start screening on the last day of this month, it would be great if you would deal with the above matter no later than October 21. Should you have any questions, please call me directly at 0333-555-910. Thanks in advance.

Rosemary Blackwell
Human Resources Director
Konan Motors

WorkFinder   Last Update: 10/14

Title	Tech Line Specialist	Reference ID	4258
Job Description	The successful candidate will provide technical assistance to dealership technicians over the phone. The responsibilities include giving instructions on how to carry out extensive inspections and on how to repair severely damaged vehicles.		
Duties	• Maintain caller confidence through accurate diagnosis and repair of the vehicle • Report on calls, solutions, feedback, and closing with callers • Review company publications to verify the accuracy of technical information • Report problems to the Engineering Department		
Qualifications	• Bachelor's degree or trade school certificate in Automotive Technology or equivalent work-related experience • 4 years' hands-on experience as a dealership technician • Excellent communicator with strong typing skills • Proficient in creating documents in various software programs		
Location			
Duration	Permanent		
Contact	Please apply on our careers Web site at www.konanmotors.com.		

1. What is the purpose of the e-mail?
   (A) To request changes to a Web page
   (B) To inform employees of a local sporting event
   (C) To promote a new automobile model
   (D) To apply for a posted position

   (A) (B) (C) (D)

2. According to the e-mail, what information do prospective candidates want?
   (A) The size of the company
   (B) The work location
   (C) A monthly salary
   (D) Job duties

   (A) (B) (C) (D)

3. In what department does Rosemary Blackwell work?
   (A) Software programming
   (B) Public relations
   (C) Human resources
   (D) Technical

   (A) (B) (C) (D)

4. What is NOT stated as a requirement of the job being advertised?
   (A) A degree in a related field
   (B) Four years of relevant work experience
   (C) Adequate communication skills
   (D) The ability to design new software programs

   (A) (B) (C) (D)

5. When will Konan Motors start choosing applicants?
   (A) On October 14
   (B) On October 18
   (C) On October 21
   (D) On October 31

   (A) (B) (C) (D)

解ける人の視点

▶1つ目の文書をざっと読み、2文書の関係をつかむ

ダブルパッセージの問題において、2つ目の文書は1つ目の文書の内容を前提として、それに返事をしたり、情報を加えたりする形で存在します。つまり、**1つ目の文書でテーマを把握し、その上で2つ目がどう続くのか、という文書同士の大まかな関係をつかむ**必要があります。そうすることで、何度も同じところを読み返してしまう時間のロスを防げます。

▶設問文中のキーワードに注意

設問文を注意して見ると、2つの文書のうち、どちらを読んで答える問題かが明記されている場合があります。例題の **2.** では According to the e-mail, ... と設問文にあるため、メールを読んで答える問題と分かります。あるいは、設問に固有名詞が出てくる場合は、本文からも同じ名前を探して読むという鉄則はダブルパッセージになっても変わりません。例題の **3.** では Rosemary Blackwell という人物名があり、本文でもこの名前を見つけられると、素早く正答にたどり着けるでしょう。

▶NOTのある問題は選択肢に当てはまる記述、矛盾する記述を探す

NOT問題の解き方は、シングルパッセージの場合と大きな変化はありません。ただし、2つの文書を効率よく読み、さらに設問の選択肢と見比べる必要がありますから、時間をかけ過ぎないように注意しましょう。例題の **4.** では設問に出てくる requirement が広告の中では qualifications と言い換えられています。それぞれの選択肢も同様に比較すると、本文の Proficient in creating documents in various software programs は「ソフトウエアを使って文書を作ること」であり、ソフトウエア自体を開発する能力までは求められていないため、(D) が正解だと分かります。

▶日付・曜日・数字の問題は項目名など近くの情報をよく読む

設問の選択肢にある日付・曜日・数字などが文書に載っていたという理由でその選択肢を選ぶのは早計です。**多くの場合、文書の中にすべての選択肢が何らかの関係ある情報として掲載されている**ためです。例題の **5.** を見ると、広告の冒頭に (A) 10月14日がありますが、これは最終更新日です。(B) はメールが出された日付です。(C) は文脈から求人ページに情報を追加する期日に言及していると考えられるのでこれも違います。具体的な数字は出てきていませんが、we are slated to start screening on the last day of this month という言及から (D) が正解と分かります。

例題の解答

問題 1-5 は以下のメールと広告に関するものです。

送信者：	rblackwell@konanmotors.com
受信者：	webmaster@workfinder.co.ie
日付：	10 月 18 日
件名：	Job ID: 4258

担当者の方へ

弊社が掲載させていただいている技術サポートのスペシャリストの職のことでご連絡いたします。

御社のウェブサイトの人気のおかげで世界中からたくさんの応募をいただいています。同時に予定勤務地がどこになりそうかということに関し、多くの質問を受けております。そういった情報は弊社のウェブサイトから得ることができるのですが、御社のサイトにも勤務地について載っていれば、よりよいと考えました。つきましては、下記の情報を「勤務地」の項目に追加してほしいのです。

Konan Motors には 4 カ所のコールセンターがあります：São Paulo、Mumbai、Auckland、Belfast。通過者はこれらのコールセンターのいずれかに赴任する前に、London で 3 カ月の社内研修に参加することになります（月 2000 ユーロと交通費支給）

今月最終日より選考を始めることになるため、10 月 21 日より前に上記の処理をお願いできると助かります。質問があれば直接私宛てに 0333-555-910 までご連絡ください。よろしくお願いします。

Rosemary Blackwell
人事部長
Konan Motors

ワークファインダー 最終更新日：10/14

職名	技術サポート スペシャリスト	照会番号	4258
仕事内容	販売代理店の技術者に電話で技術的サポートをする業務です。大規模検査や損傷の激しい車の修理に関しての指導を行います。		
職務	・正確な診断と車両の修理を通じて相談者の信頼を維持する ・相談、解決策、評価、相談の完了を報告する ・技術的な情報・正確さについて社内での出版物の内容をチェックする ・技術部に問題を報告する		
応募要件	・学士号あるいは自動車技術での職業専門学校の卒業もしくはそれに相当する勤務経験 ・販売代理店の技術者としての4年間の実務経験 ・優れたコミュニケーション能力およびタイプ技術 ・さまざまなソフトウエアを使って書類を作成することができる		
勤務地			
勤務期間	常勤職		
連絡先	弊社求人サイト www.konanmotors.com からご応募ください。		

語句 □prospective【形】予想される　□be slated to *do* ～する予定である
　　　□Screening【名】候補者選び、ふるい落とし　□extensive【形】大規模の
　　　□inspection【名】検査　□accurate【形】正確な（accuracy【名】正確さ）
　　　□equivalent【形】同等の、同価値の

1. 正解：(A)

Eメールの目的は何ですか。
(A) ウェブページの変更依頼をする
(B) 従業員に地元のスポーツ行事を知らせる
(C) 新しい自動車のモデルを宣伝する
(D) 掲載されている職に応募する

2. 正解：(B)

Eメールによると、応募者はどのような情報を得たいと思っていますか。
(A) 会社の規模
(B) 勤務地
(C) 1カ月の給料
(D) 職務

3. 正解：(C)

Rosemary Blackwell さんはどの部署で勤務していますか。
(A) ソフトウエア・プログラミング
(B) 広報
(C) 人事
(D) 技術

4. 正解：(D)

広告されている仕事の必要要件として述べられていないものはどれですか。
(A) 関連分野での学位
(B) 4 年間の関連する職務経験
(C) 十分なコミュニケーション能力
(D) 新しいソフトウエアを設計する能力

語句 □relevant【形】関連した　□adequate【形】十分な

5. 正解：(D)

Konan Motors が候補者を選び始めるのはいつですか。
(A) 10 月 14 日
(B) 10 月 18 日
(C) 10 月 21 日
(D) 10 月 31 日

Part 7「長文読解問題」
Unit 6　トリプルパッセージ

文書同士の関係を押さえながら読む

新形式で登場したトリプルパッセージですが、ダブルパッセージと取り組み方は同じです。**読みながら、文書同士の関係を押さえる**ことが基本です。

例題

3つの文書同士の関係に注意しながら、設問の答えとして適切なものを選びましょう。

Questions 1-5 refer to the following e-mails and information.

To:	pryan@ozzymail.com.au
From:	tedwards@gchotel.co.nz
Date:	20 November
Subject:	Your stay
Attachment:	📎 christchurch-tours.file

Dear Mr. Ryan,

We are delighted that you have chosen to stay with us from 6 December to 12 December. My job is to make sure guests enjoy their stay with us by finding excursions that match their interests. Many guests wait until after they arrive to book tours, but December is the height of tourist season and the most popular ones fill up weeks in advance. Please look over the attached information and let me know if there is anything I can assist you with. The sooner you contact me the greater the chance that the tour you want will be available.

Sincerely,

Tiffany Edwards
Tour Coordinator, Garden City Hotel

Christchurch Tours and Adventures

Christchurch half-day Bus Tour
The first stop of this 3-hour bus tour is the Canterbury Museum in the city's cultural district. Next, you will make a stop at Christchurch Botanic Gardens with its extensive collection of flowers and other plants. The final stop is the seaside suburb of Sumner with its scenic beach.

Operated by: Kiwi Bus Lines
Price: $80

Overnight Tour to Mt. Cook
The breathtaking views of Mt. Cook are well worth the five-hour bus ride from Christchurch. The tour also includes overnight accommodations at the Tasman Lodge, and dinner in the hotel dining room. Do not miss stargazing in the evening with the hotel's informative astronomy guide. There is an optional helicopter tour as well.

Operated by: Spectacular New Zealand
Price: $210

Bungy Jump off the Mangaweka Bridge
Experience the rush of a 60-meter freefall drop over the Waiau River. Nothing is more thrilling. After your jump, a motorboat will pick you up from the river and bring you back to shore.

Operated by: Akaroa Tours
Price: $110

Waimakariri Gorge Guided Kayak Trip
Our shuttle bus will drive you to the starting point in Waimakariri Gorge, about 50 kilometers from Christchurch. Lunch will be provided, and kayakers eat there before paddling their own kayaks down the Waimakariri River in small groups led by an experienced guide. This is a challenging course, and only those with kayaking experience may participate.

Operated by: Whatihua Holidays
Price: $235

To:	tedwards@gchotel.co.nz
From:	pryan@ozzymail.com.au
Date:	14 December
Subject:	Thank you

Dear Ms. Edwards,

I just wanted to say thank you for everything you did for me during my stay in Christchurch. It was a shame that I wasn't able to go on the tour to Mt. Cook, but that is my own fault as I should have contacted you shortly after I received your message. Still, our guide was excellent and the scenery along the Waimakariri River was beautiful. I am thinking of going to Christchurch again next year, and I will definitely plan further in advance next time.

Thank you again,

Peter Ryan

1. What is the purpose of the first e-mail?
   (A) To confirm a hotel reservation
   (B) To inform a guest of a cancellation
   (C) To provide a list of options
   (D) To request the payment of a deposit

2. In the first e-mail, the word "excursions" in paragraph 1, Line 3 is closest in meaning to
   (A) detours
   (B) outings
   (C) groups
   (D) actions

3. What is Ms. Edwards concerned about?
   (A) A tour may be unavailable.
   (B) Weather may be unfavorable.
   (C) A fee may be excessively high.
   (D) Heavy traffic may cause a delay.

4. Which company operates the tour Mr. Ryan originally wanted to go on?
   (A) Kiwi Bus Lines
   (B) Spectacular New Zealand
   (C) Akaroa Tours
   (D) Whatihua Holidays

5. What is most likely true about Mr. Ryan?
   (A) He has flown in a helicopter.
   (B) He has visited Christchurch several times.
   (C) He rented a car during his trip.
   (D) He has gone kayaking before.

解ける人の視点

▶まずは文書の関係をつかむ

従来の TOEIC 対策書は文書より先に、設問を読むことを Part7 の対策として勧めているものが多いようですが、基本的にトリプルパッセージは文書にさっと目を通した方が効率的です。分からない部分は飛ばして構いません。文書の種類や内容、文書間の関係は何かだけをつかむという読み方で十分です。**1.** は最初のメールの目的を尋ねています。最初の文で泊まってくれることにお礼を述べた後、My job is to make sure guests enjoy their stay with us by finding excursions that match their interests. とあり、その後、ツアーについての記述が続いているので、この部分を言い換えた (C) が正解です。また、**2.** は同義語問題ですが、「娯楽としての小旅行」という意味で最も近いのは (B) outings です。メールの後半で添付した資料を見るようにと書いていますが、その資料が2つ目の文書です。

▶言い換えに注意する

3. は Edwards さんが懸念していることなので、最初のメールを見ます。the most popular ones fill up weeks in advance. や The sooner you contact me the greater the chance that the tour you want will be available. とあることから、早めに申し込まないと参加者の募集が締め切られることが予測されます。この部分を言い換えたものは (A) A tour may be unavailable. です。

▶2文書を参照する問題は、問題文のキーワードで読む文書を判断

4. はツアーの運営会社を探す問題ですが、2番目の文書だけでは解けません。the tour Mr. Ryan originally wanted to go on とあるので Ryan さんのメールを読むと、It was a shame that I wasn't able to go on the tour to Mt. Cook という記述が見つかります。Cook 山のツアーの運営会社を探すと 2 番目の文書に Operated by: Spectacular New Zealand とあります。

5. も2文書を参照する問題です。Ryan さんが実際に参加したツアーの記述を3番目の文書で見る必要があります。the scenery along the Waimakariri River was beautiful とあるので、Waimakariri 川についての記述のあるツアー情報を読むと、最後に a kayak certificate is required. とあり、これを言い換えた (D) が正解です。メールに Christchurch にもう1度行きたいという言及はありますが、今まで行ったことがあるという記述はないため (B) は不適切です。(A) について、There is an optional helicopter tour as well. という記述は Cook 山のツアーに見られますが、Mr. Ryan はここに行けなかったので誤りです。

例題の解答

問題 1-5 は次のメールと情報に関するものです。

宛　先：	pryan@ozzymail.com.au
差出人：	tedwards@gchotel.co.nz
日　付：	11月20日
件　名：	お客さまのご滞在
添　付：	📎 christchurch-tours.file

Ryan さま

12月6日から12日まで当ホテルのサービスをご利用申し込みいただき、光栄に思っております。私の役割はお客さまのご興味に合った行楽を探し、滞在をお楽しみいただくことです。到着されるまでツアーのご予約をなさらないお客様は大勢いらっしゃいますが、12月は旅行シーズンのピークであり、人気ツアーの多くは数週間前から埋まってしまいます。ぜひ、添付のお知らせをご覧いただき、何かお手伝いできることがございましたらご連絡ください。お早めにご連絡いただいた方が、お好みのツアーにご参加いただける確率が高くなると存じます。
敬具
Tiffany Edwards
Garden City Hotel ツアーコーディネーター

Christchurch ツアーと冒険

Christchurch 半日バスツアー
この3時間のバスツアーの最初の目的地は市の文化地区にある Canterbury 博物館です。次に、豊富な花と植物にあふれる Christchurch 植物園に止まります。最終目的地は眺めのよい海辺の街 Sumner 郊外です。

運営：Kiwi Bus Lines
価格：80 ドル

Cook 山への泊まりがけの旅
Cook 山の息をのむような絶景は Christchurch から5時間バスに乗るだけの価値があります。このツアーには Tasman Lodge での宿泊とホテルの食堂での夕食も含まれます。夜にはホテルの知識豊富な天文ガイドとの天体観測もお忘れなく。オプションでヘリコプターでのツアーもございます。

運営：Spectacular New Zealand
価格：210 ドル

Mangaweka 橋からのバンジージャンプ
Waiau 川の上、60 メートルからの落下のスリルをご体験ください。これ以上のスリルはありません。ジャンプの後は、モーターボートで川から岸までご案内します。

運営：Akaroa Tours
価格：110 ドル

Waimakariri ガイド付き峡谷カヤックの旅
シャトルバスで Christchurch から 50 キロ離れた Waimakariri 峡谷の出発点までお連れします。そこで昼食が出ます。昼食後は、Waimakariri 川を小グループに分かれてカヤックをこいで降りていきます。経験豊富なガイドの引率がつきます。これは厳しいコースのため、カヤック経験者のみ参加できます。

運営：Whatihua Holidays
価格：235 ドル

宛　先：	pryan@ozzymail.com.au
差出人：	pryan@ozzymail.com.au
日　付：	12 月 14 日
件　名：	ありがとうございます

Edwards さま

Christchurch での旅行中にしていただいたことに対するお礼を言いたくてメールしました。Cook 山のツアーに参加できなかったのは残念ですが、それは私が Edwards さんからメッセージをもらった時に連絡しなかったのがいけないので、私の失敗です。それでも、ガイドの方は素晴らしく、Waimakariri 川沿いの眺めは最高でした。来年また Christchurch に行くことを考えています。その際は、もっと前もって予定を立てるつもりです。
本当にありがとうございました。

Peter Ryan

語句　□be the height of ～ ～の真っ盛りである　□fill up いっぱいになる(= become full)
□make a stop at ～ ～に立ち寄る　□extensive【形】幅広い
□breathtaking【形】息をのむほどの　□stargaze【自動】天体観測をする
□optional【形】任意の　□rush【名】興奮　□paddle【他動】こぐ
□certificate【名】証明書、免許状

1. 正解：(C)
最初のメールの目的は何ですか。
(A) ホテルの予約の確認をすること
(B) 客にキャンセルを知らせること
(C) いくつかのオプションを提供すること
(D) 保証金の支払いを要求すること

2. 正解：(B)
最初のメールで、第1段落3行目の"excursions"の意味にもっとも近いのは
(A) 回り道　　　(B) 外出　　　(C) 集団　　　(D) 行動

3. 正解：(A)
Edwardsさんが気にしていることは何ですか。
(A) ツアーに参加できない可能性がある。
(B) 天候が悪い可能性がある。
(C) 費用が著しく高い可能性がある。
(D) ひどい渋滞が遅延を引き起こす可能性がある。

4. 正解：(B)
Ryanさんがもともと行きたかったツアーを運営しているのはどの会社ですか。
(A) Kiwi Bus Lines　　　(B) Spectacular New Zealand
(C) Akaroa Tours　　　(D) Whatihua Holidays

5. 正解：(D)
Ryanさんにおそらく当てはまることは何ですか。
(A) ヘリコプターで飛んだ。
(B) Christchurchに何度か行ったことがある。
(C) 旅行中に車を借りた。
(D) 以前にカヤックをしたことがある。

Part 7「長文読解問題」

模擬問題にチャレンジ

おまかせ! 演習問題

英文を読み、それぞれの設問について、(A) ～ (D) のうち、最も適切なものを選び、解答欄にマークしましょう。

Questions 1-2 refer to the following text message chain.

Jonas Silvester 9:13 A.M.
Danielle, I need your help. I'm in the van and I was about to deliver the flowers, but seems like I forgot to bring the list of addresses.

Danielle Sims 9:14 A.M.
Oh, that's a problem. I can go into the scheduling computer and print it out for you.

Jonas Silvester 9:15 A.M.
Thanks, Danielle.

Danielle Sims 9:16 A.M.
You're welcome. But how can I get you the list?

Jonas Silvester 9:18 A.M.
I'm at the gas station on the corner. I'll head back to the office now. I should be at the main entrance within 5 minutes.

Danielle Sims 9:19 A.M.
Sounds good. I'll be right down.

---

1. Why did Mr. Silvester contact Ms. Sims?

(A) He wants to order some flowers.
(B) He has misplaced a document.
(C) His vehicle has a mechanical problem.
(D) His computer is infected with a virus.

2. At 9:19 A.M., what does Ms. Sims mean when she writes, "I'll be right down"?

(A) She is currently in a meeting.
(B) She will fix Mr. Silvester's computer.
(C) She has some flowers for Mr. Silvester.
(D) She will go to the main entrance.

Questions 3-5 refer to the following announcement.

9th Annual Westminster Book Fair
Hyde Park, London

Sunday, November 3, 10 A.M. – 5 P.M. Free to the Public

Come join us on an adventure of the mind! The day will be packed with a wide variety of rousing and family-friendly events. This includes storytelling, readings, and interviews with authors. In particular, if you have an interest in developing your writing skills, you ought to participate in the writing workshops, in which you can get advice from professional writers in many fields. Non-writers may enjoy listening to guest authers talking about their work or can watch theatrical performances by local theater groups.

Want to volunteer? We're currently searching for people willing to assist with the preparations for the event. If you are interested in working as a volunteer helper, please contact us at westminsterbookfair@books.com by Sunday, October 28. We will grant volunteers vouchers for 1 to 10 Euros off at the food stands in accordance with the number of hours worked.

3. What is the purpose of the announcement?

    (A) To recruit actors for a movie
    (B) To recommend a business workshop
    (C) To promote local tourism
    (D) To advertise a public event

4. For whom are the workshops held?

    (A) Unpaid workers
    (B) Professional writers
    (C) People concerned about their writing
    (D) Members of theater groups

5. What are readers encouraged to do?

    (A) Offer unpaid help to the event
    (B) Purchase a discount coupon at the entrance
    (C) Exchange used books for new ones
    (D) Deliver short speeches at the event

Questions 6-9 refer to the following letter.

Robert Ashcroft
World Travel Report
36 Eugene Avenue
Minneapolis, MN 55408

February 8

Ms. Satomi Kuwabara
435 Maple Street
Grandview, MO 64030

Dear Ms. Kuwabara:

I would like to express my sincerest thanks for your tremendous contributions to *World Travel Report*. — [1] —. Your detailed descriptions of life in Turkey have captured our readers' imaginations, and we have received scores of requests for more articles from you.

Given the overwhelmingly positive responses, we would like you to write a series of articles covering various aspects of Turkish society. — [2] —. Would you be willing to write a 600-word article every month starting this April?

Although I may occasionally give you some feedback as I have up until now, I plan to persuade my boss to leave the selection of the topics up to you. — [3] —. Your most recent article was no exception.

If you are interested in accepting this offer, please contact me at your earliest convenience. Also, please feel free to ask me any questions regarding this work. — [4] —.

Sincerely,

Robert Ashcroft
Robert Ashcroft
Editor, World Travel Report

6. Why is Mr. Ashcroft writing to Ms. Kuwabara?

   (A) To notify her of a deadline
   (B) To suggest a change to her manuscript
   (C) To offer her a new project
   (D) To invite her to an awards ceremony

7. What is implied about World Travel Report?

   (A) It is considering hiring a new editor.
   (B) It is published only outside the United States.
   (C) It is a monthly publication.
   (D) It always features articles about technology.

8. What does Mr. Ashcroft indicate about his work with Ms. Kuwabara?

   (A) He receives a great deal of questions from her.
   (B) She guided him around when he visited Turkey.
   (C) They started working for the magazine at the same time.
   (D) He gives her advice about her writing.

9. In which of the positions marked [1], [2], [3], and [4] does the following sentence best belong?

   "Your choices in the past have always been popular with readers."

   (A) [1]
   (B) [2]
   (C) [3]
   (D) [4]

Questions 10-14 refer to the following two e-mails.

From:	Laura Parish <laura-parish@flowerlove.com>
To:	Peter Collins <peter-collins@flowerlove.com>
Subject:	Plant Inventory
Date:	Tuesday, July 6

Dear Mr. Collins:

I'm writing to inform you of an unforeseen change in our sales. *The Springfield Dispatch* introduced a study showing that indoor houseplants can remove 87 percent of the harmful chemicals and substances in indoor air within one day while increasing the oxygen levels in the room.

Since the article ran in Sunday's paper, we've been flooded with customers in search of indoor plants. Unfortunately, plants on hand were limited and sold out on Monday morning. Would it be possible to increase our inventory of indoor plants immediately?

I suggest we order some tropical plants. In order to find out potential customer needs, I have been making inquiries into what kind of plants they are interested in. My research suggests that the majority of customers want plants that don't require much light or watering since they have difficulty finding time to care for them.

I look forward to hearing your thoughts on this matter.

Sincerely,
Laura Parish

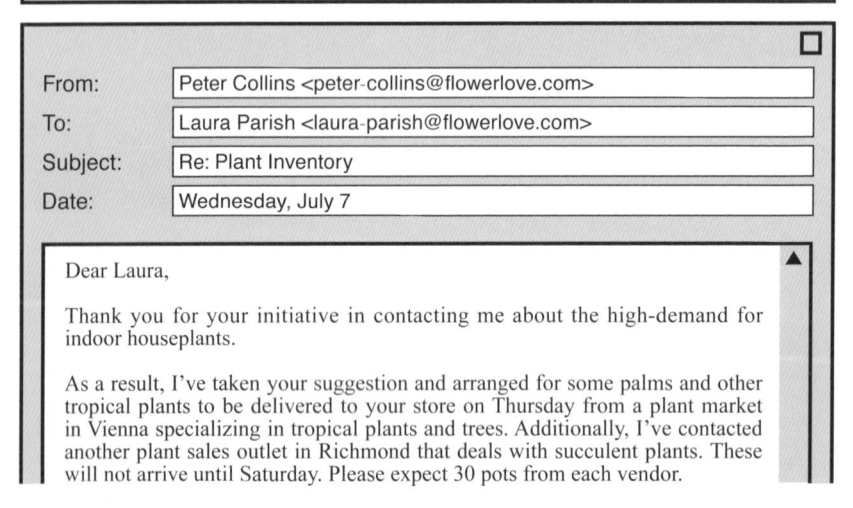

From:	Peter Collins <peter-collins@flowerlove.com>
To:	Laura Parish <laura-parish@flowerlove.com>
Subject:	Re: Plant Inventory
Date:	Wednesday, July 7

Dear Laura,

Thank you for your initiative in contacting me about the high-demand for indoor houseplants.

As a result, I've taken your suggestion and arranged for some palms and other tropical plants to be delivered to your store on Thursday from a plant market in Vienna specializing in tropical plants and trees. Additionally, I've contacted another plant sales outlet in Richmond that deals with succulent plants. These will not arrive until Saturday. Please expect 30 pots from each vendor.

Since you have recommended this investment, I will count on you to sell the new stock. Be sure you are taking the contact information from all interested customers and encourage them to return on Thursday and Saturday to have the first chance at the inventory. Perhaps you can post the news story in a prominent place in the shop as well to attract others who have not seen it.

E-mail me once the deliveries arrive and report to me about the quality of the shipments. I will contact you again soon concerning the budget for these.

Regards,
Peter Collins, President
Flower Love, Inc.

---

10. Why did Ms. Parish contact Mr. Collins?

(A) To ask him to provide details about a budget
(B) To inform him of a sales increase in her store
(C) To request information for an interview
(D) To discover how people view her store

Ⓐ Ⓑ Ⓒ Ⓓ

11. When are the palms expected to arrive?

(A) On Sunday
(B) On Monday
(C) On Thursday
(D) On Saturday

Ⓐ Ⓑ Ⓒ Ⓓ

12. What is stated about potential customers?

(A) They subscribe to the *Springfield Dispatch*.
(B) They seldom have plenty of free time.
(C) They always select succulents over flowers.
(D) They are concerned about investments.

Ⓐ Ⓑ Ⓒ Ⓓ

13. In the second e-mail, the word "prominent" in Paragraph 3, Line 5, is closest in meaning to

(A) noticeable
(B) well-known
(C) surprising
(D) candid

Ⓐ Ⓑ Ⓒ Ⓓ

14. What is indicated about Ms. Parish?

(A) She e-mailed Mr. Collins on Saturday.
(B) She is president of Flower Love, Inc.
(C) She asked Mr. Collins to talk with some customers.
(D) She will discuss the budget with Mr. Collins.

Ⓐ Ⓑ Ⓒ Ⓓ

339

Questions 15-19 refer to the following article, e-mail, and advertisement.

ABC Books to Leave Savannah

SAVANNAH (May 7)—Local bookSeller , ABC Books, the largest bookstore in Georgia, has announced that it is looking for a new home. Owner Beth Collins cited a steady decline in the number of patrons as the primary reason for the planned move. "Years ago downtown Savannah was a lively place, and people lived nearby. Over the last few decades our customers have moved out to the suburbs, however, and we think it's time we followed them there," she added.

Ms. Collins' father, Anthony Collins, opened ABC Books over fifty years ago. He implemented a number of innovations, and the store's popularity grew rapidly. He started several book reading clubs, and local artists gave musical performances in the store from time to time. When Beth Collins took over fifteen years ago, she introduced a membership program that offered discounts for loyal customers. In spite of these programs, however, sales have been down in recent years.

The company has not yet announced where it will move, but a spokesperson said that several locations are under consideration. An announcement about the exact location of the new store is expected sometime in the summer.

To:	Beth Collins
From:	Charles Stark
Date:	June 23
Subject:	Candidate sites for our new store

Dear Beth,

As per your request, I have made a short list of places that we should consider moving the store to.

Effingham	This location is right across the street from the Southport Mall. People come from all around to go there, so I expect many will go to the mall and the bookstore on the same trip.
Port Wentworth	This has the most floor space of all the properties on this list. In fact, it used to be a bowling alley. There will be plenty of room to set up a permanent stage for concerts if we choose this place.
Richmond Hill	This neighborhood is not quite as upscale as the others on this list. On the other hand, the rent will be lower, and the building is just off the highway.
West Chatham	The building I have in mind is right next to Toy Palace. If we select this location, it may be a good idea to expand our children's book collection.

After I hear from you which properties you are interested in considering further, I'll contact the real estate agent to set up a showing for you.

Regards,
Charles

ABC Books Grand Re-Opening

ABC Books is proud to be opening our doors at our new location. To mark the occasion, we are having a week-long celebration from November 5 to November 11. At the event, we will have:

- Musical performances by the Savannah band, the Blue Jays
- Information about our numerous book reading clubs
- Door prizes including best-selling books and free memberships to our discount program

After you find your books, definitely stop by the Ampersand Café,

> located right inside the store and serving the best pecan pie and lattes in the county.
>
> We are conveniently located at 246 Wilder Boulevard, opposite the north entrance of the Southport Mall.

15. Why most likely will ABC Books move to a new location?

(A) Its current location is too small.
(B) Its lease will be expiring soon.
(C) Its sales have declined in recent years.
(D) Its building has become too old.　Ⓐ Ⓑ Ⓒ Ⓓ

16. According to the article, what is true about ABC Books?

(A) It is the oldest bookstore in Georgia.
(B) It has a large selection of music CDs.
(C) It was founded by Anthony Collins.
(D) It will be sold to a new owner.　Ⓐ Ⓑ Ⓒ Ⓓ

17. What is suggested about Charles Stark?

(A) He lives in West Chatham.
(B) He is an employee of ABC Books.
(C) He is a loyal customer.
(D) He works at a real estate agency.　Ⓐ Ⓑ Ⓒ Ⓓ

18. Where will ABC Books open its new location?

(A) In Effingham
(B) In Port Wentworth
(C) In Richmond Hill
(D) In West Chatham　Ⓐ Ⓑ Ⓒ Ⓓ

19. What most likely is a new feature at ABC Books' new location?

(A) Musical performances
(B) Book reading clubs
(C) A membership program
(D) An in-store café　Ⓐ Ⓑ Ⓒ Ⓓ

Part 7「長文読解問題」
模擬問題の解答と解説

おまかせ！
演習問題解説

1-2.

問題 1-2 は次のテキストメッセージのやり取りに関するものです。

> Jonas Silvester　午前 9 時 13 分
> Danielle、頼みがあるんだ。今バンで花を届けに行こうとしたんだけれど、住所のリストを持ってくるのを忘れたみたいなんだ。

> Danielle Sims　午前 9 時 14 分
> あら、それは大変ね。スケジュール管理用のコンピューターに入って、プリントアウトしてあげましょうか。

> Jonas Silvester　午前 9 時 15 分
> 助かるよ、Danielle。

> Danielle Sims　午前 9 時 16 分
> どういたしまして。でも、そのリストはどうやってあなたに渡せばいいの？

> Jonas Silvester　午前 9 時 18 分
> 角のガソリンスタンドにいるんだ。今すぐオフィスに戻るよ。5分以内に正面入口のところに着くよ。

> Danielle Sims　午前 9 時 19 分
> 了解。すぐそこに降りていくわ。

語句　□van【名】貨物トラック、ワゴン車
□go into ～　～(コンピューターのプログラムやファイル)を開ける　□head【自動】向かう

343

1. 正解：(B)

なぜ Silvester さんは Sims さんに連絡したのですか。
(A) 花を注文したいから。
(B) 書類を忘れたから。
(C) 車が故障しているから。
(D) コンピューターがウイルスに感染しているから。

語句 □misplace【他動】～を誤って置く、～を置き忘れる　□be infected with ～　～に感染する

解説 チャットでは、冒頭で問題が提示されます。午前 9 時 13 分に I forgot to bring the list of addresses. と Silvester さんが言っているので、これを言い換えた (B) が正解です。

2. 正解：(D)

午前 9 時 19 分に Sims さんが "I'll be right down" と書いているのはどういう意味ですか。
(A) 彼女は今、会議に出ている。
(B) 彼女は Silvester さんのコンピューターを直すつもりだ。
(C) 彼女は Silvester さんに渡す花を持っている。
(D) 彼女は正面入口に行くつもりだ。

解説 I'll be (right) down. というのは、基本的には「今よりも低い場所に移動する」ことを指します。Sims さんが (A) のように今会議に出ているのであれば、I'm in a meeting at the moment. と言うのが普通です。彼女は待ち合わせ場所に向かうので、(D) が最も自然です。

3-5.

問題 3-5 は次のお知らせに関するものです。

第 9 回 年次 Westminster ブックフェア
Hyde Park　London

11 月 3 日日曜日午前 10 時 – 午後 5 時 一般無料公開

知的冒険にご参加ください！ この日は心躍る、家族で参加できるイベントが盛りだくさんです。作家によるお話会、読書会、インタビューもあります。とりわけ、文章力の向上に興味がある方は、創作ワークショップに参加してみてはいかがですか。さまざまな分野のプロの作家からアドバイスが受けられます。自分では書かないという方も、ゲスト作家による自分の作品についての話を聞いてお楽しみになったり、地元の劇団の演技をご覧になれます。

ボランティアとしての参加をご希望ですか？ 現在、このイベントの準備をお手伝いしていただける方を探しています。ボランティアスタッフをすることに関心のある方は 10 月 28 日の日曜日までに westminsterbookfair@books.com までご連絡ください。ボランティアの方にはご協力いただける時間に応じて、売店で使える 1 〜 10 ユーロのサービス券をお渡しいたします。

語句　□a wide variety of 〜 たくさんの〜　□rousing【形】心が躍るような
□ought to *do* 〜すべきである　□theatrical【形】演劇の　□willing to *do* 進んで〜する
□in accordance with 〜 〜に従って

3. 正解：(D)
このお知らせの目的は何ですか。
(A) 映画の俳優を採用するため
(B) ビジネス研修を推薦するため
(C) 地元の観光業を推進するため
(D) 公共のイベントを宣伝するため

解説 目的を問う問題です。タイトルの Book Fair や、本文中の join us、events などのキーワードから (D) と判断できます。(A) にある theatrical performances については言及がありますが、映画や採用に当たる記述はありません。(B) は開催されるのは writing workshop で、ビジネス関係ではないため、不適切です。(C) は local theater groups とはありますが、観光業の推進に関する記述はありません。

4. 正解：(C)
ワークショップは誰のために開かれますか。
(A) 無報酬のスタッフ
(B) プロの作家
(C) 書くことに関心がある人
(D) 劇団員

解説 In particular, if you have an interest in developing your writing skills, you ought to participate in the writing workshops とあるので (C) が正解です。その他の選択肢も本文中で言及はありますが、いずれもワークショップの対象者とは書かれていないため、不適切です。

5. 正解：(A)
読み手はどうすることを勧められていますか。
(A) イベントのために無償の手伝いを申し出る
(B) 入り口で割引クーポンを買う
(C) 古本を新しい本と交換する
(D) イベントで短いスピーチをする

解説 文書後半の If you are interested in ... という表現に注目します。volunteer を言い換えた (A) offer some unpaid help が正解です。(B) の coupon はボランティアをした人に渡されるものです。(C) のような内容は文書中に記述がありません。イベントで話をするのは作家であり、読み手は聞く側です。スピーチを求められているような記述はありません。

6-9.
問題 6-9 は次の手紙に関するものです。

Robert Ashcroft
World Travel Report
36 Eugene 通り
Minneapolis, MN 55408

2月8日
Satomi Kuwabara さま
435 Maple 通り
Grandiew, Mo 64030

World Travel Report 誌にたぐいまれな貢献をいただき、誠にありがとうございます。トルコでの細部にわたる描写が読者の想像力を刺激し、読者からもっとあなたの記事が読みたいというたくさんのリクエストがありました。

このような大変好意的な反応がありましたので、弊社としては、あなたにトルコの社会のさまざまな側面を扱う連載記事を書いていただきたく思います。4月から毎月 600 語の記事をご執筆いただけないでしょうか。

これまで通り、時々こちらから意見を申し上げることはあるでしょうが、テーマの選択はお任せするよう、上司を説得するつもりでおります。過去にあなたがお選びになったものは読者から支持されております。最新の記事も例外ではありません。

もし、このご提案をお引き受けいただける場合は、なるべく早く当方にご連絡いただけますでしょうか。また、この仕事に関して何か質問がございましたら、遠慮なくご連絡ください。

敬具

Robert Ashcroft

Robert Ashcroft
編集　World Travel Report

6. 正解：(C)

なぜ Ashcroft さんは Kuwabara さんに手紙を書いているのですか。
(A) 締め切りを知らせるため
(B) 原稿への変更を提案するため
(C) 新しい企画を提案するため
(D) 授賞式に招待するため

解説 目的を問う問題です。文書の冒頭に I would like to express my sincerest thanks ... とありますが、「お礼を言う」に一致する選択肢はありません。仕事の進め方として、第 2 段落で we would like you to write a series of articles とあるので (C) が正解です。I may occasionally give you some feedback とはありますが、この手紙で何か具体的な変更の提案をしているわけではないため、(B) も不適切です。

7. 正解：(C)

World Travel Report 誌について示されていることは何ですか。
(A) 新しい編集者を雇うことを検討している。
(B) アメリカ国外でのみ出版されている。
(C) 月刊の刊行物である。
(D) いつもテクノロジーに関する記事が掲載される。

解説 書き手は Would you be willing to write a 600-word article every month starting this April? と言っているので、(C) が正解。(A)、(B) に関する記述はありません。手紙の全体的な内容から、旅行についての雑誌であることがうかがえるため、(D) も不適切です。

8. 正解：(D)

Kuwabara さんとの仕事に関して Ashcroft さんが示唆していることは何ですか。
(A) 彼女からたくさんの質問を受ける。
(B) 彼が Turkey を訪問した際、彼女に案内してもらった。
(C) 彼らは同時期にその雑誌で働き始めた。
(D) 彼は彼女が書いたものについてアドバイスをする。

解説 第3段落に I may occasionally give you some feedback as I have up until now とあるので (D) が正解。第1段落に we have received scores of requests for more articles from you. とありますが、文脈からこれは読者から Kuwabara さんについて要望がたくさん寄せられているということであり、Kuwabara さんが質問をするとしている (A) は不適切です。(B) については第1、第2段落の内容から、Kuwabara さんが Turkey に詳しいことは分かりますが、Ashcroft さんを案内したという記述はありません。 第1段落の thanks for your tremendous contributions や more articles from you など文脈から Kuwabara さんと Ashcroft さんは何度か一緒に仕事をしたことが推測されますが、一緒に働き始めたかどうかは分からないため、(C) も不適切です。

9. 正解：(C)

[1]、[2]、[3]、[4] と記載された箇所のうち、次の文が入るのに最もふさわしいのはどれですか。

過去にお選びになったものは読者から支持されております。

(A) [1]
(B) [2]
(C) [3]
(D) [4]

解説「つながり」と「まとまり」の理解を問う位置選択問題です。第3段落で I plan to persuade my boss to leave the selection of the topics up to you. と今後の話をしています。また、記事にするテーマ選択が話題です。しかし空所 [3] の後では、Your most recent article was no exception.（最新の記事が例外ではない）という過去の話に突然移っており、このままでは話がつながりません。ここに与えられた文で Your choices in the past have always been popular with readers. を補うと、テーマの選択に関する Your choices（あなたの選択）という語で文が始まります。これが「読者に人気がある」ことが最新の記事でも例外ではなく、(C) が正解です。

10-14.
問題 10-14 は次の 2 通のメールに関するものです。

送信者：	Laura Parish <laura-parish@flowerlove.com>
受信者：	Peter Collins <peter-collins@flowerlove.com>
件名：	植物の在庫
日付：	7月6日 火曜日

Collins さま、

売り上げに予期せぬ変化が起きたことお伝えするためにご連絡いたしました。*Springfield Dispatch* 紙によって室内用鉢植え植物が室内の酸素の濃度を上げる一方、1日で室内の有害化学物質や有害物質の 87 パーセントを取り除く可能性があるという研究が紹介されました。

この記事が日曜日の新聞に載って以来、私たちの店舗では屋内植物を求める顧客であふれかえっています。残念なことに、手元にはわずかな植物しかなく、月曜日の朝には売り切れてしまいました。できる限り早く、室内用鉢植え植物の在庫を増やしていただくことは可能でしょうか。

熱帯植物を注文したらよいのではと思っています。潜在顧客のニーズを知るため、お客さまにどんな種の植物に興味を持っているのか聞いています。その調査の結果、顧客の多くは植物の世話をする時間を見つけるのが難しいため、光や水やりをあまり必要としないものを求めていることが分かりました。

この件に関してのお考えを伺えたらと思います。

敬具
Laura Parish

送信者：	Peter Collins <peter-collins@flowerlove.com>
受信者：	Laura Parish <laura-parish@flowerlove.com>
件名：	Re: 植物の在庫
日付：	7月7日水曜日

Laura さん、

屋内植物の高い需要について進んで連絡していただき、ありがとうございます。

それによって、私はあなたの提案を受け入れ、Vienna にある熱帯植物・樹木専門の園芸市場からヤシと他の熱帯植物があなたの店舗に木曜日に届くように手配しました。さらに、多肉植物を扱う Richmond にある別の園芸販売店にも連絡を取りました。こちらは土曜日まで届かないでしょう。それぞれの業者から 30 鉢ずつ届くと思ってください。

あなたがこの投資を勧めたのですから、あなたがこの新しい商品を売ってくれるものと期待していますよ。興味を持ったすべての顧客から連絡先を教えていただくことと、木曜日と土曜日に品物を最初に見るチャンスがあるのでまたご来店いただくように伝えることを忘れないでください。たぶん、店内の目に付く場所にそのニュースを張り付けておいて、記事を読んでいない他の人々の興味を引いてみるのもいいですね。

品物が手元に届いたらすぐ、私にメールをください。そしてその品質について報告してくださいね。これらの予算に関しては後ほど連絡します。

敬具
Peter Collins、社長
Flower Love 社

語句
- □unforeseen【形】予期しない、意外な □houseplant【名】室内用鉢植え植物
- □remove【他動】〜を取り除く □harmful【形】有害な □chemical【名】化学物質
- □substance【名】物質 □inventory【名】在庫 □potential【形】潜在的な
- □inquiry【名】調査 □initiative【名】自発性 □outlet【名】販売店、販路
- □succulent plant 多肉植物 □vendor【名】販売者、売り手 □investment【名】投資
- □prominent【形】人目を引く、目立つ □attract【他動】〜を引き付ける

10. 正解：(B)

なぜ Parish さんは Collins さんに連絡したのですか。
(A) 予算についての詳細を提供してもらうため
(B) 自分の店舗の売り上げ増を知らせるため
(C) 面接のための情報を求めるため
(D) 自分の店について人々がどう見ているのかを知るため

解説 最初のメールの冒頭に注目します。I'm writing to inform you of an unforeseen change in our sales. とあり、それ以降を読むと新聞記事のおかげで鉢植え植物の売り上げが大きく向上したことが言及されています。

11. 正解：(C)

ヤシはいつ届きますか。
(A) 日曜日
(B) 月曜日
(C) 木曜日
(D) 土曜日

解説 詳細情報を問う問題です。2 つ目のメールに、I've taken your suggestion and arranged for some palms and other tropical plants to be delivered to your store on Thursday とあるので (C) が正解です。(A) の日曜日は新聞に植物の記事が掲載された日で、それを受け (B) の月曜日朝、商品が売り切れてしまいました。(D) の土曜日は Richmond の販売業者から食肉植物などが届くと思われる日です。

12. 正解：(B)

潜在的な顧客について言及されていることは何ですか。
(A) 彼らは Springfield Dispatch 紙を購読している。
(B) 彼らのほとんどは十分な自由時間がない。
(C) 彼らはいつも花よりも多肉植物を選ぶ。
(D) 彼らは投資に関心がある。

解説 まずは設問文のキーワードである potential customer を探します。すると、1 つ目のメール、第 3 段落に In order to find out potential customer needs, とあり、その周辺を読み進めると段落最後に they have difficulty finding time to care for them. とあるのでこれを言い換えている (B) が正解です。

13. 正解：(A)

2つ目のメールの第3段落、5行目の「prominent」に最も近い意味の語は
(A) 目立つ
(B) 有名な
(C) 意外な
(D) 率直な

解説 語彙の問題ですが、文脈から解くことができます。この語の前後を読むと post the news story in a prominent place in the shop as well to attract others who have not seen it.「人を引き付けるために」とあるため、「目立つ」場所や「誰もが気付く」場所が適切であることが推測できます。よって、(A) noticeable が正解です。

14. 正解：(D)

Parish さんについて何が述べられていますか。
(A) 彼女は Collins さんに土曜日にメールを送った。
(B) 彼女は Flower Love 社の社長である。
(C) 彼女は Collins さんに顧客と話をするように依頼した。
(D) 彼女は予算のことで Collins さんと話をする予定だ。

解説 各選択肢とメールの内容を照らし合わせて、矛盾する選択肢を消去しながら、当てはまる記述も探していきます。(A) はメールの日付を見れば簡単に確認できます。火曜日なので違います。(B) は2つ目のメールの署名から、Flower Love 社の社長は Collins さんだということが分かります。(C) も本文中にはこのような記述はないので正解ではありません。2つ目のメールの終わりで Collins さんが will contact you again soon concerning the budget for these と書いており、近々連絡を取る予定があることが分かるため、正解は (D) です。

15-19.
問題 15-19 は次の記事、E メール、広告に関するものです。

ABC Books が Savannah を去る

SAVANNAH（5月7日）—地元の書店として、Georgia 州で最大の ABC Books が移転先を探していることを発表した。経営者の Beth Collins 氏は予定されている移転の主要な理由として利用者が確実に減少していることを挙げた。「かつて、Savannah のダウンタウンは活気のある場所で、人々も近くに暮らしていた。しかしながら、ここ数十年の間に顧客は郊外へ移ってしまい、われわれとしては、彼らを追いかけるときだと思う」とも述べた。

Collins 氏の父親である Anthony Collins 氏は 50 年以上前に ABC Books を創業した。彼は多くの革新を実行し、店の人気は急上昇した。彼はいくつかの読書クラブを始め、地元のアーティストが店内で演奏をした。Beth Collins 氏は 15 年前に後を継ぎ、彼女は得意客に割引を提供する会員制度を導入した。しかし、これらの試みにもかかわらず、近年、売り上げは減少している。

同社はまだ、移転先がどこになるのかを発表していないが、広報によると、いくつかの場所が検討の対象になっているとのことだ。新店舗の正確な場所についての発表は夏の間になると思われる。

宛　先：	Beth Collins
差出人：	Charles Stark
日　付：	1月23日
件　名：	新店舗の候補地

Beth さん

希望通り、店舗の移転先として考えられる場所のリストを作成しました。

Effingham	Southportモールから通りを隔てた真向かいにあります。四方から人々がやってきてそこに行けるようになっているので、多くの人がモールへ行くついでに書店にも行くことが期待できます。
Port Wentworth	リストの物件の中で最も床面積があります。実は、この場所はボウリング場として使われていました。この場所を選ぶと、コンサートのための常設ステージを設置するのに十分なスペースがあります。
Richmond Hill	リストの他の物件と違って、近隣は高級住宅地ではありません。一方で、賃料が安く、建物は幹線道路をおりてすぐにあります。
West Chatham	私が目をつけている物件はToy Palaceのすぐ脇にあります。この場所を選ぶなら、子ども向けの本を充実させるとよいかもしれません。

どの物件についてより深く検討したいか伺った上で不動産屋に連絡して、見学の場を設けます。

敬具

Charles

ABCがグランド再オープン

ABC Booksはこの度、新店舗で営業をさせていただく運びとなりました。これを記念し、11月5日から11月11日まで1週間にわたる祝賀イベントを開催いたします。催しは以下の通りです。

- Savannah出身のバンドthe Blue Jaysによる演奏
- 当店の豊富な読書クラブの情報
- ベストセラー書籍、割引制度への無料入会といった賞品の抽選会

お目当ての本を見つけた後は、店内にある郡でも最高のピーカンパイとラテを召し上がることのできるAmpersand Caféにぜひお立ち寄りください。

新店舗は246 Wilder大通りという便利な場所に位置しています。Southport Mallの北口の向かいにございます。

語句　□cite【他動】〜を引き合いに出す　□steady【形】着実な　□decline【名】落ち込み
□patron【名】顧客　□lively【形】活気のある
□implement【他動】〜を実行する（＝carry out）　□innovation【名】改革
□be under consideration 考慮中である　□exact【形】正確な　□candidate【形】候補の
□short list 候補リスト　□property【名】物件　□set 〜 up 〜を設定する
□numerous【形】たくさんの

15. 正解：(C)

なぜ ABC Books は新しい場所に移るのですか。
(A) 現在の場所が狭過ぎる。
(B) 賃貸契約が間もなく切れる。
(C) 近年売り上げが落ちている。
(D) 建物が古くなり過ぎた。

語句 □lease【名】賃貸契約　□expire【自動】期限が切れる

解説 記事で Owner Beth Collins cited a steady decline in the number of patrons as the primary reason for the planned move. とあるので、この部分を言い換えた (C) が正解です。

16. 正解：(C)

記事によると、ABC Books について当てはまるものは何ですか。
(A) Georgia で最古の書店である。
(B) 音楽 CD の品ぞろえが豊富である。
(C) Anthony Collins によって創立された。
(D) 新しい経営者に売却される予定である。

語句 □found【他動】〜を創立する

解説 記事の第 2 段落の最初に Ms. Collins' father, Anthony Collins, opened ABC Books over fifty years ago. とあるので、(C) が正解です。動詞 open が選択肢では found と言い換えられています。(A) は文書中に the largest bookstore in Georgia とありますが the oldest ではありません。(B)、(D) は記事中に記述がないため、不適切です。

17. 正解：(B)

Charles Stark について分かることは何ですか。
(A) West Chatham に住んでいる。
(B) ABC Books の従業員である。
(C) 得意客である。
(D) 不動産会社で働いている。

解説 メールの送信者である Charles Stark は ABC Books の経営者である Beth Collins にメールを出しています。As per your request, I have made a short list という、Collins 氏の求めに応じてリストを作ったという記述や、it may be a good idea to expand our children's book collection. と提案をしていることから、ABC Books の従業員であることが推測できます。

18. 正解：(A)

ABC Books はどこに新しい店舗を開きますか。
(A) Effingham
(B) Port Wentworth
(C) Richmond Hill
(D) West Chatham

解説 2つの文書の参照を必要とする問題です。広告の最後を見ると opposite the north entrance of the Southport Mall とあります。この Southport Mall について、メール中のリストから探すと、Effingham の説明において、This location is right across the street from the Southport Mall. と言及されています。よって (A) が正解です。

19. 正解：(D)

ABC Books の新店舗での特徴だと思われるのは何ですか。
(A) 音楽の演奏
(B) 読書クラブ
(C) 会員制度
(D) 店内カフェ

語句 □feature【名】特徴　□in-store【形】店内の

解説 広告で述べられていて、記事では述べられていない要素こそが新店舗についての情報です。(A)、(B)、(C) は記事と広告の両方に記述があるので、新旧店舗に存在します。(D) は広告にのみ the Ampersand Café, located right inside the store という記述があるため、これが正解です。

Part 7「読解問題」
Vocabulary List
おまかせ！重要語句リスト

Part 7 読解の上で重要な語句を派生語・関連語と共にまとめました。すでに何度も出ているものもありますが、このような語をしっかりマスターしておくことがスコアアップにもつながってきます。音声と一緒にしっかり確認してください。

DL-25

subscribe 【自動】（購読）加入する
・subscription 【名】定期購読（料）、加入契約

convenience 【名】便利さ
・at your earliest convenience ご都合がつき次第
・convenient 【形】便利な
→ 人を主語にはとれないことに注意
　Is Saturday convenient for you?（土曜日は都合がいいですか）
　× Are you convenient on Saturday?

promotional 【形】販売促進の、宣伝（用）の
・promotion 【名】昇進、宣伝（活動）
・promote 【他動】（～の販売）を促進する、～を昇進させる

concern 【名】懸念、関心事　【他動】～を心配させる
・concerned 【形】心配している、関心を抱いている、関係する
・concerning 【前】～について（= regarding、related to、about）

manufacture 【他動】～を製造する、～を大量生産する　【名】製造、大量生産
・manufacturer 【名】製造会社
・manufacturing 【名】製造（業）

organize 【他動】〜を整理する、〜をまとめる
・organization 【名】組織

accident 【名】事故；偶然の出来事
・accidental 【形】偶然の
・accidentally 【副】偶然に（＝ by accident、by chance）

occur 【自動】発生する、起こる（＝ take place）
・occurrence 【名】出来事

attempt 【名】試み 【他動】〜を試みる、〜に挑戦する
・attempt to *do* 〜しようと試みる
→ attempt は動詞 try に似ている。try にも名詞、動詞の用法がある

post 【名】柱、職 【他動】〜を掲示する、〜を計上する、〜を配置する

screen 【名】画面、スクリーン 【他動】〜（応募者・候補者）の選考を行う、〜を隠す

demand 【名】要求、重要 【他動】〜を要求する
→ 動詞は ask、request と同様に＜ that ＋ S ＋ V ＞の形で V が原形となる語法が出題される
Some contract workers have demanded that the company hire them as full-time employees.
（何人かの契約社員は会社に正社員として雇うよう要求した）

profit 【自動】利益を得る 【他動】〜の役に立つ 【名】利益
→ コロケーションとして make / earn / turn a profit（利益を上げる）が頻出

remark 【他動】（後ろに＜ that ＋ S ＋ V ＞をとり）…と述べる 【名】発言（＝ comment）
・remarkable 【形】目立った、注目に値する（＝ noteworthy、noticeable）
・remarkably 【副】非常に、著しく（＝ surprisingly）

gather 【他動】〜を集める；（後ろに＜ that ＋ S ＋ V ＞をとり）…と推測する（＝ believe）
【自動】集まる
→ gather は情報を元にした推測の場合に用い、guess とはニュアンスが異なる

おわりに

　この本はぼくにとって不思議な本です。

　2013年5月某日、都内の某書店で偶然手に取った『TOEIC® テストこれから始めて高得点を狙う本』（アルク）というムック本の中で、TOEIC界の第一人者であるヒロ前田さんのおすすめの書籍の1冊として以前友人のVickie D. Winstonと執筆した『TOEIC®TEST おまかせ！650点』（U-CAN）が掲載されていました。あまり市場では注目されなかったこの本が「こんなところで紹介されている！」と驚きました。ところが、Amazonで検索してみると「品切れ」だったため、当時の編集者に連絡を取ってみたところ、『TOEIC®TEST おまかせ！650点』は絶版になったということを知らされました。

　これには大変ショックを受けて、なんとか同書を復刊させることはできないか、いろいろな方法を探した結果、株式会社アルクの鮒咲果さんの協力を得て、加筆修正・再構成した上で『TOEIC® テストおまかせ730点！』として2015年の秋によみがえらせることができました。

「よかった、よかった」と胸をなで下ろしていたのもつかの間、なんとTOEICテストを制作するETSからテスト自体の新形式への変更が発表され、1年を待たずに改訂版を出すことになりました。そうしてできたのが、本書です。かなりの量の問題、解説を新たに書き下ろしたので、改訂作業は決して楽ではありませんでした。ただ、今回の新形式は学習者にcontext（文脈）を押さえた英語学習を促すものであり、自分にとっても日頃から興味がある分野ですから、結果的に2回の改訂を経験したことでよりよい本になったのではと思っています。

　最後に、この本を世に出すにあたり、ご助力いただいたすべての人に感謝します。中でも、『TOEIC®TEST おまかせ！650点』のアルクからの復刊に関して貴重な助言をくださった株式会社Clover出版の小田実紀さん、担当編集者の江頭茉里さん、730点を目指す学習者に必要なスキルを絞り込む上でご協力いただいた工藤郁子さん、渋谷奈津子さん、TOEICを詳しく知る数少ないネイティブとして新形式対応の問題作成や英文修正に力を貸してくれたKarl Rosvold、抜群のことばのセンスから英文に何度となく貴重なコメントをくれた友人のMichael McDowellにはいくら感謝しても足りません。

　また、旧版の執筆中に亡くなられた恩師Dr. Ronald Longにこの本をささげます。彼のように、どんな英語学習者に対しても真摯に接することを目標に、今後も執筆活動を続けていければと思います。

Yosuke Ishii

TOEIC® LISTENING AND READINGテスト
おまかせ730点!

発行日	2016年11月28日 2017年7月28日（第2刷）
著者	石井洋佑
編集	株式会社アルク 出版編集部
執筆協力	Karl Rosvold
校正	渡邉真理子、Peter Branscombe
カバーデザイン	徳永裕美（ISSHIKI）
本文デザイン	玉造能之（ISSHIKI）
イラスト	大塚たかみつ
ナレーション	Thomas Neil DeMaere、Ian Gibb、Brad Holmes、Emma Howard、Chris Koprowski、Nadia McKechnie、Virginia Sorrells、Jason Takada
録音・編集	一般財団法人 英語教育協議会（ELEC）
CDプレス	株式会社学研教育アイ・シー・ティー
DTP	株式会社デジカル
印刷・製本	シナノ印刷株式会社
発行者	平本照麿
発行所	株式会社アルク 〒102-0073 東京都千代田区九段北4-2-6 市ヶ谷ビル TEL: 03-3556-5501 FAX: 03-3556-1370 Email: csss@alc.co.jp Website　http://www.alc.co.jp/

・落丁本、乱丁本は弊社にてお取り替えいたしております。アルクお客様センター（電話：03 - 3556 - 5501 受付時間：平日9時〜17時）までご相談ください。
・本書の全部または一部の無断転載を禁じます。著作権法上で認められた場合を除いて、本書からのコピーを禁じます。
・定価はカバーに表示してあります。
・ご購入いただいた書籍の最新サポート情報は、以下の「製品サポート」ページでご提供いたします。
製品サポート：http://www.alc.co.jp/usersupport/
©2016 Yosuke Ishii / ALC PRESS INC.
Illustration ©2016 Takamitsu Otsuka
Printed in Japan.
PC: 7016079　ISBN：978-4-7574-2852-2

地球人ネットワークを創る
アルクのシンボル
「地球人マーク」です。